Luíz Nëtto

Filho meu que estás na Terra

Preparo de originais: Gabrielle Antunes
Revisão: Gabriel Branco
Diagramação: Luisa Bruno
Capa: Fernanda Pereira

Catalogação na publicação
Elaborada por Bibliotecária Janaina Ramos – CRB-8/9166

W132f

Nëtto, Luíz

Filho meu que estás na Terra / Luíz Nëtto. – Rio de Janeiro: Ases da Literatura, 2022.

451 p., il.; 14x21 cm

ISBN 978-65-84796-91-1

1. Paternidade. 2. Pais e filhos. 3. Relações familiares. I. Luíz Nëtto. II. Título.

CDD 306.8742

Índice para catálogo sistemático

I. Paternidade : Pais e filhos

www.asesdaliteratura.pt

Luíz Nëtto

Filho meu que estás na Terra

NOVOS ASES

Dedico esta obra a todos os pais adotivos, pelo magnânimo ato de amor, e aos seus abençoados filhos do coração;

A todos os que trabalham no âmbito da adoção, seja atuando nos processos, seja apoiando-a ou promovendo-a;

E finalmente, dedico ao meu filho, esteja ele onde estiver no pensamento de Deus, e quem por amor compreender sê-lo.

A Deus, Trindade Santa, pela inspiração e proteção, que me permitiu senti-lo e citá-lo em tantas oportunidades nesta obra.

À minha esposa, Marta, e meu sobrinho, Rafael.

Às colaboradoras: Dra. Nêmora Fernandes (Caconde-SP) e Dra. Priscila Pires Sampaio (S.J.R.Pardo-SP)

SUMÁRIO

INTRODUÇÃO

Pai, uma palavra tão pequena e sucinta, assim como mãe, entretanto, poucas palavras encerram em si tamanha importância e tantos significados distintos. Na minha singela opinião, incomparáveis e profundamente complexas, capazes de desencadear grande afeto e nobres sentimentos e também grandes frustrações e culpas.

Pai ressoa em mim com muitos sentidos conflitantes, paradoxos. Parte pela experiência vivida com meu próprio velho pai, fruto das minhas incompreensões. O fato é que a relação com os nossos pais determina um tanto a figura paterna que queremos ser para os nossos filhos, e o contrário também é verdadeiro.

Nas boas experiências, queremos imitá-los; nas negativas, evitar repeti-las, principalmente naquilo que nos causou dor, como ausência, falta de afeto, rigidez, controle, cobrança e até mesmo violência moral e física. Para os filhos mais afortunados: a paciência, o zelo, o carinho, a amizade, a proteção, a cumplicidade, o estímulo, o bom ouvir e o conselho.

De qualquer forma, como eu, cada um sente algo ao refletir sobre o contexto de ser pai. Não temos como fugir das relações humanas mais íntimas; mesmo porque até mesmo Deus chamamos de Pai. Então, para muitos, Deus é aquilo que seus pais são; logo, há muita gente bloqueada com sua religiosidade.

Em contrapartida, outros tantos não experimentaram

a pessoa de seus pais, por vários motivos. Entretanto, mesmo nesta ausência física, quem nunca transferiu para outra pessoa os seus anseios e carências paterna? Ou transferiram para outra pessoa o seu modelo paterno, o seu objeto de afirmação e inspiração, principalmente nos cruciais momentos da vida?

É isso! Mesmo não falando em psicologia, é algo inconsciente para todos; pai é necessário!

Neste livro, apresento uma história cotidiana como tantas, que embora fictícia em sua concepção, foi escrita e trabalhada em termos verídicos com o objetivo de levar o leitor a refletir sobre temas profundos como: a importância das relações familiares, o diálogo, o respeito, a paternidade e a maternidade, a valorização das mulheres, a transmissão e a vivência da fé, o valor da amizade e, principalmente, falar sobre a adoção de crianças e adolescentes, informando e esclarecendo sobre o processo de adoção brasileira e assim contribuir para o fomento e o crescimento de pretendentes à adoção, sendo este um gesto magnânimo de amor.

Foi dada à narrativa desta obra grande coloquialidade buscando fidelidade à linguagem e cultura da região onde a história se passa.

Que possa o leitor mergulhar nestas linhas com o coração sedento e a mente aberta.

Boa leitura!

O autor.

Filho meu que estás na Terra

"Eu te louvo, Pai, porque escondestes essas coisas aos sábios e inteligentes, e as revelastes aos pequeninos."
Mt 11, 25-30

OS SONHOS CARREGAM O PESO DA LUTA

O calendário marcava 14 de março de 2019, era 16h43. De pé, encostado no beiral da porta do Fórum de Alto dos Montes, segurando as lágrimas com o pensamento tomado pela revolta quase irracional, estava Alex. O olhar posto no vazio. Tentava organizar seus pensamentos, porém um jeito ruim circundava seu estômago. Seu peito parecia estar cheio de ar como uma bolha que cresce e pressiona seu coração e as costelas de dentro para fora. Queria gritar, queria correr, queria quebrar alguma coisa. Vinha em sua mente conturbada o rostinho daquela criança, de sua mulher, Giovana, dos momentos felizes e, ao mesmo tempo, o rosto daquela mulher estranha, de olhar nervoso, que ele acabava de ver entrando para falar com a assistente social e a psicóloga da vara infantil. Pior, ouvia ainda as palavras ditas com deboche ao justificar seus direitos: "Ele é meu sobrinho, e eu não estava aqui para impedir isso!".

Alex, não se sentia bem. A sentinela, segurança do fórum, chegou lentamente atrás dele e perguntou:

— Se sente bem, senhor? O senhor parece passar mal!

Alex saiu de sua abstração, fitou a sentinela com olhos de dor lacrimejante e disse:

— Não, me sinto morto!

E num relance de pernas, virou para frente e desceu as escadas com pressa rumo ao seu carro. Ao atravessar a rua, quase foi pego por uma camioneta. O motorista buzinou e ainda o xingou. Alex não viu, nem ouviu, estava transtornado.

— Por que, Senhor, o que faltou eu fazer? Por que não acontece pra mim? Tanto tempo, tanta espera e agora isso? — Alex clamava e lamentava ao mesmo tempo numa súplica de ajuda e revolta com os céus. De fato, em sua cabeça, ali naquele momento, começava a balançar as estruturas de um sonho. Seu sonho e de sua esposa. Ele não se conformava.

A chuva da tarde descia agora com a força torrencial dos fins de verão. Alex entrou no carro, acoplou o cinto de segurança, tentou o ligar, mas suas mãos tremiam. Desistiu, cruzou os braços sobre a direção e chorou copiosamente. De longe, a sentinela e seu jovem advogado, Gustavo, contemplavam o desespero do rapaz.

Dr. Gustavo, comovido pelo desespero de seu cliente, desceu às pressas, cobrindo-se da chuva com o paletó. Foi até a janela do carro de Alex e tentou fazê-lo se acalmar.

— Alex, se você me ouvir vai entender que não precisa se desesperar assim, tem muita coisa para acontecer! Esta é a hora da confiança!

Alex somente sinalizou com a mão direita que não queria ouvir. Tornou a tentar ligar o carro. Dr. Gustavo se afastou, e ele acelerou e saiu em meio à chuva forte.

Depois eu ligo pra ele, pensou o advogado, virando-se e dirigindo-se para o seu carro, que estava próximo.

As ruas encharcadas de água, o para-brisa embaçando, o barulho do trânsito, tudo deixava mais triste a volta de Alex para casa.

Passava tudo em sua cabeça, o início do processo de adoção, as esperanças, os sonhos de quando o filhinho ou a filhinha chegasse. O quarto da criança, há muito tempo preparado, mesmo sem saber se era menina ou menino. Foi assim, como uma gravidez normal, que Alex e Giovana esperaram por quase dois anos, sem contar os cinco de casamento. Grávidos, como gostavam de falar.

Engraçado, pensava Alex. No começo foi uma alegria imensa, porém os dias, os meses foram passando e a alegria da possível chegada foi se tornando um caminho de paciência e momentos de expectativas, de corações na boca quando tocava o celular. Meu Deus!, pensava ele consigo mesmo. Nós procuramos fazer da maneira mais certa, do jeito mais correto, porque o filho natural, talvez, não tinha mais como acontecer. Por que não deu certo agora que já éramos uma família?

Na verdade, agora crescia um medo espantoso conforme a quadra de casa se aproximava, de como ele iria encarar Giovana. A angústia da esposa era certa. Seus pais, sogros, irmãos e cunhados, todos estavam felizes por eles. E agora? Como encarar que tudo de bom daqueles meses parecia estar escapando pelas mãos como areia e poderia mudar, talvez, por um veredito judicial. E pior, isso levaria tempo e mais paciência para se resolver. Eles já amavam o pequeno Artur.

— Pai! — disse Alex a Deus. — Estou muito cansado! E será preciso mais tempo; por que isso, Pai?

Era uma consumição.

Quando avistou sua casa, viu apenas a luz fraca do abajur refletir na janela da sala e entendeu que Giovana fora mesmo para a casa dos pais. Certamente ela não aguentou de angústia e foi pra casa da mãe, pensou logo de cara.

Pegou o celular e ligou. Tocou algumas vezes e Giovana, apreensiva, atendeu.

— Amor, como foi? Já chegou? Eu liguei pra você dizendo que vinha mesmo pra mãe, mas só dava caixa postal. — Ele ouviu aflito, mas se enrijeceu e disse:

— Bem, fica aí que eu te pego daqui a pouco.

Enquanto respondia à Giovana, ele se lembrou que era quinta-feira e que na Igreja de sua Paróquia estava tendo adoração ao Santíssimo Sacramento. Sim, ele se decidiu num estalo. Vou rezar! Então completou para sua mulher:

— Não fica aflita, vou na Igreja um pouco e passo pra te pegar, aí conversamos. — Desligou.

Giovana entendeu, conhecia o marido. Se foi à Igreja é porque as coisas se complicaram e ele estava no limite. Correu até a gaveta da mesinha de cabeceira de seu antigo quarto, pegou vela e fósforo. Acendeu a vela e pôs-se a rezar também. Sua mãe, dona Leila, com olhar tenso, acompanhou a filha.

— Mãe, não sei o que se deu, mas reza comigo. — E uma ao lado da outra, sentadas na cama, puseram-se a rezar o terço.

Alex, parou na frente da Igreja. A chuva agora só garoava fino. Ele levantou os olhos para a cruz iluminada em azul, no alto da torre. Respirou lentamente e subiu as escadas da matriz.

Ao subir, lembrou das brincadeiras com o pequeno Artur. Sim, aquele que ele já amava mais que a vida. Seu rostinho faceiro sorrindo para ele ao subir degrau por degrau em momentos de brincadeira.

Seu coração apertou de novo, as lágrimas vieram com força, misturando-se à chuva que lhe caia fininha ao rosto. Alex entrou, viu da porta, sobre o altar, o Ostensório iluminado. Sempre creu que ali estava seu Deus, na Hóstia Consagrada. Ele sempre foi muito religioso, não perdia missa, era envolvido com o serviço da Igreja. Alex se aproximou do primeiro banco e desabou de joelhos em pranto a ponto de seus soluços quebrarem o silêncio respeitoso na imensidão do lugar. Alguns fiéis, ali orando, assustaram-se e olharam para trás procurando, mas Alex não se importou. Chorou forte, como se estivesse no colo de Deus.

Um amigo seu passou perto dele, tocou-lhe o ombro e sussurrou:

— Posso ajudar? — Alex balançou a cabeça dizendo não, mas agradeceu:

— Obrigado, depois conversamos.

Era Mário, amigo de vida, que respondeu:

— Tem certeza que está bem?

— Sim.

Mário saiu então, um tanto quanto preocupado, mas constrangido de contrariar o amigo sofredor. Quietinho, posicionou-se no átrio direito, próximo à porta de entrada da Igreja e se pôs a esperar.

Alex, tornou em oração:

— Senhor Jesus, Meu Deus! Tem me acompanhado a vida toda. O meu pedido é tão simples, mas parece não caber em minha vida. O que eu estou fazendo de errado? O que eu deixei de fazer? Só quero ter a minha família, meu garotinho comigo.

Se conteve por um momento e continuou:

— O Senhor sabe tudo, sabe o quanto eu me apaixonei por aquele menino. Aliás, nós. A Gio também. Por que tudo tem que ser tão chorado, dosado, custoso para nós? Não bastou o sofrimento da Giovana em saber da endometriose e todas as angústias durante o tratamento? — E continuou: — E eu, Jesus? Eu que sempre quis ser pai. — Ao pensar nessa última frase se assustou; de repente uma lembrança esquecida há tempos lhe passou na cabeça e gelou sua barriga. Formou-se claramente o rosto daquela moça, que também estava em prantos na sua frente, e Alex, contorcendo-se, apagou da mente rapidamente e se levantou. Segurou no banco com força, respirou fundo, sentiu-se um homem ruim e desmerecedor até daquele momento de súplica a Deus. Respirou novamente e pensou: Esquece disso, Alex, isso é passado e está morto.

De repente, a luz pareceu turva. Ele, escorando-se, sentou no banco.

Bem atrás, na penumbra do espaço, Mário ainda velava pelo seu amigo, quando um velho senhor, com um sorriso confortador de avô, aproximou-se dele. Mário estava tão preocupado que não lhe pôs muita atenção. Respondeu desatento ao cumprimento do velho com um rápido "boa noite".

Quando se armou para ir novamente até Alex, o velho senhor interveio, tocou seu ombro direito como se o chamasse devagar. Num susto, ele mirou o velho homem. O leve sorriso se fez um sussurro:

— Não! Este é um momento por demais importante. Deixa ele, é preciso!

Mário olhou para Alex e com o coração apertado e respondeu:

— Eu entendo, mas tenho medo que ele esteja passando mal!

— É, talvez, mas... Passar mal na presença de Deus é algo necessário! — E completou: — Faz muitos anos que não vejo uma oração assim! Sabe, meu caro, é a mais verdadeira! Ele está sendo atendido. Pode crer! — E sorriu novamente para Mário, que ficou sem ação e sem palavras. Apenas concordou com a cabeça. Quando virou para perguntar seu nome, viu o velho já próximo da porta. Esse, então, apontou com o dedo para Alex, fez o sinal de silêncio trazendo o dedo sobre a boca e sorrindo acenou com um adeus.

Mário buscou rapidamente na mente o rosto do velho tentando se lembrar de quem se tratava, mas a aflição do amigo o chamou novamente a atenção.

O senhor desceu as escadas, entrou em um carro parado quase em frente à Igreja e nele o Dr. Gustavo, com semblante inquieto, já o esperava com a porta aberta.

— Ele entrou na Igreja mesmo — disse o velho, coçando a barba esbranquiçada com as pestanas torcidas, deveras emocionado. — Gustavo, o advogado que esse homem precisa hoje já está consolando ele; deixa pra falar com ele amanhã — consolou o velho.

— É, sinto que estou aprendendo muito com este caso, assim como aprendo sempre contigo. Mas vou ligar amanhã cedinho para o Dr. Amorim, não posso deixar arestas, tem que ser tudo perfeito, porque horas atrás, no fórum, te confesso, foi emoção demais pra mim. Me senti descomposto e na minha profissão isso é algo impraticável — emendou Dr. Gustavo, ainda nervoso.

— Não se amofine, Gustavinho! Você já está envolvido de certa forma. Sabia que seria assim, e como ser diferente? — E acelerando o carro, foram embora. Deixando na Igreja os dois amigos apurados.

As palavras retornavam agora à boca de Alex, quase num sussurro, queriam sair como gritos, mas ele se conteve ao perceber novamente os olhares e a presença de seu amigo vigilante.

— Meu Deus, estou revoltado, porque aguentei firme esse processo todo de adoção superando a dor de saber que não podíamos ter filhos nossos. Quantas vezes te pedi ajuda nesse sentido? — E de repente não havia mais palavras, somente uma interrogação suplicante em sentimento de desamparo, inconformidade e uma certa esperança de ser ouvido. Por fim, Alex queria um milagre ali, naquele momento, quem sabe a aparição de um anjo dizendo que tudo ia dar certo, porém por enquanto havia só o silêncio do templo ecoando na seca dos sentimentos daquele homem.

DUAS VIDAS E UM COMEÇO

O casal Alex e Giovana se conheceu nas rodas de amigos. Os amigos de Alex eram os amigos dos tempos de Grupo de Jovens da Paróquia Santo Antônio; aliás, um grupo católico muito forte na cidade de Alto dos Montes, e alguns desses amigos ainda participavam com frequência. Um deles era o irmão mais velho de Giovana, Giuliano. Ele que levou os dois a se conhecerem numa reunião em sua casa. Foi Giuliano quem os apresentou.

O tempo e o convívio nos programas de turma aos fins de semana, outra hora nas reuniões do grupo de jovens, no qual Alex palestrava ainda, quando convidado, os aproximaram. Mas a realidade da vida de Alex custou a deixar que algo mais sério acontecesse entre os dois.

Era então início dos anos 2000. Alex tinha 27 anos, era um rapaz robusto, não muito alto, cabelos e olhos castanhos, bom porte. Expressava-se muito bem. Gostava de ler e estudar. Era um rapaz sensível e despertava grande empatia. Argumentava bem, dificilmente perdia uma discussão acalorada. Isso lhe rendeu certa fama de puxar encrenca. Seu oponente preferido era seu pai, Euzébio. Virava e mexia estavam os dois numa acalorada discussão. Mas a moral religiosa, que era muito forte nele, o detinha quase sempre e não deixava que desrespeitasse verbalmente o pai de modo algum. Se isso era uma virtude nos momentos de embate; em seus momentos de introspecção e oração, rendia-lhe um grande desgaste.

Tinha sonhos de sair da cidade, fazer sua vida em uma cidade maior, no entanto o sítio e o comércio da família o prendiam ali. Era de família abastada, como se dizia. Sitiantes. Seu pai tinha um sítio grande, repartido da fazenda de seu avô, e um comércio de agrícolas na cidade há mais de 30 anos. Tinha um irmão mais novo, Alessandro, que morava em Campinas, estudante de engenharia civil, trabalhava em uma grande companhia. Esse tinha escapado do laço do pai e morava com os tios maternos desde que completara 18 anos.

Alex procrastinou sua faculdade. Havia sempre demanda prioritária no trabalho. Queria ser psicólogo, mas a família o pressionava por Administração ou Agronomia; e venceram.

Nutria desde criança uma fé ferrenha e um diálogo franco com Deus. Na verdade, quanto à religião, puxara para a mãe Mariana; mulher de brio, traços físicos e gênio fortes, sempre muito elegante, católica e muito caridosa. Sempre envolvida com os trabalhos da Igreja, influenciou Alex desde pequeno. Casou-se cedo com Euzébio, homem rígido e pragmático; o filho bem-sucedido do fazendeiro mais antigo daquela região cafeeira. Este, confessava-se católico de procissão, mas não muito chegado nas coisas de Igreja, como dizia. Achava que muita reza atrapalhava pensar nos negócios e nas praticidades que a vida exige.

Tentava muito influenciar nesse assunto os filhos e até os sobrinhos, e sua vítima principal era Alex, exatamente pela religiosidade do rapaz.

O rapaz cultivava um desejo de retidão quase como uma

expiação, a ponto de que até sua mãe, tão virtuosa, sentir que o filho parecia sofrer dentro de sua altivez e bom senso. Para Alex, o mundo de seu pai era frio e distante da sua consciência, mesmo que compartilhassem muitos trejeitos e gostos em comum.

Euzébio sonhava em deixar para Alex a administração de tudo, e na sua concepção: chefia de família e negócios não devia ter "calcanhar de Aquiles" e religião demais fazia o homem vacilar em questões práticas. Portanto, sofria com a desconfiança se o filho seria um sucessor à altura. No fundo, Euzébio comparava o futuro do filho à sua própria história e de seus outros 3 irmãos: Edna, Eurico e Ernesto. Eurico falecera jovem. Os outros dois haviam perdido as terras de herança. Fizeram escolhas em nome de amor, vício em jogo e investimentos errados, e volta e meia necessitavam do auxílio de Euzébio. "Eita, bando de chupins!", exclamava ele, nestas ocasiões.

Por fim, Euzébio temia, e só não sabia que sua maneira agressiva, metódica e equivocada de lidar com o filho fazia o rapaz carregar sobre si um fardo grande demais.

Para Giovana, ao contrário, o caminho se mostrou tranquilo e certo desde cedo. Era expressiva. Sorria sempre e possuía determinação. Tinha o rosto suave, olhos verdes profundos, cabelos longos e claros. Era de estatura mediana e corpo delgado, muito bonita. Gostava das coisas muito organizadas e expressava suas ideias e sentimentos de maneira clara e objetiva. Não tolerava mal-entendidos e fofocas não era com ela. Era uma pessoa de princípios e os defendia. Não julgava, mas não era de passar a mão na cabeça tão fácil. Era muito admirada pelos amigos e familiares pela sua dignidade e sabedoria.

Quando criança, morara na cidade vizinha de Água Bela, depois se mudou para Alto dos Montes quando tinha 14 anos. Queria ser fonoaudióloga e após 2 anos fazendo cursinho preparatório, conseguiu entrar em faculdade pública, para orgulho de seus pais, estando agora no 3° ano de fonoaudiologia. Tinha metas. Era de bem com a vida e fácil de fazer amizades. Seus pais eram funcionários públicos, sendo seu pai, Honório, bancário e aposentado há alguns anos e sua mãe, Leila, professora de ensino médio. Tinha apenas um irmão mais velho, o Giuliano.

Giovana tinha bom relacionamento com os pais, e tinha sua mãe por confidente. Era Leila, mulher de riso fácil e atenciosa. Sempre prestativa. As duas costumavam passar horas conversando. Seu pai, homem de mais idade e contido, era um homem letrado, e passava boa e grandes horas do dia lendo livros ou cuidando da horta. A botânica era o seu hobby.

Era uma família também muito religiosa, portanto, Giovana também, como já dito, participava da vida paroquial.

Quando conheceu Alex, sentiu-se atraída pelo seu jeito de falar e, claro, por sua maneira clara e prática de enxergar as situações e o jeito natural de tomar a frente das coisas.

Os dois combinavam em muitas coisas, nos gostos musicais, culturais, gostavam dos mesmos ambientes e a fé os acompanhava. Estavam se curtindo cada vez mais.

Ela via nele muitas qualidades, sentia segurança de contar seus sonhos e objetivos de vida. Ele amava fomentar nela seu desejo de trabalhar com crianças especiais quando formada fonoaudióloga. Ela gostava de ouvi-lo contar sobre as coisas da roça e ambos se faziam nostálgicos de tempos de criança. Eram amigos em primeiro lugar, no entanto, a moça enxergava nas atitudes de Alex um certo desconforto com compromissos de amor.

Ele, por sua vez, pensava que já era hora de ter alguém. Sabia que com Giovana era diferente. Havia conexão de alma entre os dois a qual não dava para negar, entretanto havia algo em seu íntimo que o fazia titubear, protelando o envolvimento com a moça sob um namoro velado.

Alex guardava para si fatos que em seus pensamentos o desabonavam como chefe de uma nova família. Sempre quis primeiro, e de algum modo, desvencilhar-se do futuro traçado pela sua família. De uma coisa sempre esteve certo: queria ser pai e, ao mesmo tempo, quando pensava nisso era tomado de um sentimento contraditório, uma dúvida sem fim, plantada há tempos em seu coração. Mas logo procurava subterfúgios para esquecer e retornar ao seu bom senso analítico. O problema era se esforçar para ter uma vida reta baseado em sua fé; em seu íntimo sabia que não estava íntegro e pronto em seus sentimentos para se acertar com Giovana.

Meu Deus, o que faço? Preciso decidir minha vida, pensava assim porque sabia que Giovana era um achado, como se dizia. Era um novo amor que veio tão forte, capaz de apagar os ressentimentos passados. Mas nunca poderei ser pleno com ela se eu não for transparente!, pensava ele, corroendo-se por dentro. Vai levando um pouco mais, Alex! Coragem, homem! De repente, outra ideia tomava lugar: Pra que contar isso? Já passou. É como a mãe sempre fala: águas passadas não movem moinho... Isso só vai causar dúvida nela, dúvida sobre meu caráter. E Deus sabe que eu não queria que tivesse sido assim, pensava, resignando-se em seu raciocínio.

O jovem temia muito ser rotulado. Já o era pelo seu pai em muitas oportunidades e era horrível.

Giovana se esforçava para arrancar, como num lapso de astúcia mágica, o que pensava seu amor, tão soturno às vezes. Fazia uma expressão de estar ruminando sempre um único tema. É, como são perspicazes nos sentidos as mulheres. Nada escapa. Percebendo as sutis investidas da moça. E para Giovana não houve ainda sucesso.

O tempo em si é amigo da alma! Mesmo passando lento pelo sofrimento, ele o alarga de forma que suas fibras se misturam nos acontecimentos a ponto de pôr um curativo em cada ponta, em cada laço de rotina. Refletia sempre Alex com uma sabedoria anciã de quem tivera um buraco aberto na aurora de sua vida e retalhado pelas experiências que enfrentara até aquele momento.

Inusitadamente, Giovana recebeu um convite. Sua prima, que há 2 anos morava em Dublin, Irlanda, telefonou e convidou a moça para um intercâmbio na mesma empresa que ela o fazia. Seu pai e sua mãe de cara a incentivaram. Seu pai viu uma excelente oportunidade para a filha. Ele tinha guardado dinheiro para isso. Sua filha poderia ir e voltar e depois findar a sonhada faculdade.

— Giuliano, me ajude! Estou sem saber o que faço — clamou Giovana para o irmão no dia seguinte ao convite.

— Qual a dúvida, Gio? Eu não pensaria duas vezes. Não são todos que têm essa oportunidade assim, ó! De mão beijada. Já sei! É o seu relacionamento com o Alex? — E riu.

— Não desdenhe, Giuliano! Ele é seu amigo e você meu irmão. Eu estou envolvida com o Alex, sim, mas acho que ele ainda não quer ou não pensa em compromisso sério — disse a moça com desânimo na voz.

— E você quer isso pra agora? Namorar e casar? Está concluindo a faculdade e não vai fazer mais nada? — Jogando a tensão para a irmã.

— Sabe, Gio, você ainda é muito nova e tem um caminho longo pela frente. Eu conheço o Alex há um bom tempo, e ele tem muitas obrigações dentro da família. Ele é o braço direito e o esquerdo do seu Euzébio, que também não é uma pessoa fácil. Ainda nem conseguiu sair pra cursar a faculdade que queria. — E completou: — Eu entendo que ele queira te preservar.

Giovana ficou com os olhos marejados, mas ouviu atentamente, aceitando a clareza do irmão.

— Minha opinião, e sei que será o da mamãe também: vá fazer seu intercâmbio e aperfeiçoe o inglês. Se divirta, é uma experiência única! Você vai voltar com outra cabeça. A faculdade você tranca e continua quando retornar; falta pouco! E pro Alex você escreve, telefona... Vocês são amigos acima de tudo. Até lá, ih, quanta água já passou por baixo da ponte?! Se for pra ser, será! Vocês estão cozinhando esse namoro há tanto tempo... Um pouco mais não será problema.

— Você tem razão. Obrigada, meu irmão! Você é um tesouro na minha vida!

— Agora eu tenho algo pra te contar — disse Giuliano, vendo o semblante curioso da irmã. — Eu decidi, vou entrar pro seminário ano que vem.

Giovana se maravilhou em surpresa.

— Giuliano, isso é sublime, meu irmão! Mas e a namorada?

— Está sendo difícil com ela, é muito tempo junto e eu tô sofrendo por ela. Mas não posso mais mentir pra mim que não quero servir a Deus. Preciso ao menos tentar.

— Ó Giú, Deus te abençoe, meu irmão! Estou contigo pro que der e vier, cê sabe! — E ao abraçar o irmão, viu sua mãe encostada na porta do quarto, ouvindo e assentindo com a cabeça, vendo o abraço dos dois.

— Vocês são minha vida! — exclamou a mãe para os dois. E os três emocionados sorriram.

Giovana ainda pensou naquela noite. No outro dia, procurou Alex em sua loja, bem cedinho. Ao vê-la, limpou as mãos no avental e o retirou. Deu a volta na bancada, já preocupado e levando a moça para o canto, notou tristeza em seu semblante.

— Alex, podemos nos falar um pouquinho? — Respirou fundo e continuou: — Eu queria esperar a noite, mas estou ansiosa. Aliás, desculpe, estamos em um quase namoro... — E sorriu com vergonha. — Bom, eu pelo menos sinto que estamos nos gostando dessa forma e...

O rapaz interrompeu:

— Peraí, Gio! É claro que estamos nos gostando, não precisa falar assim tão sem jeito.

— Olha, Alex, pra mim não é fácil usar um termo certo,

porque às vezes me sinto confusa sobre o que está acontecendo entre nós... Mas você hoje é a pessoa mais importante pra mim. Você sabe, né?

Ele então tocou em seu rosto, retirou as mechas de cabelo caídos sobre os olhos confusos dela e com ternura a abraçou forte contra o peito. Foi um momento de entrega.

— Cê tá nervosa! Tô sentindo... Fica calma! Gio, me perdoe por ter sido inconstante contigo nesse tempo todo! Eu amo você! E não sei por que, tô percebendo que você veio me dizer que vai se afastar de mim. Percebi só pelo seu jeito de me olhar e pela força deste abraço — disse com voz trêmula.

— Então, Alex, eu recebi um convite pra ir para a Europa. Uma vaga de intercâmbio na Irlanda e...

— É, Gio, você me disse algumas vezes que gostaria de fazer, eu lembro — interrompeu ele, tentando assimilar a notícia.

— Pois é. Minha prima me ligou anteontem e tenho que responder ainda hoje para ela segurar a vaga com a empresa. Olha, tenho que ser sincera contigo, fiquei animada, mas só consegui pensar em você; aliás, em nós. Quase não dormi.

Alex ouvia atentamente, fitando de modo sério os olhos da moça. No seu íntimo, sabia que não poderia prejudicar Giovana. Seria o tempo da prova de fogo daquele amor e o tempo pedido em suas orações para resolver consigo o passado. O fato é que agora ele tinha que decidir o rumo do barco para não perder Giovana.

Quando ela terminou, Alex a abraçou novamente, colocou-a sob seu queixo e a puxou para o lado de dentro da loja, buscando privacidade total e subitamente pediu:

— Me dá um beijo?

Eles se beijaram. Alex pôde sentir o coração da moça pulsar rapidamente em seu abraço. Eles se entreolharam, plenos em cumplicidade.

— O que foi isso? — solfejou ela, quase sem fôlego.

— Isso é minha resposta pra vocês — disse Alex, confiante. — É a prova que eu te amo! E que você é a pessoa que eu escolhi pra viver! Nossa, como pude te negligenciar assim?

Giovana sentia aquelas palavras retumbar em seus ouvidos, com a cabeça recostada agora sobre o peito do rapaz. Agora sim, sentia ela, não havia barreiras nem titubeios. Alex, continuava:

— Você me esperou, agora é minha vez de te esperar. Você conhece minha fé: tudo é por Deus, como você disse.

— Alex, são dois anos. Dois anos inteiros longe!

— Vai ser difícil, mas prometo te escrever, te ligar a cada 15 dias, sei lá, a cada semana, que tal?! — disse ele para ela, sorrindo. E você me responde em Inglês! — E gargalharam os dois.

— Então, quero ficar pertinho de você nestes dias antes de eu ir! — pediu ela. — Muita coisa pra eu correr atrás. Sabe como são burocráticas essas coisas.

— Melhor, vou hoje à noite na sua casa falar com o teu pessoal, que tal?

— Estou muito feliz! Muito mesmo! — As lágrimas saltaram marcando seu rosto delicado com alívio e extrema felicidade. — Prepare-se para as piadas da turma — brincou ele, já imaginando a zoeira dos amigos. E os dois se despediram ali com um longo beijo.

Na casa de Giovana, a noite foi de celebração. Seus pais e o irmão sempre demonstraram admiração por Alex e torciam para que eles se firmassem. Para os amigos, foi só zoeira e felicitações nos dias que se seguiram. Conforme a notícia se espalhava entre os conhecidos. Na casa de Alex, a única contemplada com a notícia de boca foi sua mãe.

— Que bom, filho! Mais do que ninguém, você merece alguém que te ame, que te ajude, que construa contigo. Essa menina é uma graça. Falam muito bem dela na comunidade. Eu mesma já bati papo com ela algumas vezes. E sempre notei que ela me tratava de modo especial. Mulher sabe quando alguém quer ser sua nora. — E sorriu. — Hoje, sim, estou vendo serenidade e alegria em você, menino! Isso é sinal de que sua decisão foi certa.

— Mãe, eu sei que te preocupo; aliás, sei que a senhora sabe que eu demorei pra esquecer o que fiz com aquela moça. Eu precisava ter certeza, namoro pra mim é compromisso.

— Filho — interrompeu Mariana —, isso passou, você era um menino, nem sabia o que estava sentindo ou fazendo. — Havia tensão no olhar de Alex. — Preste atenção, vou falar de novo: você nem sabe se era verdade o que aquela menina te disse. Era outra também que mal tinha saído dos cueiros.

— Mãe! Sei lá! Por que ela iria me falar aquilo então? — Mariana respirou fundo e segurou a mão do filho, dizendo em seguida:

— Se fosse verdade, a mãe dela, o pai, alguém teria nos

procurado. E nem soubemos onde esse povo se enfiou.

— E foram embora exatamente no dia depois dela ter me procurado? Estranho demais, mãe! Eu fui inconsequente, covarde, me expressei mal para ela. Hoje eu vejo que o jeito que questionei foi como se não estivesse nem aí e que eu não queria.

— Chega, chega! Tá vendo? Olha você deixando a felicidade sair de seus olhos. Não vamos falar disso. Isso te aborrece, filho! — apaziguou a mãe. — Hoje é uma data feliz!

— Não! — respondeu ele friamente. — E nem sei se vale a pena contar. O pai nunca ligou se eu estava ficando com alguém. A conversa ali é só o cafezal, os pedidos e os atrasados da loja.

— Alex, não fale assim! Seu pai é durão, mas te ama. Fale, ele vai gostar de saber.

— Pode ser, vou pensar! — Fazendo uma cara contorcida de pouco caso.

Alex sabia que Mariana acabaria por contar ao seu pai sobre o seu namoro naquele mesmo dia. Então, esperou que ele mesmo tocasse no assunto e isso se deu no carro, pela manhã, na ida para o sítio.

— Então, tá querendo por algema, Lex?

— Hã? Não entendi, pai!

— Ué, tô falando do teu namoro com a filha da professora Leila. Tua mãe me contou ontem à noite. Cê sabe que ela conta.

— Eita, é isso, pai! Faz muito tempo que eu enrolava a Giovana! Gosto dela pra caramba e tá na hora, né?

— Essas coisas homem não foge, filho! Só mantenha a

cabeça em cima do pescoço e os pés no chão! Casar um dia tem mesmo, de preferência com uma mulher que pensa em ajudar, em trabalhar também e que os dois se entendam na cama e nas finanças.

Alex já se armava na defensiva, porque seu pai sempre tinha um pormenor a acrescentar e sempre com relação a dinheiro e terra.

— Pai, será possível que tudo tem que ter os negócios envolvidos? A Giovana, antes de tudo, está indo pro estrangeiro. Ela pensa na realização dela antes de pensar em casamento. Só firmamos compromisso de namoro.

— Menos mal! — esbravejou Euzébio. — Casar com mulher que depende de homem na minha época era normal, hoje não é mais. Olha lá sua tia, Edna. Deu tudo o que era dela pro sem vergonha do seu tio Gerson e vive aquela vida infeliz. Nunca se interessou em saber o que o maldito fazia do dinheiro. Sua mãe, não. Tinha profissão, parou de dar aula quando você nasceu, mas tinha o dinheiro de seu avô e sempre me ajudou nos assuntos da roça e da loja, mesmo com vocês pequenos. Casamento, os dois têm que ter cabeça.

— Tá certo, pai! Entendi. Se preocupa não que a Gio é cabeça também.

— Vem cá! Esse tempo todo vocês só ficaram de prosa, de namorico? Cê pensa que eu não noto, que eu num me importo! Cheguei até comentar com teu tio Ernesto que você tava de fogo baixo. Antes ia pra Igreja, sim, mas sei que você pegava umas por aí.

— Eita, pai! Que mané fogo baixo! Eu ficava, sim, pegava, beijava... Não vou dizer que não rolou as coisas porque não sou de ferro. Mas poucas vezes. Hoje, tenho consciência do pecado e quero, sim, viver de um modo mais coerente com o que eu acredito, ué!

— Pronto! Demorou pro cê me vir com as rezas; com os pecados. — Estremeceu, zangado, balançando a cabeça. — Homem é homem e tem que atender a natureza. Cê não é padre, meu fio!

— Eu sei disso, pai! Mas eu tenho fé, participo da comunidade, tenho um serviço ali de ajuda pra moçada, e daí? Eu gosto! Me faz bem! E tem muita gente com a cabeça confusa aí, pai. Hoje, agora, eu entendo o sexo dentro da fé. É bom, é gostoso, mas é algo abençoado. E te digo mais, foi por ir na conversa tua, do tio Ernesto e do maluco do Nando que eu fiz aquela burrada lá — disse, alterando a voz com o pai. — Quantos vivem aí, curtindo, bebendo, usando porcarias, batendo cabeça e fazendo filho sem estar preparados? Eu penso, os outros não sei!

Alex se sentia bem agora ao pensar assim, em seu autocontrole, e sua consciência sobre o que queria e o que não queria. Mas sabia o caminho de pedras que galgou.

— Pai, não sou santo, nem quero ser! Sabia que confessar faz bem? Todas as minhas caídas aí, eu deixei no confessionário. E bola pra frente!

— Essas ideias de religião é que estão deixando os homens frouxos demais e tudo com a tal de depressão — argumentou o pai. — E você, não jogue na minha cara as tuas maluquices de moleque, não! Teu tio e o teu primo, pode até ser, aqueles inconsequentes. E se quer saber, aposto que a tua primeira vez foi muito boa, embora você tenha passado uns tempos estranho e descabritado. O Nando falou que ela era jeitosa. — E riu, tentando descontrair a prosa.

— Vamos parar por aqui, certo? Essa conversa não tá prestando.

— Fio, tá muito certo, eu sei que você é encucado até hoje. Mas te garanto que não aconteceu nada de mal com a menina. Eles eram um povo estranho e teu primo fala que ela não era santinha, não.

— Tá bom, já ouvi! Vamos chegar logo que tem muita coisa pra fazer hoje.

Giovana partiu para a Irlanda em março de 2007. A despedida foi melancólica. A família, os amigos e, claro, Alex. Ele fez questão de levá-la a São Paulo para o embarque. Na ida foram fazendo planos. Falavam o tempo todo para não deixar o clima pesar. No entanto, os dois sabiam que seria longo e que só por Deus e por força desse amor poderiam fazer o tempo se enxugar.

— Gio, me dê sua mão! — Ela não entendeu, mas assim procedeu. Ele tirou do bolso da camisa um anel de prata. Ela estremeceu dos pés à cabeça. — Este anel aqui foi da minha avó, Maria Lázara. É uma joia da família. Agora, é seu! Lembra de que te amo e te espero! — Ele colocou no dedo dela .

A menina foi às lágrimas, colocando as mãos na boca. Olhou de novo o anel em seu dedo e disse:

— Lê, é muito bonito! Você sabe ser especial! Te amo muito! Não vai sair do meu dedo, te prometo!

E um beijo selou a despedida. Estavam abraçados quando a locução do aeroporto chamou para o embarque. Os braços se estenderam até as mãos se separarem. Giovana olhou para trás, enxugou novamente os olhos e, sorrindo, seguiu pelo portão. Alex se sentiu só. Balançou mesmo a minha vida, menina danada! Vá com Deus, te amo!, pensou ele e deu tempo dela ainda se virar e lhe jogar um beijo.

Daquele dia em diante, entre correspondências, telefonemas e dias terrivelmente solitários, os meses iam se findando.

BUSCANDO O PASSADO PARA RECONCILIAR O FUTURO

No carnaval do ano seguinte, Giovana se programou para voltar rapidinho, mas o dinheiro curto impediu. Alex, estava chateado por isso. Além do mais, nessas datas, sua casa recebia os primos de fora, vinham também as tias, irmãs de sua mãe, as namoradas dos primos a tiracolo. Seu pai não achava nada legal, mas a mãe gostava. A cidade atraía turistas: muita gente, algazarra, música alta em todo lugar.

Alto dos Montes se agitava. O carnaval dali era bem conceituado na região. Além do mais, havia ali boas pousadas para turismo rural: com trilhas de ciclismo e motociclismo, passeios a cavalo, comida regional e uma linda cachoeira chamada Recanto das Antas. A cidade tinha 40 mil habitantes, localizada na entrada da Serra da Mantiqueira, portanto cercada de montanhas altas e um clima ameno. Era pequena, mas no Carnaval a população dobrava. Pelas ruas da cidade, a partir das 14h00, nos 4 dias de folia, era uma descida e subida de blocos carnavalescos pelas ruas do centro. O ponto de maior concentração era a praça do Clube, assim conhecida pelo prédio do Social Clube Alti ense: a associação de lazer mais antiga da cidade. Até meados dos anos 80, esse clube fora palco dos maiores e melhores bailes da região, entretanto estava fechado para obras de restauração há tempos. A moçada pegava fogo ali, mas Alex não se ligava na farra, o serviço na loja não parava, somente domingo e terça-

-feira de carnaval fechavam por ajuda de sua mãe, que falava na cabeça de Euzébio. Lógico, sem Giovana ele não ia sair mesmo. Mário, Marco e Tavinho, amigos inseparáveis e os primos Nando, Ronaldo e Laurinha, insistiam muito com ele:

— Vamos uma noite no bloco com a gente, vamos? Pelo menos na noite de segunda — insistia Laura, sua prima preferida. Mas ele dizia que ia ver.

Por tanta insistência, naquele domingo, resolveu ir ver o movimento na praça. Foi à tardinha, com os primos e os amigos. Lá encontrou Mário e sua namorada. Fixaram-se de pé no balaústre da parte mais alta da praça. Espiavam as fantasias, as gracinhas e bandeiras dos bêbados, e claro, a criatividade dos que se fantasiavam. Era uma sessão de humor explícito.

— Cada coisa que a gente vê — dizia Mário, entusiasmado, abraçado à Viviane, sua namorada.

— Engraçado, quando a gente era mais novo, estávamos lá no meio um hora dessa, de bulinho cheio. — Lembrou Marco, vibrando o corpo no agito das marchinhas.

— Hahaha, você e o Tavinho, né mesmo? — argumentou Mário. — Eu nunca fui de beber assim!

— Ainda bem e pro seu bem! — disse Viviane, dando uma leve beliscada na barriga de namorado.

Alex ouvia a prosa e já tirava um sarrinho da colocação de Viviane.

— Vivi, vou te contar umas passagens do Mário em carnavais, qualquer dia te conto. — E mirando o amigo, completou: — Sai dessa agora! — A moça fulminou Mário com o olhar e fez uma boca arredondada de surpresa.

— Aham, olha eu descobrindo as coisas... Bem, fala alguma coisa aí, se defenda! — É claro que a moça entendia a brincadeira, mas vendo Mário com um sorriso de boca fechada e olhando firme para frente, continuou: — Olha que safado, gente! Não fala nada, só ri!

— Ué, bem, vou falar o quê? — disse Mário. — Da nossa turma, o Alex é o mais ponderado e o menos maluco! Se ele tá falando... — E abraçou Viviane por trás, beijando seu rosto.

Quando Alex se armou para continuar a bulir com os amigos, do ponto em que estava ele viu uma moça de porte airoso. Estava longe, na ponta da praça, diagonal à sua posição. Semblante descontraído, balançava-se na batida da música. Usava uma máscara escura, como uma faixa negra sobre os olhos. Tomava uma bebida ao canudinho e mantinha a mão esquerda no bolso do short jeans. Conheço aquele rosto, pensou ele. Sentiu um calor lhe tomar o peito e os braços e o sangue subir rumo à cabeça, como se mãos opressivas o agarrassem e apertassem seu pescoço.

— Não pode ser, é ela! O cabelo está diferente; está loira, mas é ela! — concluía Alex, atônito. Virou-se de costas para a cena, disfarçou e foi se afastando dos amigos. Procurou outro ângulo para observar melhor. Muita gente se esbarrando em sua volta. — Não posso perder ela de vista, tenho que me aproximar mais um pouco! — Caminhava pensante e se desviando da avalanche de gente. — De repente, esbarrou bruscamente em um casal de foliões, o copo de cerveja que um deles segurava se derramou todo em Alex, distraindo-o por segundos.

— Perdão, perdão! — Desculpou-se ele, recompondo-

-se e quando recobrou a atenção:

— Cadê? Cadê ela! — A moça não estava mais lá.

Alex se sentiu perdido e astroso:

— Será possível? Não posso perdê-la de vista! Será que é ela mesmo? De hoje não passa!

O rapaz arquitetou com os olhos uma rota livre, observando as ruas do entorno da praça e seguiu depressa. Demorou ainda para conseguir se aproximar do outro lado. Enfim, ele tinha a possibilidade de conversar com aquela moça e resolver seu passado. Era agora ou nunca!

Quando chegou, estava esbaforido, não via mais a moça.

— Diacho, onde é que se meteu?

Parou, recuperou o fôlego e tentou se acalmar. Havia ali próximo vários trailers vendendo todo o tipo de comida e bebida, quando não os trailers, eram barraquinhas mesmo. Não conhecia ninguém que pudesse lhe dar informação. Procurou entre as rodas de moças dos blocos que passavam por ele, sem sucesso.

Ao que se volveu para a rua lateral, estava lá a tal para entrar num Meriva, cor de chumbo. Havia outras pessoas dentro do carro. Tentou correr, mas o vuco-vuco dali o impediu. Alex arcou os dedos entre os lábios e deu um forte assobio. Precisava chamar a atenção dela, mas foi em vão. Por fim gritou:

— Daniela!

E a moça entrou no carro. Quando o rapaz quase tocava no veículo, o motorista terminou a manobra, desvencilhando-se dos carros, e seguiu em frente. Alex mirou a placa do carro, era de Ribeirão Preto – SP. Astuto, ele memorizou. Isso vai ajudar!

Pelo menos isso!

Ao retornar, deu de topo com o Nando, seu primo.

— Qual é, meu irmão?! Como que cê some assim? Deixou a galera lá em cima te gritando. Qual foi?

Respondeu Alex, puxando o ar com as mãos na cintura e olhos ferventes:

— Parece uma piada do destino que seja você, Nando, a vir atrás de mim justo neste momento. — O primo o ouviu sem entender e com os olhos arregalados replicou:

— Fala sério, cara! Não tô te entendendo. O que eu fiz?

— Nem vai entender — respondeu Alex. E saiu, driblando a pessoa do primo.

Nando, voltou-se para Alex e gritou:

— Não sai assim, não! Conversa comigo, caralho! — esbravejou.

Alex fez que não ouviu.

— Vá te catar! — resmungou baixo para si mesmo. Mirou o alto do balaústre para ver se via a turma. Ainda estavam lá. Quando foi se aproximando do lugar em que estavam, Mário fez gestos com os braços, sinal de pergunta: "O que foi?". Alex chegou e parou à certa distância e deu sinal para Mário vir até ele. O amigo veio nas ventas.

— Mário, tô indo pro sítio, avisa o Marco e o pessoal aí. Não tô me sentindo bem.

Na hora Mário o segurou pelo braço e disse:

— Você não está bem mesmo! Está com o rosto pálido... Tomou alguma coisa que fez mal? Aliás, onde você foi?

— Acho que a minha pressão caiu. Deve ter sido o calor e a multidão, muita gente em cima — respondeu de modo rápido e acrescentou: — Se puder, vá mais tarde lá na roça. Vou ficar lá. Preciso te contar uma coisa. — E se afastando, sumiu no meio do povo. A galera ficou somente a olhar sem compreender.

Chegando em casa, pegou a camionete, não disse nada a ninguém. Foi para o sítio, havia adiante um lugar próximo que ele se sentia bem. Era na verdade um refúgio para ele desde pequeno. Na estrada para o sítio, saindo a leste da cidade, a 3 km, havia uma pequena bifurcação, ínfima, pois se notava apenas com muita atenção. Seguindo por esta havia um aclive, quase uma trilha por entre uma mateira. Logo, dava-se para um ponto no sopé do morro onde uma tapera, em ruínas, lembrava o auge das vendas antigas de colônia. Era antes ali passagem de gado. Circundando ao sul, outro trilho levava ao cume do morro, um platô com uma vista privilegiada da cidade. Três jacarandás estendiam os galhos se cruzando ao longe, fazendo uma sombra sedutora aos seus pés. Quase tocavam a ponta vertical do antigo cruzeiro, carcomido pelo tempo e pela chuva. Aquele era o aconchego de Alex. Já perdera as contas de quantos acontecidos o levaram ali para se deitar e refletir. Ninguém mais passava ali, pois as divisões nas terras fecharam por completo os acessos, apenas aquela entrada havia ainda e era um segredo do rapaz, pois no início do aclive a mateira parecia fechar o caminho.

Alex costumava ir a pé ou de moto em outras oportunidades. Aquele dia, porém, embicou a camionete na pequena entrada da trilha e a trancou com cuidado. Subiu rapidamente com a cabeça estalando de tanto pensar.

Quando se aproximou do cruzeiro, sentiu vontade de rezar. E rezou. Entre as ave-marias, retalhos de lembranças vinham atormentá-lo. Lembrava-se do rosto da moça no passado, chorando e dizendo coisas; ao mesmo tempo, pensava nela como a vira há poucas horas. Diferente, mas certamente ela. Onde morava? Por que foi-se embora sem lhe dar confirmação e paz? Havia se casado?, pensava ele, voltando à reza.

— Esfrie a cabeça, Alex! Pra que ficar assim? — falava consigo em voz alta, agora andando de um lado para o outro. Por fim, deitou-se lembrando:

— Tinha perdido a esperança de encontrar a Daniela; eu procurei tanto. O pai, o tio Ernesto também lá pelas bandas de Tapiratiba e Caconde, e até na região de Campinas tentamos achar o paradeiro e nada. Eles fizeram assim de propósito, não há dúvidas! — E decidiu: — Ah, mas eu pego o rastro dela de novo, ah, se pego; agora eu acho!

O sol já se caminhava rumo ao horizonte, findando aquele domingo azul de carnaval, e Alex continuava ali absorto nas ideias, quando se deparou com um barulho de passos. Esticou-se para olhar da borda do platô:

— Ah, é você? — exclamou aliviado.

— Claro, você me falou e eu vim, mas vi a camionete lá embaixo, atinei que você devia estar aqui — explicou Mário. — O loco, tô bufando! Que subidinha chata; mas a vista compensa! — E olhando com misericórdia para Alex, foi direto ao assunto: — Alex o que aconteceu naquela hora? Me conte logo!

— Te conto, sim, e conto já. Lembra da Daniela, aquela moça que eu tive uns rolos lá atrás e que sumiu sem deixar rastro?

— Sim, me lembro, claro! Achei até que você fosse ficar doente na época de tanta gastura... — falou Mário, com curiosidade: — E daí, o que aconteceu com ela?

— Ela estava aqui hoje — contou Alex, nervoso.

— Hoje? Aqui, onde? — Assustou-se Mário.

— Na praça, naquela hora mesmo que nós chegamos. Cara, eu vi de longe e reconheci. Ela mudou a cor do cabelo, mas o rosto, o porte... Tá até mais vistosa.

Acrescentou Alex com uma certa incredulidade ao falar "vistosa".

— Ah, não brinca? Alex, me lembro de vocês ficarem um tempão procurando ela. Por isso você sumiu. Falou com ela? — Mário agora estava apreensivo.

— Que nada, olha aqui minha ansiedade como está. Deu o que fazer pra chegar onde ela estava. Me distraí com um esbarrão logo que saí. No que eu olhei, ela já não estava mais lá. Ainda consegui ver ela entrando num carro; até gritei, mas ela não ouviu. Tinha muito barulho! Cara, era a chance de eu esclarecer tudo. Não podia ter perdido!

— Puta que o pariu! Que coisa, Alex! Mas calma... Quem sabe ela retorna amanhã ou terça? — Tentou animar o amigo.

— Pode ser! Ela usava uma máscara de carnaval.

— E você tem certeza mesmo que era ela? Porque às vezes a distância atrapalha, e você disse que ela está loira. Não é?

— Era ela! — Alex estava convencido disso. Afinal, não esquecera nunca Daniela. Sua primeira transa. Ela fez dele um homem e essas coisas não se esquecem.

— Uma ideia — propôs Mário, sempre leal. —, vamos combinar com a turma e você combina lá com os seus primos. Quem vir por acaso alguém semelhante a ela, liga pra você imediatamente, que tal? Seja amanhã ou terça.

— Parece coisa de espionagem: levar celular, sei não. Esses aparelhos no meio daquela multidão, além de caro é pedir pra ser roubado. — Mas aceitou Alex, um tanto ressabiado e advertiu: — Mas não vou entrar em detalhe com ninguém sobre o porquê. Eu estou namorando; como que fica minha cara?

— Tudo bem, vamos falar que é uma amiga de escola que você tem saudade e pensou ter visto. Certo?

Alex consentiu que a cabeça que sim.

— Não quer me contar por que essa moça mexeu tanto com você? Tá na hora de deixar isso ir embora, meu caro!

Alex abaixou a cabeça, pôs as mãos na fronte e disse:

— É somente por ela ter ido embora sem me falar nada; sumido. Ela e a família. Sei lá, fiquei com isso na cabeça. Outra coisa, ela foi a minha primeira experiência e eu tinha só 15 anos. Marcou!

— Será que é só isso mesmo? Você na época não me contou os detalhes, lembro que quando voltei de São Paulo e fui na sua casa, você estava viajando com seu tio pra Campinas. Sua mãe estava preocupada e me disse que lamentou demais eu não estar aqui para te ajudar e que você tinha se envolvido com uma menina e quase ficou doente por ela ter ido embora. Até hoje me culpo. Quando você precisou mais, eu não estava aqui.

— Você é o irmão que o Alessandro não tinha idade pra

ser, meu amigo! E você estava morando com seu pai, como que você teria culpa? Eu não penso assim. Falta você fez mesmo! Na época fiquei próximo do Nando, que sempre teve merda na cabeça. Ele, bem dizer, que ajeitou pra eu ficar com a Daniela e ficou pondo pilha.

— Isso você nunca me contou — disse Mário, amargurado, e continuou: — Por isso você tem certa bronca dele agora? É visível, você não disfarça.

— O desgraçado, com o perdão da palavra, começou a insinuar na frente do pai dele, o tio Ernesto, e do meu pai, que eu era muito florzinha de Igreja. Começou com uma brincadeira. Foi uma vez, foi outra, até que um dia meu pai me intimou: "Escuta, Lex, não tô gostando das piadas do Nando pra cima de você; mesmo porque seu tio se aproveita disso pra tirar uma casquinha da minha cara. Cê sabe, é inveja deu ter tido sucesso na vida e ele ser um borra-botas até hoje. Mete a mão na cara do Nando quando ele vier com essas graças pro teu lado!".

— Eu, por mim, não dava bola. O fato deu ir à Igreja, participar, sempre foi prato um feito para as amolações. Você vive a mesma situação. É impressionante como que as atitudes de fé incomodam. Mas eu me senti desmoralizado perante ao meu pai. Jamais imaginaria que ele se sentiria mal com isso.

— Pelo amor de Deus, olha o seu Euzébio!? — replicou Mário, consternado. Alex continuou:

— É, foi isso que eu senti também, mas o pai tem outra criação. Mas o pior estava por vir. Tivemos um churrasco no sítio. Era um sábado, aniversário do Alessandro. O Nando apareceu com a Daniela lá. Ele a levou junto com outra amiga, tudo premeditado. Na hora eu não saquei, não tive a malícia. E meu tio Ernesto sabia da armação. Um dia antes, ele tocou no assunto com meu pai dizendo que o Nando ia trazer uma conhecida dele que estava interessada em mim, e que ele e o Nando tinham até batido uma aposta: se eu iria ou não fazer caso da moça. Depois que passou, meu pai me contou tudo e me disse que o tio falou assim: "Zébio, o Nando me contou que tem uma moça dando em cima do teu fio faz tempo, mas ele não quer nada com ela. Ele vai trazer ela amanhã aqui e vai ajeitar pros dois ficarem sozinhos. Eu apostei no teu menino, hein?" — Que falsidade! Lembrou Alex. — "Ele vai traçar! já o Nando acha que ele vai mijar pra trás. O Alex é um moço forte, bem apanhado, mas é muito sensível. Corre muito atrás de reza".

— Consigo até imaginar a cara do meu tio falando isso pro meu pai. Cobra criada! Isso me fez entender por que o pai sempre o tratou no bico da chuteira...

— Era natural que meu pai se sentisse ofendido, porém, conhecendo tanto o irmão quanto o sobrinho, ele se segurou e respondeu: "Se o Alex não tá dando bola é porque sabe que não é mulher pra ele. Confio nele, ele pode rezar muito sim, mas sabe o que quer. Tem culhão!".

— Voltando naquele dia no churrasco, percebi quando eles chegaram. Eu conheci a moça logo que a vi subir pelas escadas do barracão. Nando veio e a apresentou, assim como a outra:

"— Eu conheço você! — disse a ela com simpatia. Ela apenas sorriu, desconcertada. Cumprimentei a outra moça, fiz um pouco de sala, mas logo me distanciei. Passou um tempo, o

Nando veio, achegou-se e me disse:

— Rapaz, você não percebeu que eu trouxe as duas pra gente depois fazer uma festinha?"

A noite já ia chegando, porém Mário estava completamente dentro da história de Alex e queria ouvir um pouco mais.

— Festinha? Mas que safado!

— Calma, ele queria mesmo me instigar. Eu olhei pra ele, olhei pra moça, encostada na viga do barracão. Ela era formosa, mais velha que eu, tinha uns 19 anos, eu acho! Estava de saia até os joelhos, usava uma blusa de alcinhas que delineava o corpo e a cintura. Um cabelão preto esvoaçando no vento. Boca carnuda com um leve batom. Eu sabia que já tinha visto ela, mas não lembrava onde. Eu juro, fiquei de certa forma aceso e mais surpreso ainda com a proposta do meu primo, mas não estava a fim. Daí respondi:

"— Você tá falando sério? Tão fácil assim? Eu nem sei quem são elas direito.

— Ah, eu sabia. Vai amarelar? Olha bem, um mulherão daquele te querendo!"

Assim ele me atiçava e me desafiava.

"— Vamos lá conversar mais, e depois a gente dá um rolê com elas — continuava Nando.

— Me querendo? Conta outra, Nando! — eu ironizei. — Conversar, tudo bem; ela é mesmo ajeitada, mas ela nem me conhece também."

— Mas fui. Daí conversa vai, conversa vem, eu percebi que ela me olhava de maneira melosa, mas que não estava à vontade com as investidas do Nando para sairmos sozinhos. O

Nando quando bebe fica mais atrevido e mais invasivo que um cafetão. Ia dando um jeito de pular fora do jogo, quando chegou o tio Ernesto com meu pai e outro amigo. Meu pai me olhava como quem queria me dizer algo. Sua feição era aguda. Daí veio de bandeja a oportunidade que o Nando queria e já jogou:

"— Vamos lá, meninas, vamos dar uma volta."

— E olhando pra mim com sarcasmo disse:

"— Você não vem mesmo?"

— Nessa hora, todos se entreolharam e meu pai de certa forma ficou desconfortável. Tio Ernesto mirava fundo meu pai e eu entendi que eu tinha que ir.

"— Quem disse que não vou? Pera aí!"

— E entramos no carro do Nando, que saiu cantando pneu. Como é pavão esse meu primo! Na hora que ele passou da porteira, dei uma chamada nele por conta da velocidade. Resumindo: fomos para casa da outra moça, que nem guardei o nome, e eu então resmunguei:

"— Ó Nando, na casa da moça? Assim não dá, cara! Falta de respeito. E se chega alguém?"

— Ele me respondeu ironicamente, saindo do esfrega com a tal:

"— Alex, o que tem? Tem ninguém aqui hoje, não. Tá livre, não é, meu anjo?"

— A moça nem respondeu, estava toda envolvida no amasso com ele. Rapidamente, Daniela me puxou pelo braço e disse:

"— Tudo bem, se confiar em mim, tenho um lugar pra gente ir."

— Ouvindo a moça, Nando somente me jogou a chave do carro. Entramos então, nós dois no carro e fomos. Ela foi me guiando.

"— Vamos num lugar tranquilo."

— Então confiei. Chegamos numa clareira, com árvores grandes e vários eucaliptos. Abri a porta do carro, o ar parecia gelado ou era eu que estava quente demais. Enquanto estávamos no carro, ela me falou:

"— Você realmente me conhece, eu moro naquela chacarazinha, na descida do morro, logo após o seu sítio... Na verdade, eu fui algumas vezes na sua casa, quando mais menina. Sempre que vocês rezavam terço em junho, seu pai nos convidava, e umas duas vezes você passou perto de mim quando ia com os apontadores pesar o café na panha. A mãe e eu fazíamos panha no teu sítio também."

— Mário, te confesso que me lembrei com esforço, mais por conta dela falar de estar na panha. Lembrei dela com a mãe porque em uma dessas vezes a mãe dela me elogiou pro Berto, apontador nosso, dizendo que é desde cedo que se aprende a lidar com a administração e que poderia ajudar meu pai assim.

— E você falou o que pra ela? — perguntou Mário.

— Falei isso, que tinha me lembrado dela por esse fato... Mas ela sorriu e depois sua fisionomia entristeceu. Toquei no rosto dela, e perguntei:

"— O que foi? Falei alguma coisa que te magoou?

— Não, é que lembrei de minha mãe, infelizmente ela foi embora. — Teria a mãe dela morrido?

— Poxa, que chato, não era minha intenção te trazer

memórias tristes.

—... Eu te acho um rapaz muito bonito e muito certinho também..."

— Ela sorriu logo depois. Eu não fazia ideia de que ia me sentir tão à vontade com alguém que há pouco nem fazia ideia que existia. Conversamos muito sobre eu ser certinho. Daí, perguntei:

"— Como você conheceu meu primo?

—Eu não tenho muitas amigas na cidade, tenho a Carla, a dona da casa. Na verdade, ela me ajuda muito, apesar de ser um pouco louca e gostar de farra. É o jeito dela, eu respeito. Seu primo gosta de transar, ela também, então os dois estão se curtindo já algum tempo.

— Mas e você, Daniela, do que gosta? Você me parece diferente da Carla, e muito!

— Na cabeça e na alma sim, mas às vezes nos aproximamos de alguém por necessidade e até mesmo por desesperança ou carência; nem sempre porque temos coisas em comum.

— Agora sim, me sinto um orelhão sem ficha. Você tem umas frases realmente profundas!

— Bom, tem coisa mais interessante pra fazer, não!?"

— Fiz questão de enaltecer cada palavra da minha última frase para ela. E eu, rapazote, com os hormônios fibrilando, senti aquela boca de mulher pedindo a minha. Não me contive... Foi um beijo surreal. Corpo, cheiro, pele, aquele beijo intenso. Nunca, de fato, havia beijado. Eram só fantasias quentes de moleque. No fundo, eu não acreditava no que estava acontecendo, mas ela sabia o que fazia, sabia tudo sobre aquilo. Roçava meu cabelo com as mãos, entre os lânguidos beijos e me mordia de leve o lábio inferior. Eu estava totalmente excitado, latejando dentro da calça. Ela captava minha virgindade em corpo e alma e se dispunha, ali, a me fazer homem de fato. De maneira calma, com maestria, ela foi me conduzindo em tudo, no tirar das roupas até o gozar. Ao fim, estávamos nus naquele espaço livre, natural, ela com o corpo enroscado no meu, com a cabeça sobre o meu peito:

"— Seu coração tá muito rápido.

— Agora, não precisa mais nada se anunciar a não ser o pulsar do coração."

— Respondi poeticamente, com um verso que incorporava a intensidade do que eu sentia... Mesmo sem conhecê-la, por intensos minutos eu a amei, sim! — finalizou Alex.

Mário estava, de certa forma, também excitado e emocionado com a descrição daquele momento. Notou que Alex reviveu por um instante tudo aquilo. Ele era seu irmão, seu melhor amigo, e ouvir aquele desabafo de Alex coroava tudo isso.

— Esperava que você fosse sincero sobre isso, mas não tanto, meu irmão! Entendo que foi pra você algo único, encantador.

— Mário, eu tinha 15 para 16 anos. Não imaginava que teria minha primeira vez no mato com uma pessoa desconhecida assim. Foi inesperado!

— Você nem usou camisinha pelo visto! Foi essa a sua preocupação?

Houve pausa, Alex pensou para responder:

— Cara, eu fui muito inconsequente, muito mesmo! —

respondeu com toda sua convicção. — Foi tão fora do comum que não pensei em nada.

— Nem na castidade você pensou? — intimou Mário, ironizando com o canto da boca, porque sabia do peso moral e cristão que tinha esse fato para Alex atualmente.

— Quando ela veio para me beijar e nos abraçamos, eu pensei, por um relance de momento. Mas me senti como se estivesse tendo ali, naquela hora, a afirmação e aceitação do meu pai e isso foi prazeroso. Cara, foram pensamentos em lances de segundo... Depois do sexo, conversamos por mais um tempo. Nos vestimos, voltamos para o carro. Ela me falou bem séria:

"— Cê sabe que sou uma roceira? Sei que foi sua primeira vez, cê não se importa?"

— Isso me deixou desconcertado e me acendeu compaixão pela rasa estima daquela pessoa tão sensível. Eu peguei na mão dela, e trouxe para o meu rosto e disse:

"— Suas mãos não são diferentes das mãos da minha mãe... As mãos de minha mãe são como as minhas e as de meu pai, têm calos..."

— A princípio, ela me olhou firme e vi lágrimas se formarem, mas ela resistiu; depois, então, os olhos dela brilharam como as primícias da aurora e me deu um beijo no rosto.

"— Vamos, eu te deixo na sua casa.

— Não, me deixe por favor na praça. Vou encontrar a Carla lá, já combinamos."

— E assim eu fiz. Nem pensei em procurar o Nando; se quisesse ele que tomasse um táxi. Cara, voltei pra casa me sentindo homem, queria contar a alguém, mas quando cheguei, todos do churrasco tinham ido embora. Meu pai dormia na rede, o tio Ernesto assistia futebol na televisão junto com o Alessandro, meu irmão, esperando o Nando, seu filho, chegar. E minha mãe aguava as flores do jardim com rosto por demais cansado pelo dia agitado.

— Teu tio não te disse nada? — perguntou Mário. — Afinal, ele armou também.

— Tentou sim saber, logo que perguntou do Nando pra mim. Fez algumas insinuações, mas não dei o gostinho. Ninguém tinha que saber. Talvez a Daniela contasse pra sua amiga Carla, e o Nando viesse a saber por tabela naquela mesma noite, mas eu não dei bola. Bom, agora você sabe como foi.

— Sim, mas e depois? O que se deu pra ela sumir? Vocês tiveram outro encontro? — questionou, curioso, Mário, totalmente envolvido.

— Ainda não é hora deu te contar isso. É triste pra mim! Mas hoje já foi um começo. Me ajude amanhã a tentar encontrar a Daniela e eu conto tudo depois que resolver com ela.

— Você sente algo ainda por ela, Alex?

— É diferente. Hoje meu coração está com a Giovana, não tenho dúvida. Foi uma paixão de adolescente. Não temos mais nada haver, assim como na época não tínhamos — respondeu Alex, seguro de si. — Temos que descer, já não tô enxergando um palmo na frente do nariz.

Mário disse:

— Trouxe uma lanterna de bolso aqui, sempre trago no chaveiro, mas ainda dá pra ver a trilha.

E desceram os dois conversando.

Na manhã daquela segunda de carnaval, Alex levantou cedo e ligou da loja mesmo para a casa de um conhecido seu que trabalhava na Circunscrição Regional de Trânsito da cidade. Inventou uma história de roubo de carro e pediu informações sobre a placa do carro no qual Daniela estava.

— Alex, te explico... Só é possível verificar o nome de proprietário de veículo mediante furto ou roubo e temos que ter o boletim de ocorrência; do contrário, as únicas informações possíveis são referentes ao próprio veículo, sem nome ou endereço. Lamento! — esclareceu o conhecido.

— Mais que merda!... Não é possível!

Pensou então friamente no que poderia fazer e veio a luz. Não gostaria jamais de usar meios escusos, mas era uma causa justa. Foi até sua casa e, como uma locomotiva, abriu a porta do quarto onde seus primos dormiam. Com muito custo e paciência, conseguiu acordar Nando, que despertou assustado, ainda alto e zonzo da noitada de carnaval.

— Cara, tu me destrata, some e vem me acordar cedo... Vai embora e me deixa dormir! — queixou-se o primo, ainda bravo pelo modo como Alex o tratou no dia anterior.

— Anda logo, Nando, tenho que tomar uma providência pra mãe e você tem como ajudar; é caso de vida ou morte! — Inventou o que pode para comover o primo.

De fato, rapidamente, ele abriu os olhos com veemência e perguntou, já se sentando na cama:

— O que tem a tia Mariana? Ela está bem?

— Fala baixo, não acorda o Ronaldo, não, que ele não pode saber. — E puxando o primo com força, sussurrou: —

Vem logo!

— Ponha um calção, pelo amor de Deus! — completou Alex ao constatar o que não queria.

— Me deixa ir no banheiro pelo menos, posso?

— Pode, vai lá, eu te espero na área da frente — respondeu Alex, ansioso, vendo a postura remansosa do primo.

Esse bunda mole vai me ajudar; ele me deve! E sentando na espreguiçadeira da areazinha, tentou relaxar.

Escutou, então, barulho do carro; era seu pai e sua mãe saindo da garagem. Ele se levantou para cumprimentá-los.

— A bença?! Onde vão tão cedo? — perguntou ele aos pais.

— Deus te abençoe, amor! Vou com seu pai no sítio, ele vai dar uma olhadela na cerca, dar trato pros bichos e eu vou apanhar umas verduras pra trazer pro almoço — explicou sua mãe e questionou: — E você? Levantou cedo, foi pra loja e já está de volta?

— Nada não, vim só ter uma prosa com o Nando, acabou dormindo aqui no quarto com o Gustavo ontem. Ele vai me ajudar num assunto aí

Seu pai, ouvindo isso, baixou o rosto para enxergar melhor o filho pela janela do carro, posou uma feição de desaprovação, mas se reservou.

— Fica com Deus, daqui a pouco voltamos! — despediu-se a mãe e seguiram. Foi quando Nando apontou na porta da sala; cabelo todo alvoroçado, olhos semicerrados pela luz da manhã e pela ressaca que se anunciava.

— Quem morreu pra você me tirar da cama numa segunda de carnaval desse jeito? Ainda tá doendo o coice que você me deu, seu cavalo! — queixou-se Nando.

— Ah, larga de frescura sô! Seguinte, você tem algum contato lá, daquele seu amigo que trabalhou no DETRAN e que depois mexia com venda de carro? Como era mesmo o nome dele?

— Badú?

— Isso, ele mesmo! Ele ainda faz aqueles trambiques que você vivia contando pra gente? — interpelou o primo.

— Vixe, Alex! Cê me pegou! Eu não sei, faz mais de 3 anos que não falo com ele. Soube que ele quase foi preso. — E riu. — Mas se safou o danado! Tem bons advogados, né?! Neste país quem tem dinheiro não vê brilho de algema... Mas pra quê? Você não ia querer se meter com esses negócios, te conheço!

— Calma, te explico! — E contou o que havia acontecido no dia anterior; sobre ver Daniela.

— Me conta melhor isso! Vem cá, você viu ela aqui? Tem certeza? A gente procurou pra caralho essa filha da mãe! — xingou Nando.

— Eu garanto que era ela! O fato é que quando consegui chegar perto, ela entrou num Meriva, cor de chumbo, com essa placa de Ribeirão Preto. — E entregou o papel onde marcara as letras e o número da placa. Nando pegou o papel, abismado. Pensou um pouco e respondeu: — O Badú tinha um amigo nerd que fazia umas investigadas pra ele. Esse eu sei onde achar.

— Nando, me dá essa força, você me deve isso! — disparou Alex, agora esperançoso.

— Quando é que você vai entender que não tive culpa

no sumiço dela?

— Mas tramou pra eu ficar com ela, seu mundice! — disse Alex, mirando o primo com rancor.

— Você tá em outra, vai se casar com a Giovana. Você acertou na loteria, esquece disso!

— Entenda que quero resolver o meu passado enquanto a Giovana está fora do país, e agora essa oportunidade veio até mim. Me ajude!

— Claro! — disse Nando. Espera, hoje é Carnaval e não vou conseguir falar com o carinha. Mas na quarta-feira, raiando o dia, eu tô na cola dele.

— Obrigado! Quem sabe agora podemos nos entender melhor! — E apertou a mão do primo.

— Mas e se ela aparecer hoje de novo? É uma possibilidade!

— Pensamos nisso ontem, o Mário e eu. Peço esse favor também. Vamos pros blocos hoje à tarde, se você a vir e reconhecer, me dá um toque no celular na hora.

Combinaram e foi-se a manhã. Naquela tarde, Nando e Alex procuraram por todos os cantos da praça Central, nas imediações das casas de blocos, nas entradas dos pontos turísticos. Mário, Marco e Tavinho tentavam ajudar, porém tinham apenas a descrição física da moça, não a conheceram. Uma investida em vão, sentia Alex. Na terça-feira, último dia de folia, uma forte chuva caiu da madrugada até a hora da folia, desencorajando os foliões. Muitos começaram a fazer as malas e irem embora. Filas de carros nos postos de gasolina. Alex pensava no seu infortúnio, apreciando a chuva pela janela de seu quarto, mas tinha a esperança do contato do seu primo no outro dia.

Aquela noite foi infindável para ele; pensava muito em Giovana, no quanto a amava, no que estaria fazendo ela nesses dias naquela cidade tão longe. Sentia medo de perdê-la por essa cisma daqueles dias de carnaval. Se Giovana sonhasse que ele passara o feriado procurando uma aventura do passado, talvez fosse o fim. Afinal, ele conhecia sua namorada, não haveria volta em uma suposta traição, mesmo que fosse apenas de um sentimento mortificado. Ao mesmo tempo, sentia-se forte para encontrar Daniela e resolver, enfim, sua culpa.

Num empuxo da cama, resolveu ligar.

— Caramba, é madrugada lá ainda, vou acordá-la!

Mas a saudade é gabaritada na persuasão. E indo até a sala, pegou nas mãos o telefone e o levou para próximo da janela. Apurando em ouvir a voz calma de sua amada, discou e aguardou.

— Que demora! Ela está dormindo, vai acordar aflita! — Ia se arrependendo quando ela atendeu:

— Hello, who's talking? Could I help you? — Ele não resistiu e soltou um riso de ouvi-la em inglês:

— I am your loved! — disse brincando com ela.

— Ó meu amor, é você? — E bocejou longamente. — Assustei, a irmã de uma das moças que moram comigo não está bem, achei que fosse pra ela.

— Desculpa eu, Gio! É que estava angustiado, custando a dormir, pensando muito em você. Como eu queria você aqui comigo! — justificou Alex.

— Bem, tá sendo difícil pra mim, ainda mais sabendo

que aí está rolando o maior agito. E seus parentes, estão aí na sua casa?

— O que você acha? — E suspirou. — Estão, meus primos de Santo André com minhas tias, e claro, o Nando vem até dormir aqui pra bajular o Ronaldo. A mesma coisa de todo ano.

— Então, sábado minha prima e as outras meninas me chamaram pra ir a Londres passear. Mas tô regrando aqui o dinheiro, quero dar um pulo aí pra ver vocês, e também já fomos pra capital inglesa antes do Natal. Foi bem bacana! Você ia gostar. Tem sido espetacular estar aqui, é outra realidade. Estou me sentindo mais segura de mim. Ficar longe das pessoas que amamos e das facilidades nos faz rever nossos conceitos e prioridades de vida.

Alex ouvia atentamente seu amor falando. Amava a voz tranquila de Giovana. Ele nem precisava desabafar nada; estava mais leve consigo.

— Gio, eu também fiquei quieto no meu canto esses dias. Ano passado nos divertimos muito, embora estivéssemos só ficando. Esse ano tinha tudo pra ser mais intenso ainda.

— Mas vamos ter muito tempo, com as bênçãos de Nosso Senhor! Aqui, é um pouco diferente. A missa é tudo mais contido. Eu me ponho revivendo as missas aí na nossa Igreja, a música principalmente. Eu fecho os olhos e me transporto pra perto de vocês.

— Eu tenho mesmo curiosidade em saber como é o ambiente das Igrejas daí — revelou Alex. — Pensei muitas vezes como você estaria se virando com a presença nas missas de domingo.

— É difícil. Bem, não é todo domingo que vou; quando não dá, rezo o terço. Deus sabe!

— Ai que vontade te abraçar, branquinha! Só de ouvir sua voz eu me acalmo, me tranquilizo! — exclamou Alex.

— Lê, tá acontecendo algo? Não gostei da entonação! — falou Giovana, como se predissesse os acontecimentos e os sentimentos do seu namorado.

— Nada não, amor! É só saudade mesmo!

Ela não se convenceu, mas confiava em Alex.

— Se você está dizendo, eu acredito!

— Amor, vou te deixar dormir! Já ouvi você, senti seu carinho, agora vou procurar dormir também. Amanhã pego cedo na loja. Um beijo grande, tchau!

— Tá bem, Lê! Foi muito bom você ter ligado. Amo você! Reza por mim que eu rezo por você! Outro beijo!

— Rezo sempre! Até qualquer hora... Te amo também! — E desligaram.

Alex foi para o quarto; pensou mais uma vez em tudo, mas estava mais confortado; logo dormiu.

Giovana voltou para a cama, embalando-se com o pensamento no rosto e nas expressões de Alex. Sentia ele angustiado na maneira de falar.

— O que será que aconteceu? Será problema na loja ou mais uma discussão com o pai? — E rezou: — Pai Santo, Pai Amado, o Senhor vai onde não consigo ir, coloco o Lê em seus braços, ele me parece angustiado. Ajude-o, Pai! Confio em Vós! — E na oração, adormeceu.

Barulhos de conversa na rua; carros ligados saindo em

velocidade, cachorros latindo atrás, foram o despertador de Alex às 05h30 da manhã daquela quarta-feira de Cinzas. Tomou banho, arrumou-se, fez ele mesmo um café rápido. Era perto das 06h30 quando resolveu ir para a loja a pé. Pelo caminho, bêbados dormindo debaixo dos beirais das casas de blocos e toldos de bares. Somente a padaria do seu Alcindo com aquele cheirinho gostoso de pão fresquinho perfumava como incenso a rua toda, abrindo-lhe o apetite. Resolveu lá entrar e tomar um pingado com pão e manteiga.

— Você trabalha muito, rapaz! Já essa hora de pé? — Reparou com um sorriso seu Alcindo. Alex apenas sorriu, sentando-se nas cadeiras mais altas perto do balcão.

— Sabe, tô aqui com meus botões — Iniciou seu Alcindo —, essa juventude de hoje em dia vive uma noite como se fosse o último dia. Quatro noites como uma vida inteira. Acredite, tinha um grupinho na esquina agorinha bebendo vodca no gargalo. Mal paravam em pé! E tinha meninas-moças no meio. — Continuou seu Alcindo com grande indignação: — Onde estão esses pais que não veem isso?! — E olhando para Alex, pediu aprovação.

— Olha, seu Alcindo, eu penso e reflito muito sobre essas atitudes da moçada, porque lido com as pautas e dinâmicas do grupo de jovens da Paróquia; o senhor bem sabe. O que percebo é que, primeiramente, as famílias estão se desintegrando. E afirmo isso porque se o senhor chegar nesse grupinho aí, de agora há pouco, e perguntar dos pais, certamente alguns vão dizer que não conhecem ou não tem pai, ou que não moram com a mãe e sim com os avós, ou tios. Isso é um fato!

— Você tem toda razão, meu jovem — falou o padeiro, consentido com a cabeça e as rugas do rosto. — Isso que você falou é uma grande verdade, é uma chaga social! — completando ele em seu raciocínio.

— E em segundo é que a geração anterior, que se dizia revolucionária, com suas bandeiras paz e amor, sexo livre, anticoncepcional, direitos e liberdades individuais, faça amor não faça guerra, na verdade perderam a fórmula da vida e de educar filho. Formar família virou acidente de percurso e não mais uma opção e desejo de vida. Terceiro e último: há uma tendência perigosa nesta virada de milênio chamada "relativismo". Converse com um jovem hoje e pergunte o que ele quer ser na vida? Muito provavelmente será um "não sei", porque agora tudo pode. Está se perdendo a noção de responsabilidade, nada tem sentido, tudo pode ser abrandado, toda lei pode ser relaxada ou burlada de acordo com as opiniões, não existe certo nem errado, e por fim, claro, pra que se precisa de Deus? Assim nossos adolescente e jovens estão se enfiando nos vícios, no consumismo, na prostituição e outras coisas mais... Até a maneira de enxergar o casamento. Antes se pregava o seguinte ditado "quem casa quer casa", não era? Agora, se transa adoidado, fazem filhos, se juntam pra morar juntos e a responsabilidade das contas e dos filhos ficam para os avós que continuam sendo o esteio da casa, enquanto eles continuam indo para as baladas porque têm ideologias por aí que fomenta os direitos, mas nunca os deveres.

Seu Alcindo estava agora com o olhar parado e reto em Alex, em suma atenção, e com a mão segurando o queixo.

— Menino de Deus! Você é muito jovem pra ter tanta ideia formada; ideias claras e sábias. E olha, eu te confesso, você me fez pensar nas atitudes dos meus filhos e netos — disse com admiração o padeiro.

— É, seu Alcindo, eu não sou o dono da verdade, mas ser um bom cristão compete em se desalienar dos sistemas. A minha fé é o meu norte; porque não foram as instituições e as convenções do mundo que tiraram a corda do meu pescoço quando ela apertou; foi a minha fé replicada em cada oração a Deus, porque está escrito na Bíblia: Cristo liberta de todas as prisões!

Quando terminou, Alex estava embargado, porque lembrava do jugo que carregava pela fé e também pelo orgulho que tinha em professá-la, como acabara de fazer.

— Menino, só tenho uma coisa a te dizer — disse o padeiro, emocionado, segurando a nuca de Alex —, Deus te abençoe muito e te conserve assim. Eu poderia fechar a padaria e ir embora, porque acho que já ganhei o dia.

— Que isso, seu Alcindo! Eu tenho que me controlar nestes arroubos discursivos. Isso soa arrogante e presunçoso para quem me ouve fora do contexto da conversa.

— Que nada, meu filho! Você fala com o coração!

— Bom, saiu o pãozinho, vamos comer que tem serviço hoje. — E findou a prosa.

Quando o rapaz saiu, seu Alcino saiu atrás, acompanhando-o até a porta e ali permaneceu, observando o afastar de Alex até dobrar a esquina. Parecia que conversara com um amigo da mesma idade. Sentiu-se feliz e reconfortado, mas sofreu um pouco pelo rapaz; afinal, para ter aquele raciocínio crítico tão polido e uma fé incrivelmente madura, das duas uma, ou sofreu demais muito cedo ou estava predestinado a grandes feitos. E torceu pela segunda opção.

Alex seguiu matutando a conversa:

— Eu queria que meu pai me ouvisse como o seu Alcindo — refletiu ele, sentindo-se valorizado. No entanto, esse foi o único momento satisfatório até o almoço. Não tinha visto Nando, e seu primo tardava em dar retorno sobre a placa. Quando por volta das 14h00, Nando enfim ligou no celular de Alex, que já punha o coração na boca.

— Eu consegui, Alex! Tá aqui na mão anota aí: Sebastião dos Reis Mancini é o proprietário. Não me pergunte como; mas tem o endereço também. — Alex então vibrou, cerrando o punho.

— Fala então!

— Rua da Aclimação, 4031, Ribeirânia, Anotou?

— Sim, tá aqui — respondeu Alex, cintilando euforia.

— Obrigado, Nando, Obrigado mesmo!

— Disponha! Depois conversamos — disse o primo e desligou.

— Mancini... Mancini... Esse nome não me é estranho, não! — Começava a se desenhar em sua mente uma familiaridade com aquele sobrenome. — Mas não era Mancini, era Mancino! Me lembro do povo falar de um tal Tião Mancino. Tinha vizinho perto da roça com esse nome. Será que matei a charada? — Na mesma hora correu para casa, tinha que falar com alguém. Chegou, estavam terminando o almoço. Sua mãe já o repreendeu:

— Achei que não vinha almoçar!

Ele então já perguntou:

— Mãe, não tinha um tal de Tião Mancino que morava lá perto da roça?

Ela o fixou com olhos de reflexão, como se puxasse do fundo da memória.

— Tião Mancino? Mancino... Não me é estranho, não, filho.

Logo seu pai entrou pela porta da cozinha e disparou:

— Mancino era pai da Veridiana, ué! Achou o paradeiro desse povo?

Alex olhou-o arregalado, surpreso, assim como sua mãe:

— Peraí, pai! Veridiana?

— Uai, fio, é a mulher do João Cirilo, eles são os pais da moça que você teve um caso. Eles moravam naquela casa velha, mais parecendo tapera, num ranchinho encostado no nosso sítio. A choça era do Tião Mancino. Era dele o pedacinho de terra; mas deu pro genro e a fia morar. Ele vinha ficar lá com eles de vez em quando porque o João bebia muito; virava e mexia, batia na mulher e nas fias. Ele ficava meses quando a coisa apertava. Era famoso aqui nas roças por conta dos terços que cantava; era embaixador de folia de reis também. Era um homem bom, cheio dos talentos. Temente a Deus. Vivia socorrendo essa fia, que não tinha muito juízo também.

Alex puxou a cadeira pro lado e sentou-se, boquiaberto, ouvindo Euzébio esclarecer os fatos.

— Lembra que nós procuramos eles? Ninguém sabia,

ninguém viu quando saíram; estava só os poucos móveis lá e a casa trancada. Nós vimos pela janela! — completou Euzébio.

— Procuramos pelo nome João Cirilo porque a Veridiana, não sei se a moça te contou na época, foi embora pra junto do Tião Mancino, lá pro Paraná, de vez. Ele tinha parentes e mais terras por lá. Foi com a filha mais nova. Isso quem me contou foi a dona Candinha, mulher do Aristide. A Veridiana estava trabalhando de empregada lá na fazenda deles quando largou tudo e foi-se embora.

— Pai, por que o senhor nunca me contou essas coisas? Não podia imaginar que o senhor tivesse se informado tanto — inquiriu o rapaz, perplexo com os segredos do pai.

— Não, filho! — interveio Mariana. — A mãe aqui sabia dessas coisas também. Mas resolvemos não contar detalhes porque você ficou acabrunhado e botou na cabeça que tinha de achar esse povo. Bem dizer, ficou doente. No fundo, seu pai achou que o melhor era parar e esquecer mesmo essa história.

— Pai, continua, pelo amor de Deus! — suplicou Alex.

— A moça que você se envolveu não quis abandonar o pai sozinho na cachaça. Parece que ficou aí, jogada, vivendo como dava. Ainda menina, ela acompanhava a mãe na lavoura, trabalhou aqui algumas vezes. Mas cê vê, fio, nesses últimos tempos nós diminuímos os contratos, mecanizou.

— Então naquela época ela vivia só com o pai? — Lembrou-se ele — Por isso ela ficava triste quando falava da mãe, e eu pensei que a mulher tinha falecido. — Agora encaixando os discursos em ordem na cabeça.

— Olha, meu filho — interrompeu Mariana —, soubemos que ela andou saindo com alguns rapazes por dinheiro porque o pai parou de trabalhar e se enterrou na pinga depois que a mãe foi embora; a situação financeira devia estar muito complicada, com certeza.

— Quem contou isso? — cobrou Alex.

— Seu tio Ernesto. Pronto, falei! — revelou a mãe, aflita.

— Aquela vez que você saiu com ela, seu tio deu dinheiro pro Nando conseguir alguém pra te assanhar, ele nem sabia quem era a moça — revelou de vez Euzébio.

Neste momento, Alex esmurrou a mesa da cozinha com toda força e se levantou feroz.

— Eu vou dar na cara do Nando e do tio. Canalhas!

Seu pai o segurou:

— Para com isso, fio! Eu não sei se ele pagou, isso você tem que saber do Nando.

Alex se sentiu traído, enojado, usado, manipulado. Estava enfurecido a essa altura. Estava vermelho como pimenta. Se pegasse o primo e o tio naquela hora, não saberia se a fé o frearia como de costume.

— Escuta, em quem é que eu posso confiar nessa família? — E se voltando para Mariana que segurava as mãos e o choro disse: — Me diz, mãe, que dessa história de dinheiro a senhora não sabia?

— Claro que não, Lex! Isso é coisa tratada entre homens. Sua mãe não sabia de nada, eu mesmo só soube depois — defendeu Euzébio a sua esposa.

— Afinal de contas, por que você veio levantar essa

conversa, filho? Como você descobriu esse nome? — perguntou Mariana.

O colérico rapaz tentava se acalmar e não pensar no tio e no primo, mas respondeu:

— Eu consegui uma informação sobre o dono de um carro que esteve aqui no domingo, o nome é Sebastião Mancini. Juntei as lembranças, só isso. Eu vi na praça uma pessoa igualzinha à Daniela, que é o nome da moça em questão. Vi quando ela entrou nesse carro e memorizei a placa. Se for ela mesmo, a danada melhorou bem de vida, viu! — concluiu o rapaz tentando agora se acalmar e planejar o que fazer.

— Lex — intimou o pai —, por favor, não quero brigas mais por conta disso. Promete que vai deixar seu primo e seu tio no canto deles. Treze anos atrás, eu já tratei disso com eles. Deixa isso pra lá!

— Eu não sei o que pensar... Como podem as pessoas se prestarem a manipular a vida dos outros a ponto de prejudicar a gente? E sem motivos. Se o tio te odiava ou odeia ainda, por conta que o senhor, meu pai, se deu bem na vida e ele não, não era em mim que ele tinha que descontar a ira — desabafou Alex.

Euzébio ouvia cheio de remorso, sentia culpa porque sabia os motivos do irmão querer humilhá-lo. Foram muitas rixas de família: por dinheiro, por terra, por predileção do pai fazendeiro. Via seu filho ferido, mas também questionava o motivo de tanto sofrimento do rapaz. Afinal, ele havia somente se deitado com uma mulher, algo mais que normal. Não compreendia, no fundo, tantos choramingos.

— Na minha época, íamos na zona, meu pai mesmo me levou quando eu tinha 14 anos. Diabos de moralismo é esse do Lex! Isso é de tanto correr atrás de Igreja — ruminava no seu íntimo.

— Pai, tô sem cabeça pra ficar na loja! Vou pro sítio e volto na hora da Missa de Cinzas.

E assim o fez. Ficaram se olhando, plantados na cozinha, Mariana e Euzébio. Um silêncio que incomodava mais que o som dos quatro dias de carnaval.

— Mariana, escuta com atenção. Se o Alex começar com a história de procurar essa moça de novo, eu vou começar a me zangar pra valer. Ele tem medo do que, meu Deus? Tá aí, forte, tem terra, tem trabalho, tem o dinheiro dele, tá namorando uma moça ótima, de família. Todo mundo fala bem dele. Não engulo essa atitude dele de querer, sei lá, pedir perdão por ter se deitado com ela? Essa moça deve ter sumido com um macho aí e deitado e rolado esses anos todos, enquanto esse bobo fica atrás de contrição. — Euzébio, agora estava deveras muito desgostoso e continuou: — Tomara que essa namorada dele volte logo! E quando voltar, vamos pôr fogo neles pra casar. Homem casado não tem tempo pra ficar de melancolia, não.

— Zébio, você já pensou no que essa moça possa ter dito pro Alex quando procurou ele da última vez?

O augusto sitiante se irou.

— Mas o que pode uma mulher falar pra um homem a ponto de deixar ele nessa angústia por uma década?

— Você está sendo mais uma vez machista! Quer dizer que o assunto de uma mulher não tem peso na vida de um homem? Que absurdo! — revidou na mesma intensidade a esposa.

— Mariana, não foi isso que eu quis dizer. Essa moça pode ter inventado qualquer coisa pra se dar bem em cima do Lex! Ela estava fazendo programa, pombas!

— Chega, Zébio! Já que seu filho não voltou pra loja, vá você então. E vamos acabar essa conversa!

Passadas algumas semanas, Alex estava se dirigindo rumo a Ribeirão Preto. Seu fiel amigo Mário o acompanhava. Saíram bem cedo. Contaram para todos que iam fazer compras para a loja. Como a administração comercial ficava quase toda na mão de Alex, seu pai nem deu importância para a viagem.

Ribeirão era fácil para Alex; fora lá várias vezes para fins comerciais e o bairro de destino era conhecido.

Foram os dois repassando o plano arquitetado no final de semana anterior. Era Mário quem iria bater na porta. E se fosse Daniela a atender? Poderia ela ter ido ao encontro do avô e da mãe, pois o carro estava no nome do tal Tião Mancino? Ou poderia ela ter se casado? Vixe! Aí seria pior, como ele conseguiria ficar s sós com ela para retomar o passado?

— Tem hora que penso que isso é loucura! — exclamou Alex, com certo medo do que iam encontrar.

— Relaxa! O pior que pode acontecer é darmos com a cara na porta e voltarmos sem nenhuma informação; e essa é exatamente a nossa situação atual. — Tranquilizou Mário.

— É, e se descobrirmos que ela é casada? E se for um cara a atender a porta? E se ela mudou de nome?

— Pare de confabular histórias de detetive, Alex! Nem parece você mesmo, cara!

— Você tá certo, tô vacilando aqui! Eu orei muito nessa semana. Jesus vai me mostrar o que eu tenho que saber.

Era 09h45 de uma segunda-feira nublada quando o carro de Alex e Mário estacionaram próximo ao endereço. Confirmaram o número da casa e ali mesmo foi a surpresa. Era, na verdade, um pequeno prédio com uma fachada para o oeste toda de tijolinhos avermelhados, onde duas janelas grandes, com armações abauladas, adornadas com floreiras estilo italiano, estendiam-se, uma sobre a outra, trazendo harmonização frontal ao predinho. Nas floreiras, gérberas plantadas e abertas. As paredes laterais eram lisas, com faixas verticais em gesso 3D. Na frente, mais à direita, uma grande garagem onde um EcoSport preto se destacava; porém o espaço indicava que ali ficava também outro carro. Acima da garagem uma pequena varanda, como extensão de um possível quarto, também realçando a silhueta da construção.

A área do predinho era toda murada na altura de uns 3 metros e meio, exceto a frente, onde era murada na altura de 1 metro e meio e grades à altura da janela. Uma cerca elétrica quase imperceptível circundava toda a área do terreno. Na frente da garagem, um portão bem estilizado, com um pequeno portão social que saía da própria estrutura do portão maior. Era uma casa de gente de boa situação.

— Olha só, meu irmão, que casa mais ajeitada!

— Sim, e é aqui mesmo! Mário, é contigo, meu irmão!

Mário desceu do carro, ajeitou a roupa e o cabelo e se encaminhou para o portão. Olhou ao redor do espaço da garagem para ver se avistava alguém, sem sucesso. Olhou para

Alex, que estava em consumição dentro do carro. Este lhe fez o sinal para apertar o interfone. O amigo assim o fez e aguardou. Tocou pela segunda vez e logo uma voz feminina anasalada respondeu:

— Pronto, pois não?

— Oi, bom dia! Estou procurando o senhor Sebastião, é aqui que ele mora?

Fez-se um silêncio demorado demais para Alex, que acompanhava sem entender.

— Olha, quem gostaria? — perguntou a atendente.

— Eu explico, sou representante de consórcio de automóveis e no cadastro para visita está o nome Sebastião F. Mancini para esse endereço — mentiu o bom amigo, sendo fiel ao script.

— Desculpe, aqui nunca morou nenhum Sebastião — respondeu a mulher com voz medrosa.

Mário tornou a insistir:

— Mas aqui não é a Rua da Aclimação, 4031, Ribeirânia?

— Sim, senhor! — respondeu ela, agora nervosa.

— Olha, eu vim diretamente para tratar com o Sr. Sebastião sobre uma apólice dele, se eu não encontrá-lo, haverá risco de cancelamento do cadastro e ele pode perder a vez. — Isso, Mário com esperteza inventou na hora.

— Ai, meu senhor, espera um minutinho!

Fez-se novamente silêncio. Mário olhou para Alex com cumplicidade, levantando as sobrancelhas. Alex já estava com o suor em bica dentro do carro, mesmo com o ar condicionado ligado.

De repente, a porta da frente se destravou e uma moça alta, cabelos loiros compridos cobrindo a parte esquerda do seu longo e gracioso rosto, um corpo delgado, vestindo um vestido de corpo único saiu da casa devagar, como uma aparição. Mário a admirou de cara. Do carro, ao ver a moça, Alex estremeceu da cabeça aos pés. É ela, é a Daniela! Não sabia se permanecia escondido ou descia do carro de uma vez, revelando-se.

— Bom dia! O senhor, quem é mesmo? — Sua voz era calma e melodiosa, ou seja, não era a mulher que atendera o interfone.

— Bom dia! Me desculpe incomodar tanto! Meu nome é Marcelo Santos — mentiu novamente — e eu procuro o senhor Sebastião F. Mancini. Sou consultor comercial e tenho documentos de uma apólice de consórcio para tratar com ele. Ele está?

Ela encarou Mário nos olhos e desconfiou, obviamente, do outro homem dentro do carro, Alex.

— Sebastião Mancini não mora aqui. Como o senhor chegou neste endereço?

— Bom, na verdade, é a administradora que nos passou o endereço. Não tem como a gente saber.

— Posso ver os documentos? — solicitou ela.

Pronto, e agora? Pensou Mário. Não haviam cogitado nisso. Ele se conteve no susto da pergunta e disse:

— Sim, está no carro. — Olhando para Alex sem saber o que fazia. — Então você o conhece pelo menos?

Ela não respondeu. Mário então se virou e foi em direção ao carro, como se fosse pegar os documentos. Não sabia o que dizer para Alex. A mesma apreensão se abateu nele, tentando pensar em algo.

Foi quando um adolescente apontou na área, em cima da garagem, com semblante fechado e desconfiado. Estava de bermuda e um agasalho com capuz cobrindo a cabeça. De fato, estava um vento gelado de chuva.

Ouvindo o barulho de porta se abrir, na varanda do quarto acima dela, a moça saiu pela tangente esquerda da garagem e disse para o jovenzinho:

— Terminou a lição?

Ele gesticulou um não com a cabeça.

— Então volta pra dentro! — E disse para os dois rapazes: — Isso vai demorar? Eu tenho bastante serviço hoje.

Então Alex partiu para o tudo ou nada. Desceu do carro e, tocando o amigo com amizade, disse:

— Deixa!

Quando se aproximou da moça e conseguiu ver seu rosto de frente, foi outro choque: não era Daniela. Ficou embasbacado olhando fixamente para aquela estranha. Ela então o repreendeu:

— Qual é a tua, moço? Viu algum fantasma ou tá de brincadeira com a minha cara?

Ele então, trocando um pouco as sílabas, respondeu:

— Me desculpe, por favor! Não me entenda mal. Eu acho mesmo que nos confundimos de casa. — E se armando em coragem perguntou: — Viemos na verdade de longe, por favor, me diga: você ao menos conhece alguém com esse nome?

Ela demonstrava uma mistura de chateação e medo, porém mesmo relutante respondeu:

— Sim, conheço. É meu avô!

Ouvindo a resposta da jovem, os amigos se entreolharam com inegável consenso de ideias: "Encontramos a pista". Alex, sem pestanejar, tornou à jovem sorrindo agora:

— Que bom! Você então é filha de uma senhora chamada Veridiana, que morou em Alto dos Montes?

Agora a moça realmente se amedrontava e, afastando-se do portão, fez que ia para dentro e falou:

— Quem são vocês? Não estou gostando disso!

— Se acalme, por Nossa Senhora, posso te explicar! — suplicou Alex.

— Calma uma pinoia! Não conheço vocês! Chegam aqui com uma história doida e de repente mudam o rumo da prosa perguntando de parentes meus. Se é dívida, caíram do cavalo! — disse a jovem cada vez mais apavorada.

— Não, não é nada disso, moça! Perdão, a gente ralou muito pra achar alguma pista do seu avô, ele tinha uma chácara pequena perto da minha, há tempos. Nesta cidade, Alto dos Montes – SP. Precisávamos ter certeza que alguém na casa ao menos pudesse nos ajudar a falar com ele, ou com a filha dele. — E no embalo perguntou: — Dona Veridiana por acaso é sua mãe?

A moça então gritou, chamando a empregada:

— Marli! Pega o telefone pra mim, rápido mulher! — E sem deixar Alex continuar, ameaçou: — Olha, vou chamar a polícia! Vai dando o fora vocês dois! — Nisso a empregada se aproximou, entregando o telefone. O rapazote então se achegou também, com rosto assustado:

— O que tá acontecendo?

E a jovem, virando-se para ele, gritou:

— Vai pra dentro; fica lá, já falei!

Mário, percebendo que acabariam indo parar em uma delegacia, interveio na situação:

— Fica tranquila, moça! Nós estamos indo! — E segurando forte o braço largo de Alex, puxou-o para trás.

Mas ele, novamente suplicante, tirou a carteira do bolso, tirou seu documento de identidade e jogou nos pés da jovem:

— Moça, somos pessoas de bem! É muito importante pra mim saber do paradeiro de seus parentes. Deixa-me ao menos te contar e você fica com meu documento na mão.

A moça, então, agachou-se e pegou a identidade de Alex. Atentamente leu o seu nome, fitou novamente seu rosto e foi se acalmando.

A tensão parecia agora ter se evaporado da feição dela.

— Alex! — chamou Mário — Por favor, olha o vexame!

A moça, agora mais tranquila, vendo o desespero de Alex do outro lado do portão, disse:

— Tá bem! Me conta o que está acontecendo! Mas não vou abrir o portão.

— Não precisa, tá tudo bem! — E iniciou: — Faz muitos anos que eu procuro, na verdade, outra pessoa da sua família. Seu nome é Daniela, não sei o sobrenome direto porque não me lembro do pai dela. Mas conseguimos recentemente descobrir que o avô dessa moça se chama Sebastião Ferreti Mancini. Lá em nossa cidade ele tinha o apelido de Tião Mancino.

A jovem ouvia atentamente a história, segurando firme a identidade de Alex. Às vezes abaixava a fronte e volvia os olhos de um lado para o outro como se soubesse do que se tratava e se amofinasse com o conteúdo.

Continuava Alex:

— Eu tinha muita amizade com a Daniela. — Pensou em contar a verdade em si, mas percebeu que não era conveniente. — Ela se foi de uma hora para outra sem deixar nenhum contato. — E completou: — Você certamente conhece ela; aliás, posso saber o seu nome?

A jovem se mantinha impassível, rosto direto ao chão, nunca em Alex. Demorou-se a responder. Percebia-se que escolhia no pensamento as palavras e os termos certos para aquela afirmação.

— Então — respondeu —, meu nome é Gabriela, nunca vi a Daniela! Sei que tenho ou tive uma prima com esse nome, filha de uma tia que nunca conheci também; chamava mesmo Veridiana... O senhor, moço, na verdade parece saber mais deles do que eu. Tome seu documento. Infelizmente não posso ajudar!

Alex pressentia que Gabriela mentia; ela escondia algo e por algum motivo não estava disposta a revelar o paradeiro da prima ou do avô. Ele respirou fundo se exaurindo de paciência, cerrando os olhos e depois olhando para o céu cinza daquele dia.

— Tem certeza que não pode me ajudar? Pelo menos o paradeiro do seu avô Mancino?

— Meu avô mora no Paraná, faz mais de 10 anos que

não vejo ele; nem meu pai que é filho tem tido notícias dele. Esse meu vô andava muito por esse mundo. Comprava e vendia terras, não tinha paradeiro. Meu pai foi para capital ainda moço e se fixou lá, voltou faz poucos anos pra morar perto de mim, mas meu vô e minha vó, sempre mudando. Essa tia minha e prima eu nunca conheci. Morei a vida inteira em São Paulo e quando casei vim com meu marido pra cá.

— Me desculpe — interrompeu Alex —, mas só descobrimos seu endereço pela placa de um carro.

Gabriela se sentiu descoberta e corou:

— Como assim?

— É, eu vi você na minha cidade semana retrasada, no domingo de carnaval. Tanto que confundi você com essa sua prima. Estou impressionado como você se parece com ela. Tem o mesmo porte, o mesmo contorno do rosto.

Ouvindo isso, Gabriela se desconcertou, passava a mão no cabelo sem parar, como um tique nervoso.

Alex continuava:

— Eu quase consegui te alcançar quando entrava no carro, mas memorizei a placa e consegui saber de quem era.

— Isso é ilegal, Sr. Alex! — exclamou ela.

— Sim, eu sei, mas isso te prova meu desespero.

— Então, como pode a moça aí não ter contato com o avô se o carro é dele e a placa é daqui?

O clima ficou tenso de vez. Gabriela olhava para o rosto inquisidor do rapaz entre as frestas do portão. Pôs a mão na cabeça, confusa, e de certa forma se sentindo desmascarada, sentiu-se sem saída, então, por fim, revelou:

— Muito bem, não tenho que te dar satisfação, mas pra gente findar logo essa prosa e vocês irem embora, eu explico. É muito simples, eu estava com meu pai, meu marido e nosso menino lá na sua região. O pai quis conhecer sua cidade, por conta da fama do Carnaval, então fomos. Quanto ao carro, ele comprou há uns 4 anos, logo que veio pra cá, e foi meu avô, justamente, que o ajudou com a maior parte do dinheiro, então meu pai quis que ficasse no nome dele. Qual é o problema nisso?

— Mas então seu pai tem o telefone, o contato do seu avô?

— Tinha... Tinha naquela época da compra do carro, anos atrás; agora, segundo ele, meu vô vendeu a fazenda lá e mudou novamente, parece que voltou aqui pro estado de São Paulo, mas ninguém sabe onde. Foi o que meu pai contou. Como vocês ouviram, meu avô tem muito dinheiro, mas tem alma cigana.

Ao entender que a pista mais uma vez se esvaía, Alex se zangou.

— Tem certeza, que seu pai não pode me ajudar?

— Absoluta! Eu sinto muito mesmo que você rodou aí uns 170 km pra nada. — E tendo ela sentido uma certa compaixão do rapaz, disse: — Faz seguinte, me deixa o seu telefone, se eu tiver notícias do meu avô ou dessa minha prima, eu te ligo! Te ajudo assim?

Alex captou verdade naquele auxílio proposto e amistosamente respondeu:

— Claro, me ajuda muito! Obrigado!

Ela pediu um minuto, entrou em casa e logo trouxe em

uma folha de papel e caneta:

— Fala seu telefone!

Alex pausadamente listou os números e completou:

— Obrigado, Deus te abençoe por isso! Mas por favor, me ligue mesmo!

— Pode deixar, mas outra coisa... Não volte aqui, não, por favor. Meu marido é cismado!

Os dois amigos entenderam claramente o recado e caminharam de volta para o carro.

Gabriela num impulso disse:

— Essa minha prima deve ter sido muito especial ou fez algo muito errado.

Alex se voltou com rosto amargurado e deu um sorriso desamparado; entrando no carro, rumou de volta com Mário.

— E aí, meu amigo? Confia nela? Que ela um dia liga? — questionou Mário, sentindo a mesma frustração de Alex.

— Sempre há esperança, meu amigo! A história que ela contou do carro foi perfeita demais pra se inventar rápido, e deixou umas pontas que eu podia ter insistido. Entretanto, antes deixar essa possibilidade aberta, que nada. Se um dia vier, é lucro! Mas de hoje em diante minha vida é somente a Giovana e mais ninguém! Busca encerrada e enterrada!

UMA FAMÍLIA, UMA NOVA HISTÓRIA

Passaram-se os meses, dois anos completos. Era hora do reencontro.

— Que dia teu cacho chega, fio? Vi cê falando com o Marco ontem aí que vai em São Paulo buscar ela.

— Semana que vem ainda, pai! Nossa, que saudade! Foto não é mesma coisa — desabafou.

— Hum, sei! Falei pra sua mãe que achei que dessa vez cê virava beato. Nisso chegou Marco, amigo e funcionário da loja:

— Hehe, sô Euzébio, o Alex está com um queijo do tamanho de um pneu na barriga, hahahaha.

— Chegou o boca de tilápia! — respondeu Alex. — Tava faltando! Chegou e já tá falando besteira! Me respeita e respeita a Gio! Fique sabendo, seu Marco, que meu namoro com a Giovana até agora é santo! E não é por falta de querer não, nem pela distância desses anos, é porque com ela quero que seja direito, quero que seja especial.

— Calma, fio! Teu amigo só tá descontraindo — ponderou Euzébio. — Cê perde a cabeça fácil, sempre com esses assuntos. Tá vendo, por isso parece um Padre às vezes.

— Nada, tô bravo não. E adianta ficar bravo com esse bosta aí? — E caíram na risada os três.

No outro dia, numa sexta-feira, Alex saía do banco quando Mário o gritou. Fez sinal que lhe queria falar. O rapaz, curioso e contente de ver o amigo, atravessou a rua.

— Escuta, quando que chega a Giovana?

— Terça que vem, ufaaa! Meu amigo, Graças a Deus, não via a hora.

Mário sorriu, apertou os ombros do amigo com força e disse:

— Cara, não sei como você aguentou! Falei com o Giuliano semana passada, ele vem na folga do seminário, precisamos comemorar a volta da Giovana em grande estilo, que cê acha?

— Acho muito bom, ué! Mas os primeiros dias são meus; aliás, meus e dela.

— Safadão, vai com calma! Se ela perceber que você está muito seco vai se assustar e pegar o avião de volta.

— Que nada, isso é prova que eu esperei mesmo. Aguentei firme! — rebateu Alex.

— Hummm, donzelo! — zoou Mário.

— É, donzelo, feliz e com muita saudade! — justificou-se — Mas falando sério, Mário. Você sabe que com a Giovana ficamos só nos beijos. Morria de medo dela mudar a cabeça, encontrar alguém lá, embora eu tenha certeza de que ela me ama muito e também tem um caráter ímpar.

— Eu sei, eu sei. Te conheço bem, somos como irmãos. Sei e sempre soube que você relutou com você mesmo por conta de esconder aquele lances todos... Não te entendo, cara! Você é tão cabeça feita e a Gio também é. Por que não conta todo passado pra ela?

— Eu decidi não contar, como te falei aquela vez voltando de Ribeirão, está enterrado a busca. Mas eu não sei por que ainda tenho medo, sei lá, de uma punição divina.

— Que? Ouvi bem isso? Cara, não sabia que você se deixasse levar por um pensamento tão incorreto, retrógrado, de que Deus pune! Deus é misericórdia, Ele não pune ninguém.

— Mário, eu sei, eu rezo, eu leio, eu ouço as homilias na missa, já foram tantas conversas com o Pe. João. Falo com tranquilidade sobre isso no grupo, ou em qualquer lugar. Gosto de falar da misericórdia de Deus, mas ainda tenho essa culpa de não ter ao menos procurado saber o que aquela moça fez, que fim levou.

— Peraí, eu sempre pensei que você se culpava por ter tido relação com aquela moça, por ter traído seus princípios de fé, e não ter assumido algo.

— Não, Mário, é pior, ela me procurou pra dizer que... — Alex parou, respirou reticente — Olha é um assunto longo e estamos numa esquina, no meio da cidade, com gente passando. Outra hora eu te conto. — E mudou de assunto rapidamente: — Vamos marcar alguma coisa pra sexta-feira próxima.

Mário ficou nas entrelinhas e de certa forma decepcionado com a recusa do amigo de seguir o papo. Mas se corrigiu na postura e concordou.

— Tá, tá ok então! Me dá uma ligada no serviço e a gente vai se falando pra organizar. — E com um aperto forte de mão, despediram-se.

Atordoado com o assunto, Alex entrou no carro e seguiu para a loja. Confiava muito em Mário, mas não queria falar naquele assunto de novo.

A semana voou, era uma bela tarde de terça-feira quando o avião trazendo Giovana pousou no aeroporto Internacional de Guarulhos. Estavam lá se consumindo de ansiedade sua mãe, Leila, Giuliano e Alex, mais atrás.

As mãos suavam, o coração palpitava forte:

Será que ela mudou? E se tiver diferente? Essas coisas não se percebem muito por carta ou por telefonemas. Nesses dois anos ela continuou amorosa, sensível e doce nas palavras. Ciumenta, perguntava se eu me comportava. Até com minha mãe ela pedia para trocar um alô. Contava tudo mesmo: as experiências novas, frustrações, conquistas, amizades. Eita, que gastura, minha Mãe Santíssima!

Abriu o portão e os passageiros foram saindo. Muita gente, voo lotado. De repente, lá estava ela. Sorriso no rosto e olhos molhados olhando para eles. Ela cortou o cabelo. Danada! Eu querendo dar um cheirinho naquele cangote! Surpreendeu-se com o visual moderno da moça.

— Ah, olha só, ela cortou os cabelos! — Derramou-se dona Leila, já indo ao encontro, abraçando, beijando e alisando as madeixas curtas da filha.

— Mãe, que saudade! — Recostou no peito da mãe com força, descarregando toda a saudade. Mirou docemente o seu amor, ali, cismático, pernas e pés nervosos batendo no chão. Ele não podia conter o ímpeto de tê-la em seus braços, sentir seu perfume, dar um cheiro naquele cabelo macio.

Estendeu o braço em direção a ele e ele atendeu. Subitamente, com uma atração, ele a sacou dos braços da mãe:

— Vem cá, que saudade! — E a alçou do chão com

grande vontade junto ao seu corpo.

— Que rapaz apressado! — exclamou a mãe.

— Ó meu amor, você tá bem? — Foi a moça falando enquanto acariciava o rosto e o cabelo de Alex. — Tá tremendo?! — disse com espanto ao namorado — Achei que esse avião não chegava nunca...

— Você está mais linda ainda, Gio!

Ela, então se deixou descer do abraço com calma e respondeu:

— Você também tá mais bonito! Lê, eu pensava em você como uma liturgia das horas. — E se beijaram forte, estalando, colocando nos lábios aquela presença demorosa.

— Opa, opa... E eu aqui, mana?! Não me vê, não, é? E de mim, cadê a saudade? — Fez-se notar Giuliano, fingindo descontentamento.

Ainda com os lábios ocupados, ela sorriu e olhou para o irmão. De um salto, foi ao encontro dele com um longo abraço:

— Como posso te esquecer, meu gatão! Cê também está aprumado!

— Como foi de viagem, minha linda? — perguntou Giuliano.

— Foi boa, mas tô morta de cansada e mal dormida. Houve muita turbulência, sem contar a conexão que é desgastante. Eu estou com medo de perder a bagagem, mas Graças a Deus, estou aqui! E cadê o pai?

— Filha, seu pai tem tido muita dor nas pernas. Já marquei médico pra ele; próxima semana. Ele achou melhor ficar em casa, do que vir mancando; mas está lá, cheio de saudades.

— Fez bem! — disse a moça, querendo logo ir para casa.

Algo então chamou a atenção de Alex, refulgindo na mão direita da amada. Ele pegou a mão da moçoila, tomado em comprazer. Ela então declarou consonante à expressão do moço:

— É parte da minha mão! Nem mesmo para tomar banho eu tirei esse anel do meu dedo!

Ele então beijou sua mão e o anel de prata que lhe dera no dia do embarque com todo amor e possuído de uma honra inominável.

— Gio, você trouxe Dublin inteira com você? — brincou ele, já descontraindo com a amada. — Quanta mala, meu Deus do céu! E pesadas!

— Ah, reclama não que tem presentes pra todo mundo! Olha, coisas que fui comprando desde que cheguei lá, porque a primeira regra que aprendi foi não gastar à toa.

Giuliano ajudou Alex com as malas. E foram indo para o carro com euforia. Alex, entre as prosas, parava e contemplava Giovana. Sentia que ela realmente estava feliz de retornar e se sentiu feliz por tabela. Afinal, a viagem de volta seria animada. Muita coisa para atualizar. Giovana vibrava com cada novidade que via à beira do asfalto. Cidades que cresceram, fábricas que abriram. Alto dos Montes ficava na saída da região de Campinas, indo para Minas Gerais. Havia novidades até nas médias cidades.

— Estou louca pra ver Alto dos Montes. Fiquei muito triste com a partida do Padre João; e a turma do grupo?

— Meu bem, foi uma choradeira; de fato, muito triste, ele era como um paizão, ou melhor, um avozão pra gente! — contou Alex, com voz embargada.

— Na verdade, ele não está bem de saúde. O bispo achou melhor que ele descansasse na casa da família. Olha só, ele tem duas irmãs em Santo Antônio da Alegria — completou Giuliano.

— Fui visitá-lo no fim do ano passado, dois dias antes dele ir embora. Você não adivinha o que ele me falou na hora que me despedi — disse Alex, fitando os olhos de Giovana.

— O quê? — perguntou ela.

— Pegou forte a minha mão e falou baixinho: "Não demore pra casar, hein? Quero estar vivo pra ministrar seu casamento com a Giovana. Oro sempre por vocês. Tenho certeza que serão um casal exemplar na comunidade, assim como foram jovens engajados".

Neste momento, dona Leila segurou forte a mão da filha:

— Que lindo, me emocionei, filha! Pe. João é um homem de grande santidade. Se ele já abençoou, eu tenho certeza que vocês dois vão ser muito felizes.

Giovana não conseguiu responder, a voz travou com o segurar do choro. Apenas olhou para mãe e depois para Alex e consentiu com a cabeça; o rosto dela brilhou.

E Alto dos Montes surgiu dentre as montanhas...

— Pronto, estamos chegando, amor!

Giovana endireitou o corpo para contemplar a cidade e exclamou:

— É, valeu a pena!

NA ALEGRIA E NA TRISTEZA

Noivaram por 2 anos e pouco, logo se casaram. Era outubro de 2012. Uma linda e memorável cerimônia estendida à festa que foi muito bem preparada. O casal era muito conhecido e querido; duas famílias bem quistas. O casório foi glamoroso, como se dizia o povo. A única tristeza se revelou na ausência de Pe. João, que falecera no ano do noivado deles. Frei Carlos, o pároco da vez, não deixou por menos, fez questão de caprichar nas palavras. Elencou com entusiasmo o tempo de namoro e noivado irrepreensíveis do casal; e sabia disso, pois era seus confessores. De fato, o engajamento do casal na comunidade paroquial era um testemunho de vida cristã: suporte nos encontros de jovens, que tanto amavam; ela, catequista e ele, Ministro da Sagrada Comunhão. Naquela data formavam uma nova família, com expectativas unânimes de um lar feliz, sólido e temente a Deus.

Os pais de ambos se davam muito bem e estavam felizes; tinham o apoio e a admiração dos amigos, e mais que tudo, a Benção de Deus.

— Você está feliz, meu amor!? — indagou, emocionado, o rapaz recém-casado.

— Muito, muito mesmo! Foi exatamente como imaginei e como planejamos! — respondeu, extasiada, Giovana, tomando a mão direita de Alex e trazendo-a sobre seu peito — Sente o coração... Tá sentindo? E digo mais, mesmo que não tivéssemos tido condições de fazer essa linda cerimônia e festa, eu estaria infinitamente realizada de ser sua mulher agora.

Alex a beijou com força e desejo; afinal, não viam a hora de estarem a sós. Agora, o querer latejava. Foram passar a noite de núpcias num chalé-pousada na bela cidade de Poços de Caldas; presente de seu amigo Mário e família. Seu irmão, Alessandro, levou-os de carro e os buscaria em seis dias.

Chegaram ao lugar. A viagem até a pousada foi breve. Alessandro deixou a bagagem na entrada do chalé e com rosto maroto, desejou:

— Aproveitem! — Sorriu para eles. Alex foi até o irmão e deu-lhe um longo abraço, correspondido por Alessandro.

— Agora você ajuda cuidar dos velhos em casa! — disse Alex, cheio de ternura com o irmão. Alessandro tocou no rosto do irmão e, sorrindo, saiu em direção ao carro.

— Pode deixar! — E se retirou.

Na soleira do chalé, eles se olhavam apaixonados e cheios de desejo. Ansiavam por aquele momento há muito tempo e em sonhos quentes. Fora realmente diferente com eles.

Olhavam-se agora com uma atração impetuosa. Alex contemplava o rosto, o corpo e o volume dos seios de sua mulher e não mais resistiu. Beijou-a na boca, descendo até o decote de sua blusa, buscando os seios. Giovana não se fez resistente, queria tê-lo totalmente também.

— Me toma no colo, amo... Agora sou sua! —pediu Giovana com a voz transbordando desejo. Alex a tomou em seus braços rijos e voltou aos lábios dela, beijando-a docemente, porém de maneira viril e profunda. Com desespero, entraram no chalé e ele a levou diretamente para o quarto. Deitou Giovana na cama. A noite estava cálida, porém o ar fresco soprava, bailando entre os contornos da serra e trazendo um perfume de cedros.

— Abre a janela, sente que delícia esse vento! — sussurrou ela, sentindo-se lasciva. Despiram-se sem pudores. Sabiam que um era do outro. O toque na pele macia de Giovana, fazia ele querer possuí-la como nunca outra mulher e ele retornava esse prazer na ponta de sua língua e lábios por todo o corpo de sua amada. Giovana, segurava os cabelos dele com força, em cada toque da boca de Alex se contraindo de vontade sob o corpo dele. O amor se fez então, forte, suado, glorificado. Um enlace de corpos em puro desejo e visceral paixão.

Nada fora igual até então; nem mais vívido. De fato, o físico transcende ao espiritual. Giovana se sentia toda dele e daquele abraço nunca mais aspirava sair.

— Eu te amo, Alex! Como esperei pra te sentir assim, dentro de mim.

Ele sorriu e disse:

— Eu te queria todos os dias e todas as horas. Então que seja sempre como aqui e agora! — respondeu radiante, encharcado de um suor que ao escorrer pelo corpo, pedia mais e mais do corpo de sua mulher. — Você é minha pra sempre! Vou cuidar de você, meu tudo! — solfejou ele, tornando o corpo por cima dela numa efervescência indescritível.

Se amaram até o extremo das forças e o resistir dos corpos; pois amor havia pela eternidade. O luar, enfim, venceu sua timidez e iluminou a cama dos amantes, como se quisesse abençoar e romantizar ainda mais aquela madrugada. Cansados; naufragaram no sono dos felizes.

O tempo correu; e ele corre mais apressado quando se é pleno e feliz. 5 anos de uma vida de casados pautada na cumplicidade, no respeito, na admiração mútua e num amor cada dia mais forte.

Alex agora era o único gerente da loja e as vendas iam bem. Acabara de terminar a faculdade de administração também. Seu Euzébio já não era o mesmo, sentia-se cansado, mas de vez em quando teimava em continuar presente nas decisões.

Giovana se sentia satisfeita com sua vida, seu marido, sua formação e profissão, atendia em clínica médica e há dois anos e meio trabalhava na APAE de Alto dos Montes e amava o que fazia.

A vida caminhava bem para o casal, tinham sua casa, uma vida financeira confortável, viajavam sempre que podiam e eram tementes a Deus. Se amavam muito. Podia-se dizer que muito raramente não eram felizes. Ambos continuaram nos trabalhos paroquiais, como profetizara Pe. João, e eram admirados por toda a comunidade.

Dos primeiros planos, realizaram todos, menos a gravidez tão idealizada pelos dois. O fato é que haviam se passado os anos: faculdades, estabilidade profissional, viagens, posses, tudo; mas o herdeiro, como se brincava os amigos, nada de chegar. Estava Alex com 38 anos e Giovana com 34. Sempre quiseram um filho e a cobrança de suas famílias e amigos, já começava a preocupar também.

Não era qualquer cobrança. Seu Euzébio pensava sempre no herdeiro para os negócios e no nome da família. Já Mariana, não aprovava os métodos contraceptivos.

— Eles são casados, marido e mulher perante Deus e a Igreja, é pecado fazer isso! — dizia ela, quase todo almoço de família e particularmente, já havia expressado ao filho sua indignação. Isso porque o rapaz, sentindo-se encurralado e às vezes até envergonhado, combinou com Giovana de alegarem a mesma história para todos: que eles estavam evitando filho por planejamento de vida. A faculdade era o escape; depois teriam tempo absoluto para a gravidez e o filho. Só que a muleta das faculdades não havia mais.

— Não te entendo! Você sempre se pautou nos mandamentos. Disse esses anos todos que morria de vontade de ser pai. Vocês dois são da comunidade, tem que dar exemplo. Se o Pe. Joãozinho estivesse vivo, ia ser um desgosto. Pra que ficar evitando, a vida é Deus quem dá e quem decide a hora — aconselhava Mariana quase que semanalmente, sem poder imaginar estar sendo enganada, assim como todos os próximos.

— Mãe, agora que a gente vai se programar — dizia Alex, esboçando constrangimento. — Sei que estamos de certa forma indo contra as leis de Deus, mas já me aconselhei vária vezes com o Frei Carlos, e ele tem uma cabeça mais aberta que a senhora, ou um pensamento mais claro. Ter filho é algo que devemos também nos preparar para receber, e se temos condições de que ele venha no melhor momento nosso para cuidar... Bingo! Tanto eu como a Gio teremos agora mais tempo para fazer tudo do melhor jeito.

A família de Giovana se posicionava diferente, mesmo

porque dona Leila, sua mãe, sabia de tudo o que acontecia de fato. Sabia que tinha algo de errado, mas procurava não influenciar sua filha com maus pensamentos e ideias tortas.

Desde o primeiro ano de casado que Giovana aguardava a gravidez. Queria ser mãe e sabia que seu marido também queria, talvez até mais que ela, se houvesse como. Já havia passado várias vezes no ginecologista de cabeceira, o mais famoso da cidade, e os exames sempre apontavam que tudo estava biologicamente normal com ela.

— Giovana, filha, escuta a mãe! — Você tem que conversar com o Alex sobre ele também ir ao urologista, fazer exames. E se o problema for com ele? É justo você carregar isso sozinha? — aconselhou certa vez Leila.

— Eu fico receosa do Lê não entender e pensar bobagens. Ele é muito compreensivo, cabeça aberta, mas é homem! Pergunta se ele vai em médico se eu não marcar e pegar no pé. É impressionante, homem acha que não fica doente! Urologista, aff, soa pra homem como o nome do coisa ruim. — E bateu na boca, fazendo o sinal da cruz. — Eles morrem de medo de fazer o exame de próstata. — Pondo-se na razão Giovana.

— Esqueça o machismo cultural, fale sério com ele. O mais importante é vocês descobrirem juntos o problema e tratarem. Pra vir meu netinho, ai que delícia, filha! — falou Leila, sendo reticente.

Quando foi à noite, ao se prepararem para deitar, após sua oração, Giovana tomou coragem e foi ter com o marido, que lia um livro de cabeceira totalmente absorto.

— Amor... Lê... Dá uma atenção aqui, por favor, querido!

Ele fechou o livro e grudou nela, puxando-a para si.

— Fala, meu doce de abóbora! Que tá tão séria aí, rezando? — Tascou-lhe um beijo .

Ela segurou o rosto do marido entre as mãos e falou:

— Eu quero falar contigo um assunto chato.

— Não bem, agora não... — interrompeu ele, fazendo cara de manha.

— Sim, Lê! Faz um tempinho que tô pensando nisso, mas fiquei com receio de você não gostar.

Agora Alex se pôs em atenção, erigindo o corpo retamente e de frente para sua mulher.

— Fala, Gio, o que tá acontecendo então?

— Eu gostaria que você fosse ao urologista; pra ele pedir exames também.

Na mesma hora ele tirou o lençol para o lado e levantou bruscamente da cama:

— Ah, não, Gio! Pra quê?

— Pra ver se tá tudo certo contigo — bradou ela. — Se comigo não tem nada, tá tudo normal; por que não engravido?

— Gio, comigo também tá tudo bem; não tem nada de errado. Eu como bem, durmo bem, faço academia, trabalho igual um burro de carga, meu pau levanta sempre, não falha!

— Alex, você está sendo vulgar! Não é porque a gente faz sexo com regularidade que tudo está bem!

Emburrou ele, encostado na quina da parede.

— Bem, não fica assim! — clamou ela.

Ele grosseiramente respondeu:

— Eu sou assim! — E fez um silêncio momentâneo no quarto. — Eu te confesso que já pensei nisso, mas entende que é humilhante?

— Humilhante ou ignorante? — disse ela seriamente, olhando para ele.

— Que isso, Gio, não precisa ofender!

— Não tô te ofendendo, tô dizendo pra você entender que se a gente quer ter filhos, precisamos ser mais maduros no sentido de buscar ajuda. Estou cansada de ver sua cara triste de decepção cada vez que atrasa minha menstruação e a expectativa do filho aparece... Daí eu vou lá, faço exame e dá negativo. — Quando desabafou sobre isso, cedeu ela ao descontrole e começou a chorar.

Alex não conseguia vê-la assim. Correu para cama e a abraçou forte. Ela então deixou sair um pranto compulsivo a ponto de emocioná-lo também.

— Calma, bem! A gente que é homem tem essas bobagens que é de homem mesmo. Mas eu vou procurar o médico que o pai trata. Pelo menos confio mais nele.

E permaneceram abraçados até que ela se acalmasse e dormisse.

Naquela noite Alex pensou e orou:

Senhor Jesus, eu jamais imaginaria ter problema pra ter filho. É a coisa mais natural, ora! Me dá uma luz sobre o que está acontecendo. Me ajude a ser compreensivo, e se realmente for meu o problema, que seja reversível!

E rezou baixinho o Pai Nosso. Giovana estava dormindo há tempos, abraçada nele.

Ao terminar a oração, viu como num raio o rosto de Daniela chorando e falando com ele, e angustiado tornou a orar:

Meu Jesus, sempre tive medo disso, será que por conta de um mau passo terei que pagar por isso, sem conseguir gerar um filho?

E um pânico o tomou de assalto. Afastou o braço de sua mulher, sentou-se macambúzio na cama e, levantando, foi para a sala. Ali ficou remoendo aquele pensamento infeliz, como se fosse de uma maldição.

Alex, Alex, quanto tempo isso? Quantas vezes o Mário e o Frei Carlos te confortaram o coração? Eita remorso que me azeda a vida! Me sinto um caramujo levando a casa no lombo, onde quer que eu vá, onde quer que eu esteja.

Torturava-se naquela escura madrugada. Abriu a janela, o vento soprava gelado. Sentia mesmo assim o suor gélido descer por sua fronte e nuca, a ponto de sua camisa colar em seu corpo.

— Não aguento, vou rezar. — Buscou o terço no oratório, no corredor entre os quartos, voltou até a sala, abriu a Bíblia em qualquer página, acendeu o abajur com mãos trêmulas e pôs-se a ler. Era a passagem da Carta de São Paulo aos Filipenses:

"Não andem ansiosos por coisa alguma, mas em tudo, pela oração e súplicas, e com ação de graças, apresentem seus pedidos a Deus."
(Filipenses 4:6)

— Sim, Senhor Jesus, pedirei e confiarei em vós, por que nunca me desamparou! Me livre de qualquer pensamento ou conclusões que desabonem a minha esperança na tua graça! — suplicou com olhos fechados, mentalizando a face de Jesus.

Fechou a Bíblia e iniciou o terço. Quando se aproximava do terceiro mistério, sentiu-se bem melhor e o cansaço veio. Ele então se recostou sobre o sofá, pois até então estava de joelhos no tapete, e rezou até dormir. Ao que nesse instante, Giovana chegou à sala, havia acordado e não viu o marido. Devagar, aproximou-se, observou o terço em suas mãos e encheu-se de ternura. Pensou em acordá-lo porque estava em posição de assento, com o rosto caído por sobre o braço do sofá, mas teve pena. Então apenas ergueu suas pernas, com certa dificuldade, trazendo o marido para a posição horizontal, e ele mesmo, por instinto, aconchegou-se deitado.

— Eu sabia, ficou se remoendo com o assunto e perdeu o sono! — refletiu Giovana ao velar o marido ali, dormindo no sofá.

De manhãzinha, Alex acordou, estava todo dolorido, sentindo-se quebrado. O terço havia se enroscado em suas mãos. Ele levantou, tonto de sono, e foi até o oratório devolver o terço. Quando o fez, olhou para o seu quarto, a cama estava arrumada, mirou então o relógio da parede, era quase 08h15.

— Diacho, a Giovana me deixou dormindo e perdi a hora. Já devia estar na loja! — pensou, zangado, Alex.

Dirigiu-se para a cozinha farejando um café. Na mesa, escrito em um guardanapo de papel, estava: "Amor, sei que dormiu mal, por isso não te chamei! Fique bem e tenha um bom dia! Beijos, te amo!".

Alex leu balançando a cabeça em negativo; mas reconhecia o cuidado e o zelo nas intenções de Giovana, então deu um sorriso franco.

— Quer saber, vou cuidar deste assunto de médico é agora cedo mesmo! — falando alto consigo mesmo.

Pegou o telefone e ligou para sua mãe. Mariana atendeu:

— Alô! Pronto!

— Mãezinha, a bênção? É o Alex.

— Deus te abençoe, querido! E aí, tudo bem?

— Bem sim! Por favor, passa pra mim o telefone do consultório do Dr. Paulo Rocha?

— Teu pai tem médico essa semana, filho?

Alex pensou um pouco antes de responder. Que chato ter que falar desses assuntos com a própria mãe. Mas se contasse, ela ia esticar o assunto.

— Não mãe, é pra um conhecido lá da loja.

A mãe então lhe passou e como faro de mãe é mais aguçado que da esposa, do outro lado da linha, ele ouviu:

— Lex, aproveita meu filho, vai fazer um check-up; homem tem que cuidar da saúde.

Não acredito nisso! Até parece que sabe!

Desligou o telefone com um rápido obrigado, como se não tivesse ouvido o conselho da mãe.

Ligou então para loja e Marco atendeu:

— Marcolino! Me dá uma força hoje aí; acordei indisposto e vou ao médico. Qualquer pepino aí você me liga no celular ou passa um zap.

Marco, além de empregado, era muito amigo:

— Epa, o que foi? Você não é de ir em médico, tá tudo bem mesmo?

Ele respondeu:

— Marco, tá tudo bem, faz tempo que eu tô adiando, vou fazer um check-up. Engordei muito esses meses. — Inventou Alex para cortar o assunto.

Marco não acreditou, conhecia Alex, mas ficou quieto, somente respondeu com um: — Tudo bem!

Ligou e marcou, conseguiu para aquele dia mesmo, porém em vaga de urgência às 11h00. Tomou banho; cismado, deu um trato nas partes íntimas; pôs até cueca nova:

— Puts! Que que eu tô fazendo, meu Jesus? Olha só, eu pondo cueca nova pra ver outro homem. — E foi se arrumando para sala e resmungando em voz alta: — Não tenho 40, nem pensar em pôr o dedo no meu jiló. Ah, mais não deixo mesmo!

Às 10h30 Alex chegou na clínica. Viu ali vários pares, todos com feição sisuda. Somente dois senhores, avançados em idade, certamente amigos de tempos, uns 70 se podia dar para cada um, estavam descontraídos, como se tivessem em casa, acostumados. Alex se achegou até a mesa da atendente, que para complicar era mulher, e pensou: Poxa, ao menos devia ser homem pra atender a gente, nesse ramo. Cumprimentando, falou com voz miúda:

— Bom dia! Eu tenho hora com o Dr. Paulo.

E numa intensidade inversa, a atendente perguntou:

— É a primeira vez do senhor? Nome?

Alex deu até um passo para trás, viu que todos se viraram para olhá-lo, e com a vergonha corada na cara, pensou: mas que filha da mãe, pra que falar alto desse jeito? Mas se recompôs e respondeu:

— Sim, é a primeira vez, e meu nome é Alex Gabriel Ribeiro França.

Então, inesperadamente a atendente, querendo ser gentil, mas não captando o constrangimento do rapaz, soltou:

— Ah, é a primeira?

E novamente os olhares se voltaram para ele.

— É que eu lembro de ver o senhor aqui outras vezes — completou a mulher, sorrindo sem perceber. Alex não se conteve em imaginar a luminária se soltando do teto e atingindo em cheio a cabeça da atendente, mas respondeu:

— Eu vim sim; aliás, venho, venho trazer o meu pai! — Porém sentiu o rosto queimar. Melhor seria que a terra se abrisse e ele fosse tragado. Deu apenas um sorriso amarelo para a moça, que continuou o cadastro para o suplício do moço.

Terminado a sessão "olhem para Mim", Alex mirou uma poltrona vazia e feito um robô sem graxa, caminhou até o outro lado da sala, logo se sentou. Sentiu-se melhor quando percebeu que parte dos cuecas que estavam em espera, iam se consultar com o ortopedista que clinicava na outra sala adjunta. Mesmo assim, sentia-se completamente deslocado. Uma bobagem, sabia ele, mas não conseguia evitar.

A consulta atrasou. Todas atrasam, é sempre assim, concluía Alex se dando razão em não gostar de ir em médico. Foram vários copos de água e alguns de café, quando por fim foi chamado.

O médico o conhecia, por conta disso a consulta fluiu tranquilamente.

— Alex, como vai seu Euzébio, está firme? Tomando os remédios direitinho?

— Sim, Dr. Paulo! O veio é manhoso, mas a mãe e eu ficamos no pé dele. O Alessandro, meu irmão, veio embora de Campinas, está trabalhando mais perto e voltou pra casa. Ele também ajuda com o pai.

— Ótimo! Seu pai é um homem forte, mas com o chegar da idade, da saúde não se pode descuidar. Mas hoje é você quem veio, até que enfim!

Alex sorriu por ouvir Dr. Paulo:

— Doutor, eu vim, mas eu sei que não estou doente!

— Alex, você tem fama de ser um homem esclarecido, admirado até por quem não é da Igreja pelo seu conhecimento. Como pode ser tão retrô quando se trata de saúde, ainda mais desta área? — Sorriu o médico ao usar a palavra "retrô".

Alex, ouvindo, sentiu-se ridículo.

— Desculpe, Dr. Paulo, mas eu não sinto dores, tenho bom desempenho sexual, urino bem. É algo tão íntimo, né?

— A gente ama nossas mulheres, mas não aprendemos com elas. Como são mais responsáveis e cuidadosas com seu próprio corpo, não é? Diga se não é verdade que elas sabem que tem que ir ao menos uma vez ao ginecologista, e assim o fazem, mesmo sabendo que os exames são de foro íntimo; mas elas estão lá: meninas, mulheres, senhoras — refletiu o médico e continuou: — Já os homens, os fortões, os sabichões, não é? Quando chegam na minha mão e nas mãos de meus colegas, infelizmente e geralmente chegam com um tumor em desenvolvimento, próstata inchada ou Infecções urinárias e outras. Doenças completamente preventivas e curáveis quando são diagnosticadas no início.

Alex agora sentia vergonha, porém uma vergonha libertadora.

— Realmente, doutor! Obrigado por essa situada sutil! — reconheceu Alex.

— Então, vamos lá, qual a sua queixa? — perguntou o médico.

— A verdade é que minha esposa não consegue engravidar. Estamos casados há 5 anos, nunca evitamos, e mesmo assim não aconteceu. Ela, coitada, faz exames todos os anos, e sempre está tudo bem, graças a Deus! E antes que o senhor me pergunte sobre relação sexual; olha, nós transamos até demais. Às vezes ela até diz, que a gente não pode se relar que sai fogo. — contou o garboso rapaz, dando ênfase na sua potência sexual.

Dr. Paulo apenas ouvia e o observava com complacência.

— Sinceramente, não sabemos mais como agir. Precisamos de ajuda e eu quero agora saber se o problema é comigo. Aliás, pensei muito na sala de espera, tenho quase que certeza que o problema é comigo! — falou agora com súbito temor e senso de realidade.

— Calma, calma, Alex! Existem muitos fatores que podem levar a uma incapacidade temporária de engravidar. Não é porque há uma frequência quanto à relação sexual e também não podemos pensar logo de cara em infertilidade. Você fez bem em vir saber como está sua saúde. Vou pedir de cara um espermograma e também seus níveis hormonais. Alex, como você está com relação ao estresse? Saiba que cansaço, principalmente mental ou emocional, afetam todo o corpo. Os homens pensam que é só pôr os bichinhos para fora que um bebê vem. — Riu com gosto o médico, escrevendo no receituário.

— Vamos lá, tire a calça, a cueca e deite-se ali na mesa — mandou o médico, indo se esterilizar e pôr as luvas, Alex suou frio, enquanto tirava os sapatos, pensava: Eu sabia, não vou escapar da dedada! Não se aguentou e disse ao médico:

— Dr. Paulo, olha, eu não tô preparado psicologicamente pra fazer aquele exame louco!

O médico, sentado, mirou-o como se já esperasse essa queixa e disse já caçoando da cara do paciente.

— Eita, homarada preconceituosa! Prefere ter um câncer do que se prevenir com um rápido exame. Fica tranquilo; hoje é um exame para ver se está tudo em ordem com o seu pênis, seus testículos, vascularização etc., ok? O exame para possibilidade de tumor fica no hemograma que vou pedir também. Isso porque você tem menos de 40, mas dependendo do que eu ver nos exames, vamos ter que fazer, tudo bem?

— Claro, doutor, tá certo assim! — respondeu com alívio, porém não menos constrangido por estar nu, deitado naquela mesa, enquanto o médico já lhe apalpava o membro.

Terminado e exame, o médico disse:

— Pode se vestir. Olha, Alex, está tudo normal. Vamos proceder então com os exames... — Explicando da maneira mais didática possível, o médico conseguiu tranquilizá-lo. Alex saiu da clínica confiante.

Após fazer os exames, em menos de 20 dias, Alex estava de volta. Não deixou de se elevar a expectativa por algo errado. Aliás, Giovana não sabia se orava para dar ou para não dar algum problema naqueles exames. Se der, pode ser tratado, pensava ela, mas em compensação, haveria que ter muita paciência com o marido, que muito da verdade, iria sofrer com dor de macho. Se não desse nada, voltariam à estaca zero, mas o marido estaria feliz. Quão difícil é amar e entender o amor, refletia a mulher. A gente prefere tomar a cruz de volta para ver a paz nos olhos de quem se ama. E Giovana de maneira alguma queria ver Alex sofrer.

— Bom, vamos ver como está — disse o médico, abrindo o exame. Abriu, leu, e leu mais um pouco. Alex se reacomodava na cadeira, impaciente.

— Deu tudo normal, meu caro! Você tem espermatozoides para gerar muitos meninos e meninas e estão fortes também! — brincou, olhando para a cara de alegria do rapaz.

— Ufa, que notícia ótima! — desabafou Alex. Porém, em segundos voltava à apreensão. — Então, Dr. Paulo, eu fico pensando na minha mulher. Sei que seria tirar um fardo das costas dela se o problema estivesse comigo.

— Olha, rapaz, a Giovana ouviu outras opiniões?

— O senhor diz se ela passou com outros médicos? — O médico fez que sim com a cabeça. — Não. Tanto a mãe dela, quanto a minha, têm a maior confiança no Dr. Meira.

— Desculpe, Alex, não posso dizer nada sobre o Meira,

ele é um médico muito amado e antigo aqui em Alto dos Montes; e a ética me impossibilita contestar resultados de companheiros. São áreas diferentes, mas nesses casos, quer um conselho? Leve ela nessa médica aqui… — Foi até sua mesa e trouxe um cartãozinho, entregando para o rapaz. — Ela é jovem, mas trabalhou numa equipe de pesquisa na UNICAMP, hoje atende em Ribeirão. Quem sabe ela ajuda?

— Nossa, Dr. Paulo! É bom demais ouvir essa sua sugestão. Vamos fazer isso! Muito obrigado!

No mesmo dia, Alex e Giovana se encontraram na loja.

— Entra aqui, amor! — disse Alex, alçando Giovana para trás do balcão. — Não deu nada! Todos os exames deram tudo normal!

Giovana, demonstrou alegria, acariciando o rosto do marido e sorrindo, porém disse:

— Lê, então temos que procurar ajuda em algum lugar! E se…

Interrompeu Alex, pondo a mão calmamente sobre os lábios de sua mulher. Tirou o cartão do bolso e entregou para ela, que o olhava sem entender.

— O que é isso? — perguntou ela.

— O Dr. Paulo me deu e nos aconselhou a pedir outra opinião sobre os seus exames. Essa doutora é pesquisadora também, é amiga dele da UNICAMP. O doutor acha ela pode nos ajudar.

Giovana, demonstrando surpresa e medo, leu o cartão. Estava escrito: "Dra. Letícia Mendes Abujanra, Geneticista e Ginecologista. Ribeirão Preto".

— Lê, deve ser caro a consulta dessa médica?

— Não importa, Gio! Vou te levar nela. Mas ó, boca de siri com dona Leila, minha mãe e as amigas. Vamos fazer do nosso jeito.

Giovana concordou e deu um longo abraço em seu marido.

— Você é muito especial mesmo, Lê! E se ela descobrir algo de mais sério? — pensou e entregou a questão para ele.

— Não vamos pensar em nada grave, meu anjo! Vou ligar e agendar e seja o que Deus quiser!

Nos dias que se seguiram, o casal providenciou a consulta conforme combinaram.

Estava chegando o inverno, estação que trazia divertidos eventos na cidade, em especial o Festival Cultural de Inverno de Alto dos Montes, muito conhecido também pela fartura de comidas tradicionais juninas. Barracas típicas com vários tipos de canjica, pés de moleque , bolos e outros doces com amendoim. Broas e bolos de milho, milho assado e cozido, pamonha e curau, cuscuz, pães de todo tipo. E também, obviamente, as bebidas. Quem resistia ao vinho quente de dona Antonina e seu Joãozico do Rebentão? E a batida de anis estrelado de dona Fia Ribeiro? Além do saboroso quentão nos tachos e mais tachos ferventes por todo espaço de evento. Acontecia sempre junto à trezena de Santo Antônio, padroeiro da cidade. Simultaneamente à feira, havia o tradicional Festival da Canção, cantores amadores ou que esboçavam um início de carreira, principalmente na música sertaneja, tinha espaço no palco. No entanto, era um festival eclético de onde saíra ao menos três revelações.

As ruas no entorno do evento fervilhavam de gente. O frio, dava um tom romântico e um certo charme de serra à pequena cidade encravada nos levantes da Mantiqueira.

Frei Carlos se agitava nessa época; afinal, a Paróquia se fazia presente na feira principal com uma grande barraca, com música própria, mesas, cadeiras e atendimento nas mesas também. Eram os agentes da comunidade que organizavam tudo sob a liderança do Conselho Administrativo e Paroquial juntamente com Frei Carlos. Todo o lucro era dirigido às obras assistenciais da Paróquia como: a Creche Santa Dulce dos Pobres, recém-inaugurada; parte para a manutenção da Maternidade do Hospital Municipal e também para o Abrigo São Vicente de Paulo, que acolhia crianças órfãs e sem lar. Sendo este um trabalho transparente e de suma importância, as doações eram muitas e generosas. Os festeiros eram sempre fazendeiros, sitiantes, comerciantes, bancários e outros anônimos por paga de graças alcançadas durante o ano.

O volume de trabalho era considerável, mas o povo de Deus se unia e o resultado era muito satisfatório.

Obviamente Alex, Giovana e seus amigos estavam envolvidos, faziam parte do serviço paroquial. Alex e o pai eram festeiros também há longos anos, chegava a ser uma ação de graças pelo sucesso da colheita no sítio e os lucros da loja. Dessa doação, seu Euzébio não abria mão. Na noite em que era festeiro, punha sua melhor roupa e ia triunfante de mãos dadas com dona Mariana, sempre irrepreensível na postura. Sentavam-se com a família na mesa reservada para os patrocinadores. Era um deslumbre para uns e um desbunde para outros, como se dizia as fofoqueiras carolas recalcadas. Ele não era o único a se sentir e se comportar assim. Entretanto, para Frei Carlos, como aprendera com Pe. João: o orgulho tem seu status e não importa, desde que suas crianças e mães desamparadas fossem consolados. Alex concordava com eles.

No rodízio de atendimento, o casal e seus amigos folgaram nas 9ª e 10ª noites naquele ano; mas faziam questão de curtir a festa. Mais ao final da noite, Alex, Mário, Marco e Giuliano, que saíra do seminário para visita familiar, foram juntos ao banheiro e depois ao bar e deixaram as mulheres na mesa. O filho de Marco, Michel, de 5 anos, quis ir com eles também. A conversa estava animada, os amigos zoavam Giuliano por passar perto da ex-namorada, que o encarou friamente, demonstrando ainda rancor.

— Ela não te esquece, Giuliano! — disse Mário, bagunçando o cabelo do amigo.

— É, infelizmente, ainda não! Mas o que eu posso fazer? Foram muitas horas de conversa, telefonemas e até cartas dela que recebi lá no seminário. Tenho sido verdadeiro e bastante objetivo com ela. Se ela não quer entender e aceitar minha vocação, paciência! Deixo nas mãos do Senhor! Mas confesso que é ruim receber essas olhadas dela. Chego até a arrepiar! — confessou o seminarista.

— Eu te entendo — disse Alex —. é como se houvesse algo mal resolvido, uma jura de maldição vinda de um coração ferido!

Ouvindo isso, Mário exclamou:

— Nem tanto rapaziada! Energias negativas só dão certo se a gente der força pra elas. — E concluiu: — Alex, eu sei no que você tá pensando. Olha lá, hein? Firmeza, meu bom!

— Filho! — disse Marco, olhando pro pequeno Michel. — Você entendeu o que esses malucos estão falando? — E sorriu, abraçando o filho junto aos ombros.

Giuliano respondeu:

— Fala pro seu pai assim, Michelzinho: "Pai, os loucos entendem os loucos!" — E fez cócegas no menino bochechudo que gargalhou se contorcendo, sem entender nada.

— Esqueçam, são assuntos passados que ainda fazem nosso amigo Alex sofrer — justificou Mário, ainda mirando Alex.

— Alex, o preocupado, sempre! — engatou Marco como uma constatação.

— Epa, nem sei do que o Mário tá falando. Esse nosso amigo aí é muito zeloso com todos nós. Agora, tô vendo o Michelzinho no teu colo. Como deve ser bom isso, hein? — disse Alex, sentindo-se feliz pelo amigo.

— É a coisa mais fantástica do mundo; e louca também! O Michel é a melhor coisa que fiz na vida! — respondeu orgulhoso, Marco, agarradinho com o filho. O menininho sorria, se desmanchando no abraço do pai. — Arruma um Alex, não fica demorando não! — cobrou Marco, sem querer ser intransigente.

— É Marcolino, agora está tudo mais calmo pra gente, estamos programando! — respondeu Alex, saindo pela tangente. — E pensar, Marco, que você tem sido meu grande colaborador na loja esse tempo todo. Teve oportunidade de ir pra algo melhor e não quis. Sabe, eu vejo teu moleque e me sinto culpado por você não ter ido.

— Que isso, Lex! O tanto que você me ajudou ano retrasado quando o pequeno aqui ficou doente. Os dias que tive que faltar, você não descontou nada, e ainda me deu o dinheiro da internação. — Os olhos de Marco marejaram.

— Não, esquece disso, por favor! Isso foi algo muito delicado e tenho certeza que se fosse o contrário você faria o mesmo por mim. Agora, isso foi depois daquele convite de trabalho em Água Bela... E você, a Cristina, o Michel são de casa, ué! O pai tem muita estima com você. Está na loja desde adolescente, quase!

— Hum... Que melação; eles vão chorar! — interrompeu Márcio, não deixando o clima pesar.

— CrenD' Eus Pai, Todo poderoso! Vocês mudam de assunto numa velocidade que eu não acompanho não! Vixe! — ranhetou em seu canto o seminarista.

Enquanto isso, Giovana se via quase na berlinda. Cristina, mulher de Marco; Viviane, mulher de Mário; mais dona Leila, sua mãe; e outra amiga falavam agora sobre filhos. Giovana fitava sua mãe com grande impaciência e incômodo, sabia que logo iriam chegar na pergunta: "E você e o Alex não vão arrumar um herdeiro?".

— Dona Leila, eu digo para a Cristina, se quiser arrumar outro, aproveite agora, porque o Michelzinho já tem 4 anos. Eu penso que ter filhos com tanta diferença dá mais trabalho — comentou Viviane, expondo sua opinião totalmente desprovida de experiência.

— Não, Vivi, eu quero esperar mais tempo, mesmo que for diferença grande. É preciso pensar na condição financeira. E pensando bem, nem sei se realmente quero. Quando penso em passar por todas as fases que passei com o Michel, Deus me perdoe, é pastar demais! — respondeu Cristina, com certa amargura, fazendo uma retrospectiva, e continuou: — Tudo que passamos com o Michel com relação à saúde nos traumatizou. Bom, pelo menos me traumatizou... Ele bebê ainda tendo que passar por cirurgia, eu tendo que ser forte, mas no fundo desabando... Não! Não há dor pior do que ver um filho sofrer! — finalizou a esposa de Marco.

Viviane e Dona Leila olhavam para Cristina com resignação e respeito; Giovana estava imersa em si mesma. Consigo, pensava: acho que a pior dor é não ter um filho pelo qual sofrer. Na verdade, esse pensamento veio como um afogar de sua transitória incapacidade biológica; sem pensar direito no que significasse preferir ver a dor de um filho do que não pari-lo e não sabê-la.

— Cristina, um filho é sempre um recomeçar! — disse dona Leila, docemente. — E nunca é igual. Eu tive dois, um casal, são diferentes em tantas coisas e cada um me fez perder o sono e a paz por motivos diferentes. Há uma grande verdade na frase que Jesus disse aos seus apóstolos sobre a alegria que nunca morre: "A mulher sofre para dar à luz; porém quando nasce, ela se regozija e se alegra, esquecendo o que passou por ter dado ao mundo um varão". Lógico, que o contexto da expressão de Cristo foi a dor dos seus amigos em perdê-lo temporariamente; mas eu sempre entendi algo mais nesse ensinamento.

— Quanta sabedoria, Dona Leila?! Por isso a Giovana é tão esclarecida. A senhora me fez pensar até em querer ser mãe — elogiou Viviane.

Giovana, ao ouvir a mãe, também se sentiu animada e perguntou à Viviane:

— Por que você disse isso, Vivi? Você não quer ser mãe?

— Não, nunca tive vontade! — respondeu seguramente Viviane, levando um salgadinho à boca. Elas se entreolharam curiosas. — Hum, não me façam essas caras de espanto! Quando o Márcio me propôs casamento eu fui bem clara com ele quanto a filhos. — Deu uma pausa, suspirou e iniciou: — Eu tive uma infância muito difícil. Minha mãe só paria, quase não consigo lembrar da mamãe sem estar de barriga. Seis irmãos, e eu fui a terceira. Mamãe tinha os filhos e nós, os mais velhos, tínhamos que pajear. Eu me lembro de mim criança carregando meus irmãos mais novos. E meu pai então, um bruto, um cavalo!

Deu uma longa pausa e retomou:

Não esqueço de uma noite que eu acordei ouvindo conversa sussurrada, mas com ódio. Parecia uma discussão velada, sabe? Ouvi meu pai abrir a porta e batê-la com força ao sair. Levantei devagarinho e da cozinha vi os olhos tristes de minha mãe. A fresta de luz do banheiro clareava seus olhos de choro. Ela gemia, eu voltei e acordei minha irmã mais velha. Não tinha pernas para abrir a porta e evidenciar o que havia acontecido. Minha irmã veio, abriu a porta e acendeu a luz na pera acima da cama. Só consegui ver o sangue saindo por baixo das cobertas. Minha mãe não se movia, só gemia e falava baixo pra minha irmã: "Tira a Vi daqui, tira a Vi daqui...".

Agora todas elas olhavam fixamente para Viviane, como se cada uma das quatro sentissem a mesma dor. O barulho da festa foi engolido por aquele relato inesperado; uma dor que só quem tem seios e entranhas poderia sentir.

A moça continuava, mantinha o rosto ereto, olhar firme ao falar:

— Eu tinha 9 anos, não conseguia entender. Me lembro de minha irmã sair correndo noite afora, buscar ajuda de minha tia que morava não tão perto. Eu subi na cama, pus minha mão no rosto de mamãe e dizia pra ela que o machucado ia sarar, ia sim. Minha mãe apenas me olhava com olhos de dor. Eu não conseguia olhar para as pernas dela, cobertas de sangue. Lembro de me tirarem bruscamente dali, acho que foi meu tio Zé quem me pegou, enquanto minha tia, extenuada de tanto correr, acudia mamãe. Só fui entender mais velha, o que tinha acontecido. Meu pai, em sua virilidade insana e bêbado, estuprou minha mãe até ela sangrar. Minha mãe, que aguardava meu sétimo irmão, sofreu um aborto espontâneo.

— Meu Pai! Jesus Cristo! O que é isso, meu anjo? — exclamou dona Leila, segurando firmemente a mão de Viviane.

— É a vida, dona Leila! E sabe, o que doeu mais, o que traumatizou mesmo, foi o fato de que passados três dias de internação de mamãe para fazer a curetagem, tive que presenciar meu pai, chorando, ao recebê-la em casa, jurando que nunca mais faria aquilo. Meus tios, com ódio e desgosto nos olhos, não disseram absolutamente nada. Mamãe se encaminhou para o quarto, cheia de dores, sem nem sequer conseguir mirá-lo.

Meus irmãos e eu, tomados pelo medo dele engolindo qualquer reação de justiça. Reinou-se o silêncio, até que a rotina se apresentou para nós: mascarada, condizente, totalmente cúmplice daquela violência. E tudo voltou ao normal...

— Nossa, Vivi, jamais imaginaria isso! Eu lamento profundamente! — disse Cristina, em lágrimas.

Giovana emudecera. Apenas esticou sua mão até a mão da moça, agora sobre a mesa, e apertou forte.

— Por isso eu jurei que não teria filhos. Jamais colocaria no mundo um ser para sofrer o que eu e meus irmãos sofremos! — afirmou Viviane, sem derramar uma lágrima ainda.

— Mas Vivi, o Mário não é como seu pai! Você soube escolher, até pela sua experiência. Vocês são uma família linda! — disse Giovana, olhando nos olhos da moça. — Você é uma pessoa formidável, sensível; assim como Mário. Ele vai te ajudar a encontrar confiança e quem sabe o desejo de ser mãe aflore um dia?

— Eu sei, Gio! Mas o Mário me entende, sim. Não me cobra nada neste sentido. Ele conhece como é na casa de meus pais. Mas tudo pode mudar, sim, quem sabe!?

— Sei que não é o momento, mas você poderia contar sua história para o grupo de mães que atendemos na pastoral da família. Sei que tem que ter coragem para se expor e expor seus pais. Mas se quiser, não revelaremos seu nome. Isso é uma ajuda mais que especial.

— Gio, eu falei aqui e agora, nem sei por quê. Nunca conto isso. Acho que o vinhozinho aqui ajudou. Vou pensar com carinho e te falo. Sei que isso acontece com muito mais frequência do que imaginamos.

— Seu pai nunca foi denunciado? — perguntou Cristina.

— Nunca! E o medo, a vergonha, a exposição? Tudo isso contribuiu com o silêncio. Acho que meu pai pagou com um câncer na próstata que o definhou até a morte. Não gosto de pensar nisso e nem a mamãe; afinal, ela ainda cuidou dele até o momento final. Mas vira e mexe tudo isso volta!

Neste momento, os maridos se aproximaram da mesa, vieram comentando o que perceberam de longe; elas confabulavam algo muito sério. Estavam todas com semblante entesado.

— Vocês demoraram! Deu tempo de compartilharmos histórias — descontraiu com cumplicidade, Cristina.

— Então, pegamos fila grande pro chopp quando saímos do banheiro — respondeu Marco, carregando Michel no colo pendendo de sono. — Amor, vamos! O Michelzinho tá molinho de sono.

— Sim, vamos! — respondeu Cristina. — Meninas, foi uma noite excelente, precisamos repetir mais vezes! — E foi se levantando, pegando a bolsa e os pertences do menino.

As demais na mesa gesticularam a mesma intenção, foram armando a saída. Delicadamente foram se levantando com beijinhos e despedidas. Os homens ficaram observando. Mário com o chopp na mão.

— Bem, não vai tomar o chopp? Peguei pra você! — falou ele, decepcionado com as despedidas. Viviane olhou para ele reconhecendo o gesto e resolveu ficar e tomar o último chopp com o marido. Mas Giovana, sua mãe e a amiga de sua mãe já estavam de pé. Alex, então, disse:

— Com vocês nada de último chopp, né? — E sorriu. As três lhes responderam com semblante agradável.

— Não, amor, mamãe está cansada! Amanhã voltamos! — falou Giovana, dando um selinho em Alex.

— Vivi, pensa com carinho no convite, hein? Depois você me fala. Tchau pra vocês dois, casal! Curte aí um chopinho a dois!

— Penso sim, querida! Tchau, tchau, vão com Deus! Dona Leila, adorei conversar com a senhora! — respondeu Viviane. A senhora apenas lhe dirigiu um sorriso franco e acenou com a mão.

— Tchau, Alex, tchau, Gio, tchau pras senhoras! Até a próxima! — completou Mário, voltando a se sentar com Viviane à mesa.

Ao entrarem no carro, dona Leila olhava em direção ao casal ainda na mesa. Pareciam muito felizes e satisfeitos.

Como pode essa moça guardar um passado tão dolorido e ser tão destemida? Borbulhava seus pensamentos. A Giovana quer tanto ser mãe e esta moça tem certeza que não quer; como é a vida, meu Deus! E guardou para si.

— Mamãe, te conheço! O que tá tão quietinha? — questionou Giovana, como se lesse os pensamentos da mãe.

— Ah, minha filha, você ouviu tudo, você sabe!

— O quê? — intimou Alex com os olhos firmes nas duas. — O que estava acontecendo naquela mesa antes da gente voltar? É, percebemos um clima meio fúnebre.

— Bem, depois eu te conto. É coisa de mulher e não

é nada comigo, nem com a mãe e nem com a dona Cida. — Olhando para a amiga de sua mãe, que era o silêncio em pessoa. Mal se fazia notar.

E as três se entreolharam.

Alex ligou o carro e, levemente injuriado, seguiu para casa da sogra. Em casa, na cama, Giovana contou tudo para o marido.

— Engraçado, Gio, o Mário nunca me contou nada. Sempre de boa! Às vezes eu acho até que ele não sofre. É o amigo que me traz paz e conselho. — Então se preocupou: — Nossa, será que alguma vez ele quis dividir isso comigo e eu, enfunado nos meus conflitos, não percebi; ou nem ao menos dei espaço pra ele? Gio, eu me sinto um egoísta!

— Amor, calma! Eu tenho certeza que se ele precisasse teria te procurado e contado. E outra, eu estou até agora tentando entender o porquê da Vivi ter feito esse desabafo ali, no meio da festa. E ela falava de maneira natural, sem ao menos baixar a voz. Porém, percebi que ela quis me dizer algo sobre a importância de ter filhos; acho que, falando dela, ela tentou me tranquilizar. Por que naquele momento eu soube que sim: há mulheres que não querem ser mães!

— Tranquilizar ou te preocupar mais, né, amor? Vocês duas não são tão próximas assim.

— Não, não me preocupou. Ser mãe para mim é uma missão dada no casamento. Por mais que ela tenha tido um trauma, chega a ser desumano ela passar por cima da vontade, ou melhor, do direito do Mário de ser pai.

— Você está sendo radical agora! Pensa, amor, o Mário

certamente concordou com isso. Conheço ele a vida toda. Não é homem de meios termos. Ele ama muito a Vivi. Foi uma relação que deu certo em tudo.

— Espera um pouco, Lê! O amor dele foi capaz de aceitar uma decisão autocrática dela; mas o amor dela não é capaz de superar esse trauma com o pai por ele? Medidas desiguais de amor assim só podem resultar na infelicidade de um dos lados. Será que é sempre assim: alguém tem que ceder e carregar uma parte mais pesada da cruz para o outro então ser feliz? — indagava com energia a esposa.

— É, talvez nisso você esteja com a razão! Mas se o outro quer se doar mais agindo assim, se resignando, esse outro não pode ser feliz por completo? — Alex deu uma longa pausa, e perguntou a ela: — Você se sente com a parte mais pesada da cruz?

Giovana, entendeu que o marido compreendia seu fardo e respondeu:

— Lê, não vou mentir, ser mulher já nos obriga a carregar partes mais pesadas de muitas cruzes. A sociedade e a cultura patriarcal das famílias colocam a gente sempre em desvantagem em quase tudo. No nosso caso, você é um esposo maravilhoso, no entanto, o peso maior de não gerar, mesmo se não fosse um problema biológico meu, e sim, seu; sou eu que serei julgada, apontada, incompreendida...

Agora Alex tentava assimilar todos os pontos levantados pela esposa; queria sabê-la por inteiro. Continuou Giovana:

— Vou te contar um fato que presenciei nos estágios da faculdade: uma menininha linda, de uns três aninhos, foi matriculada no Caritas. Foi tudo muito atribulado, o pai e a avó materna eram os que cuidavam de todos os trâmites e avaliações. O pai era um homem carrancudo, tinha a sua idade, Alex, mas pai de primeira viagem e notava-se que ele estava perdido. A mãe da criança estava em profunda depressão por conta de descobrir o diagnóstico de autismo para a pequena. Eu participei das avaliações. Quando a criança é bebê, a família tem que se envolver ao máximo. Ouvi aflita o relato daquele pai rancoroso: ele, na verdade, se admitia culpado pela pressão que fizera em cima da esposa para gerar um filho homem. Tal confissão gerou desconforto e incredulidade em todos os profissionais ali presentes; afinal, em pleno século 21 ouvir um homem adulto dizer que punha nas costas da mulher a responsabilidade de definição biológica do sexo do filho foi repulsivo. "Que estapafúrdio! Como pode isso?!" era o pensamento de todos ali.

Ela continuou:

— Resumindo: nasceu uma linda menina e com um leve grau de autismo. O pai chorou como criança ao expor a culpa pela situação da esposa, mas graças ao bom Deus, manifestava um grande arrependimento e amor pela filhinha; estava disposto a ajudá-la. Isso é o que nos confortou. Eu fico orgulhosa do desenvolvimento da Melissa, a pequena da história. É uma menina forte e feliz, tem uma vida normal. Eu me orgulho também do trabalho que fazemos no Caritas e na APAE. O autismo é uma realidade que exige envolvimento e muito carinho para respeitar a criança em sua maneira de interagir com o mundo fora dela, facilitar sua socialização e desenvolvimento e ajudar os pais a lidar com as rotinas e necessidades destas crianças.

E tão pouco deve ser motivo de desespero ou medo para os pais, é uma questão de informação, de conhecimento sobre o tema. Você tá vendo? Olha o que ideias e atitudes carregadas de preconceito, machismo e outros afins podem fazer com uma mulher. Especialmente em momentos tão delicados como uma gravidez. A esposa, na época, ficou entregue numa cama, precisou de ajuda psiquiátrica. Olha que sofrimento.

— Estou abismado e sem palavras! Não sabia que existiam homens com pensamentos tão desastrosos e medíocres. — Engoliu e suspirou cansado. — Entendo o seu lado, amor, e não quero que sofra por nada além daquilo que já estamos sofrendo. Independentemente do que der nessa consulta e nos exames, estou contigo, estamos juntos! — E se abraçaram.

Chegou o dia da consulta. O casal estava ansioso, porém abastecidos numa esperança revigorante. Foram dias de muita oração e diálogos profundos. Traziam um pensamento comum de que essa médica pediria exames diferentes, e que dessa vez uma novidade aconteceria. Mantiveram tudo em segredo, como haviam combinado. Giovana sentiu grande confiança e animosidade nas palavras da médica ao telefone, na ligação de agendamento.

Bem cedo estavam os dois na porta da clínica. Um solar incrustado entre dois prédios nos arredores do centro de Ribeirão Preto. Fizeram o cadastro e puseram-se a esperar. Repentinamente, uma moça magra, de estatura mediana, olhos profundos, nariz sensível e uma voz suave veio ao encontro deles. Esticando as mãos para um abraço, disse:

— É você que é a Giovana? — Sorriu gentilmente. —

Sou a Dra. Letícia! Tudo bem com vocês? — E acrescentou: — Que linda você é! Sua voz me fez tentar imaginar sua feição por telefone. Aposto que é professora ou algo assim — disse a médica, deixando o casal surpreendentemente acolhidos.

— Então, Dra. Letícia, eu palestro muito sim, mas sou fonoaudióloga! É um prazer te conhecer! — disse Giovana.

Nisso, Alex estendeu também a mão para a médica e a cumprimentou:

— Bom dia, Dra. Letícia! Prazer também, sou Alex, marido dela!

— Mas claro que é, vocês formam um belo casal, hein!? Vamos entrar então, por favor!

Dra. Letícia possuía uma didática perspicaz de conduzir suas consultas. Primeiramente, ouviu todas as queixas do casal. Deixou-os à vontade para se expressarem. Entendia que a procura por ela era um recurso de esperança para aquele apaixonante casal. Percebeu que a gravidez era um desejo maciço e duradouro na vida deles. Que bom se fosse sempre assim! Pensava ela.

— Bom, confesso a vocês que algo de muito positivo vocês já tem! — declarou a médica, e eles arregalaram os olhos para ela, tentando entender o quê. — Vocês têm união e um objetivo comum em ser pais! Isso não se encontra em todos os casais. Geralmente são as mulheres que sonham e desejam filhos. Vejo muitos homens apáticos, tipo, tanto faz como tanto fez e isso não é bom! Os fatores psicológico e emocional interferem em qualquer tratamento, seja para o melhor, seja para o pior.

— Sabe que o Dr. Paulo me falou algo parecido? — Relembrou Alex.

— Sim, Alex! Geralmente nesse caso existe de antemão uma grande ansiedade e um histórico de frustrações e cobranças externas, não é? — perguntou a médica, porém confirmando com a cabeça.

— Exato, é como me sinto, Dra. Letícia! Eu me sinto pressionado por mim e por todos da família! — declarou Giovana, num lapso de desabafo.

— Eu sei, claro que sei! Estou vendo seus exames anteriores, você tem sido assídua nas consultas de rotina, parabéns! Oxalá, fossem todas assim. Na parte hormonal está tudo bem, seu Papanicolau também mostra normalidade do seu útero, trompas... Uma perguntinha básica: você costuma ter cólicas fortes durante o período menstrual?

— Não é sempre, não, mas tenho sim! — respondeu Giovana, puxando da mente.

— Bem, você já teve umas bem fortes. Lembra aquela vez na viagem pra Búzios? Bem dizer perdemos os passeios todos com você deitada — interferiu Alex, fazendo memória.

— É, é verdade! Foi tão traumático que até me esqueci — concordou Giovana.

— Certo! — disse a médica, olhando por cima dos óculos e escrevendo na ficha.

— Algum histórico de sangramento ou atraso na menstruação?

— Ah, sangramentos não, mas atrasos, vira e mexe tenho sim. O Lê e eu perdemos as contas de quantos testes de gravidez fizemos por conta disso.

— É?! Importante saber isso! Vamos lá pro exame clínico. Seu Alex, o senhor espera aqui um pouco, fique à vontade que vou examinar sua mulher, ok?

— Claro, doutora, à vontade , por favor! — respondeu ele.

Terminado o exame, as duas retornaram para a sala de atendimento. Havia expectativa nos olhares.

— Muito bem, dona Giovana, como comecei a te explicar durante o exame, e vou retomar para o seu marido entender; percebi que a mucosa do seu útero tem alteração, para ser mais clara, está inchada. Como você tem feito os exames esses anos todos e não deu nada, e por você estar em plena idade fértil, eu suspeito de uma possível endometriose. Acontece que dependendo da aparelhagem, e de outras circunstâncias não relevantes agora, ela provavelmente não apareceu nem mesmo nos últimos ultrassons. E isso acontece, tá! Vou pedir novamente ultrassom transvaginal, mas você vai fazer aqui mesmo, junto comigo; e caso eu entenda que seja necessário, faremos uma ressonância magnética também. E quero exame de sangue para dosagem de CA-125. Vamos agendar tudo isso hoje mesmo.

— Nossa, doutora, já li muito sobre endometriose, mas não esperava que eu pudesse ter.

— Me explica, por favor, doutora — pediu Alex.

— É a inflamação das células que compõem o endométrio, o revestimento do útero. É como uma descamação deste tecido gerando vários problemas, um deles é o inchaço das trompas e da camada interna do útero, impossibilitando o mesmo de segurar o óvulo para a fecundação. Mas isso de uma maneira superficial para o caso de gravidez. Existem vários tipos de endometriose e somente falaremos disso após se constatar este diagnóstico, ok? Daí então vamos identificar o nível desta inflamação.

Neste momento, Giovana se desesperou, fechou o rosto e lamentou:

— Dra. Letícia, também já li que isso pode levar até a retirada dos ovários e...

— Calma, calma, não é assim! Informação sem filtro é veneno! Estou eu aqui para te informar e te acompanhar. Pelo que vi no exame clínico, e se os outros exames confirmarem, tem tratamento com medicamento. Dependendo do grau, é curável, é reversível. Por hora, é uma suspeita apenas. Nada de se desesperar, mulher!

Giovana olhou para Alex com olhos de piedade. Ele a olhou com fé e disse:

— Amor, tranquilidade agora! É oração e confiança em Deus!

— Sim, eu confio! Pelo menos temos agora uma ideia mais clara do que tem acontecido — declarou Giovana, recobrando a esperança.

— Eu tenho certeza que faremos o melhor que pudermos, e você conseguirá! — Falou Dra. Letícia, com expressão confiante.

Daquele momento em diante passaram pela cabeça de Giovana e Alex vários pensamentos. Nas semanas que se sucederam os exames, tudo pareceu intenso e meritório. Estavam convencidos de que cursavam o caminho correto e a solução viria como uma luzinha teimosa e vitoriosa no fim do túnel. Apenas dona Leila, mãe de Giovana, foi participada do que eles estavam vivenciando.

Estavam naquela manhã de volta ao consultório de Dra. Letícia, aguardando o parecer final.

— Então, Dra. Letícia! No dia do exame a senhora nos disse que era endometriose, mas faltava mais avaliação, e aí? — já iniciando na pergunta, Alex falou em total ansiedade.

— Alex, a gente sempre quer dar notícias boas para todos... — Neste momento, as pernas de Giovana bambearam. —Mas o que vou explicar para vocês, especialmente para você, Giovana, é que têm casos e casos. Portanto, têm casos mais simples e rápidos e outros que necessitam um pouco mais de paciência e disposição. De qualquer maneira, é sua saúde, vamos ter que tratar e tratar do melhor jeito.

Ouvindo o pequeno discurso inicial da médica, Giovana apertava a mão de Alex, o choro vinha desprendendo-se do âmago da alma.

— Por favor, Dra. Letícia, fale claramente!

— Sim, estou sendo clara. Não entendi ainda por que esse seu problema não se manifestou com dores mais severas há mais tempo. Você contraiu endometriose e essa atingiu os ovários. Essa descamação, como expliquei durante o exame, fez o fluxo inverso para os teus ovários, agravando a situação. Era para você estar sentindo muita cólica.

O casal agora ouvia paralisado, com o entendimento turvo e embaralhado, enquanto a médica jogava as cartas do destino na mesa. Era difícil acompanhar.

Alex começava a direcionar suas ideias para aquele, entre aspas, castigo divino, que sempre temeu.

— Vocês estão me entendendo? — perguntou a médica ao se perceber não compreendida por alguns instantes. — Pessoal, eu estou dando um diagnóstico claro. Sei que é difícil para vocês, é frustrante, mas é um novo começo, ok? — anunciou, buscando arrebatar a alma do casal novamente.

— Desculpe, doutora, é difícil mesmo de ouvir! De alguma forma, acreditei que Deus me pouparia de algo mais grave!

— Mulher, mas Deus fez isso! Eu poderia estar te dando um diagnóstico de um câncer, por exemplo, o que seria mil vezes pior! — advertiu a profissional, dando um puxão de orelha na moça.

— Realmente, a senhora tem razão! — ponderou Alex, ainda pensando em retaliações do destino. — Vamos seguir com o tratamento, é o prioritário agora! Nosso pequeno ou pequena vai esperar mais um pouco! Tudo tem sua hora! — declarou o rapaz, buscando uma confiança que até então não a possuía, mas sabia que ia encontrá-la de alguma forma.

Giovana acenou afirmativo com um sorriso embrulhado no desgosto e disse:

— Desculpe mesmo, doutora! Então, como será o tratamento daqui pra frente?

A médica sorriu, buscando entusiasmo, olhando profundamente para a moça e paulatinamente começou a lhe explicar, começando pela parte emocional, psicológica e depois medicamentosa e hormonal:

— Vamos acompanhando a evolução do seu organismo

durante o tratamento. Não havendo melhora, passaremos então a pensar em cirurgia, que vou te explicar também com calma. Se chama videolaparoscopia. Este procedimento tende a remover o tecido endometrial, evitando a retirada dos órgãos afetados e, de certa forma, procurando manter a fertilidade da paciente.

Giovana e Alex se vidraram na explanação magistral da médica.

— O tratamento não deve se estender além de seis meses. Entenderam, meus queridos? Está mais calma, Giovana? Sim? — perguntou a médica com toda empatia do mundo.

— Sim, doutora! É para frente que se anda, e eu tenho fé em Deus e na senhora.

— É assim mesmo que se fala! Gostei! — respondeu orgulhosa a profissional.

Ao chegarem em Alto dos Montes, atordoados ainda com a bagagem do diagnóstico, os dois foram diretamente para a Igreja. Era lá, naquele lugar silencioso, aconchegante e tão familiar para ambos que as energias se alinhavam e os medos cediam lugar ao amparo. O colo de Deus é precioso, e todos nós temos um lugarzinho especial para recostarmos a cabeça.

Conheciam agora a estrada que tinham que trilhar e a prioridade agora era a saúde de Giovana.

Permaneceram os dois pertinhos, ajoelhados no genuflexório da capela do Santíssimo. Cabeças baixas sobre as mãos postas. Lágrimas driblavam os dedos para descerem o rosto de Giovana, Alex apenas as sentiam, como se ele fosse uma pequena ânfora a recolhê-las, e orava:

— Senhor Jesus, sois toda a esperança que temos e a

saúde do mundo, entrego as lágrimas da Gio, que sofre agora mais do que eu, e talvez por mim também. Cure a Giovana em todos os sentidos e me cure também. Nos dê força, Jesus Misericordioso!

Avistou-os ao entrar pelo altar Frei Carlos. Meditou na posição do casal, que fervorosos se mantinham quietinhos em uma ligação de alma com Jesus. Sentiu amor e compaixão. Não os incomodou, mas tirou de seu bolso um pequeno papelote, um cartão, e sobre a palma da mão escreveu um pequeno trecho do Salmo 29 (30): "O pranto pode durar uma noite; mas a alegria vem pela manhã". Devagarinho, colocou o cartão sobre o apoio do genoflexório e, sorrindo, olhou para eles, ainda inertes, de cabeça abaixada. Estavam tão imersos na oração que não perceberam os movimentos ou sequer a presença do padre. Afastou-se devagar o religioso, olhando também para o Santíssimo e os recomendou ao Senhor com um sinal da cruz.

Ao abrir os olhos após longos minutos, Giovana viu ali próxima ao seu braço esquerdo o cartãozinho, leu e se emocionou agora com força. Alex se assustou e virou para ela, acorrendo em socorro. Ela apenas lhe entregou o cartão.

Ele se sentiu então reconfortado também pelo carinho paterno de Frei Carlos. Eram amigos também. No verso do cartão ele escrevera também: "Ele ouviu, mas se precisar contar, me liga".

Levantaram-se apaziguados e foram para a casa.

Mais tarde Alex ligou para Frei Carlos, que na mesma hora foi para a casa do casal.

Foi uma longa conversa. O casal se abriu com grande

facilidade sobre a situação, incluindo seus medos, suas culpas, suas frustrações e, claro, as esperanças de um dia ter filhos.

Frei Carlos ouviu e aconselhou desta forma:

— Filhos, somente conseguimos cuidar dos outros, em especial de quem amamos, se cuidamos primeiramente de nós. Se não nos avaliamos ou como se diz, se não fizermos um balanço geral diariamente de nossa situação, e aqui digo situação de saúde: física, mental, psicológica, emocional, moral e também religiosa, como vamos ter forças e equilíbrio para cuidar de outras pessoas? Vocês sempre foram atentos aos outros, dias mais, dias menos. Querem a muito cuidar de uma vida nova, que é o filho, mas hoje a vida pede que vocês olhem para a saúde de vocês e se cuidem. Entendeu filha?

Giovana ouvia aquilo como um alento.

Continuou o Frei:

— Alex, enquanto a Gio cuida da saúde física dela, você cuida da sua saúde mental e espiritual para também poder cuidar dela. E vai dar tudo certo!

Houve completo silêncio; somente os olhares se falavam na sala de estar daquela casa.

— Eu sei que há muitas perguntas e questionamentos até contra o Pai Celeste, mas garanto a vocês que tudo será revelado na hora certa. É preciso confiar! — afirmou o Frei, dirigindo a voz com serenidade e carinho.

— Frei, eu me sinto mal de ter me conformado com a opinião apenas do médico daqui. Estou sentindo raiva dele também. A gente tinha condições de ter ido pra fora antes. Me sinto passiva demais — revelou Giovana.

— Filha minha, nada de se culpar, ou culpar alguém, o importante agora é que você descobriu o problema e vai poder tratá-lo. As possibilidades existem na nossa mente, mas o fato é esse, aqui e agora. Apague as culpas, se perdoe, porque você é humana, filha de Deus. E é assim que Ele te ama! E é assim que Ele quer te moldar, até mesmo como mãe.

— Frei Carlos, as palavras na boca do senhor esquentam o coração da gente! — exclamou Alex, sentindo-se cada vez mais fortalecido. — Falei pra Giovana, vamos enfrentar isso juntos e o nosso pequeno ou pequena vamos guardar no coração por enquanto.

— Ah, Filho e Coração, exato, assim mesmo! Está vendo? Vocês são privilegiados em muitas coisas, e duas delas são a fé e a oração. Não desanimem nunca! Tenho eu certeza que vocês serão pais abençoados no futuro.

— Sabe, Frei, o que talvez me angustie mais, é que desejei esse filho, fiz planos de ser feliz com este filho, agora existe uma interrogação na nossa frente — desabafou Giovana.

Alex, ouvindo isso, solidarizou-se com a esposa, pois estava sentindo a mesma coisa; ultimamente pensar no filho era um sonho que embalava e adocicava a vida de casado.

— Filhos, quando o sonho é grande, grande também são as frustrações e árduo é o trabalho para se alcançá-lo. Isso é um fato, sempre que decidimos realizar algo. Agora, e se essa interrogação de impossibilidades se transformasse numa interrogação de possibilidades? Novas ideias viriam, concordam? Novos jeitos e novos caminhos surgiriam. Tanto na história do povo de Deus no Antigo Testamento e quanto na História da

Salvação não foi assim? Abrão poderia ter ficado em Ur, seria mais fácil, mas ele se perguntou se não poderia ser melhor, acreditando nas palavras de Deus, e assim nasceu o povo da promessa, de um homem e uma mulher avançados em anos, sendo Sara estéril. Ana também era velha e não clamou a Deus por um filho, prometendo-o ao serviço de Deus? E Deus a ouviu, nasceu Samuel. Ela o entregou ainda menino aos cuidados do sacerdote do Templo e um grande profeta surgiu nele. A Virgem Maria e José, o carpinteiro... Humanamente falando, por acaso eles não tiveram perguntas e medos para aceitarem ser os pais do Filho Unigênito de Deus? E depois, durante a criação do Menino Jesus? Meus filhos, é claro que tiveram. Porém, antes de tudo eles preferiram confiar, e houve perguntas, foram todas baseadas na positividade. E veio para nós o Salvador!

Prosseguiu o Frei:

— Agora eu vos pergunto, não estará o Pai do Céus lhes oferecendo uma oportunidade de se perguntarem se podem ser pais diferentes, especiais, irem um pouco mais além nas possibilidades? Algo que só vocês, Alex e Giovana, podem ser? Pensem, pensem muito e orem. Certamente Deus vai responder a vocês e a fertilidade se dará primeiramente no coração.

O casal agora se esforçava para captar não mais com as cabeças, mas com o coração, as palavras amigas e entusiasmadas de Frei Carlos.

— Frei, não pude deixar de notar que todos os personagens bíblicos que o senhor citou tiveram grandes prodígios extra, fora da natureza humana. Duas mulheres velhas, já estéreis e uma jovem virgem, grávidas. O senhor está querendo nos dizer para orarmos para um milagre assim, isso não seria tentar a Deus? — postulou com dúvida Alex, usando todas as suas convicções de fé.

— Meu filho, Alex, por isso Jesus contava as verdades do Pai em parábolas, lembra? Para que os que ouvissem não entendessem. "Eu te louvo, ó Pai Santo, por revelardes essas coisas não aos sábios, mas aos pequeninos". Assim é sempre que deixamos a razão, as nossas convicções e filosofias terrenas incrustadas em nós, nos cegar para as coisas simples. De maneira nenhuma quero que vocês tentem a Deus pedindo pra ser um novo José e uma nova Maria. Estes foram escolhidos em graça por Deus. Estou me referindo a outras formas de paternidade e maternidade. Existem muitos pais que não são pais na vida dos filhos; às vezes, em nenhum momento sequer; por sorte, alguns, na hora da morte. Existem muitos ventres gerando para seios que não querem amamentar ou sequer acalentar. Existem hoje no mundo mais filhos precisando de pais do que ventres dispostos a gerar. E não vou falar mais nada... Já discursei e filosofei muito.

Giovana se sentia sem palavras e inadequada para perscrutar as palavras do Frei. Havia muita sabedoria franciscana naquela conversa. Mas algo lhe pegou pela culpa; ela trabalhava com crianças na APAE, no qual ela colocava um cuidado maternal, e havia também as crianças da creche Santa Dulce, onde ela nunca tinha ido fazer uma visita de apoio. Talvez ajudando na creche o tempo de tratamento lhe fosse mais útil e passasse mais rápido.

Alex, por sua vez, entendeu que o Frei o convidava para

abrir de vez o pensamento e a ideia de ser pai, porém que seria se doando mais para a comunidade ou até se comprometendo melhor com a educação e a vida dos jovens que ajudava no grupo.

O fato é que o astuto Frei Carlos percebeu que virara para sempre uma chavinha na cabeça de ambos, e que logo um deles despertaria para o que realmente ele havia semeado naquela sala.

É assim, todos precisam em seu tempo descobrir os sinais que o universo envia, que o vento sopra. Enfim, o que Deus fala. Uns vão mais rápido que outros, mas todos sempre chegam à luz.

Saiu o Frei da casa de Alex e Giovana se sentindo, por hora, contente e agradecendo aos Céus pela inspiração.

A TERRA FÉRTIL DO CORAÇÃO

A palavra é consideravelmente um germe de vida, quando semeada de maneira certeira, por mãos calorosas e sábias; intencionadas para o bem, refletia Alex, sentado à sombra do cruzeiro, em seu lugar mais íntimo e predileto, propriamente seu. Daquela conversa com Frei Carlos, de fato muitas e auspiciosas opções foram aparecendo para ele e para sua amada esposa.

Quando a gente muda a maneira de enxergar os fatos, a realidade se realinha, se molda, e oportunidades surgem para melhor! Eita, Frei Carlos, homem de Deus!, pensava ele, olhando as nuvens da tarde passarem por cima da copa dos expansivos jacarandás daquele platô.

Alex sentia sua esposa animada e cada dia mais resiliente. Até mesmo a aproximação do fim do tratamento parecia não trazer mais ansiedades. Ambos se sentiam seguros agora. Giovana continuou não sentindo dores, apenas sentia enjoos em horas pontuais devido aos hormônios, porém o tratamento dava sinais positivos de cura.

O fato dela ter aceitado trabalhar voluntariamente em períodos pontuais na creche, com trabalho voltado para o desenvolvimento vocal dos pequenos, dificuldades e atrasos na fala e na dicção, chamou até mesmo a atenção do poder público da cidade, pensava ele, enchendo-se de orgulho. E mais: Giovana estava se sentindo muito realizada. Recentemente a Assistente Social da Vara da Infância do Fórum de Alto dos Montes havia contatado Giovana para um atendimento especial no abrigo: havia uma menininha que necessitava de atendimento fonoaudiológico urgente. Alex trazia ao pensamento os fatos, sentindo-se feliz, recordando os olhos cativantes da esposa, brilhando ao ouvir o relato e o convite da assistente social pelo telefone. E, sim, óbvio que ela aceitou.

Agora Alex fazia a sua anamnese; aliás, ele tratou, nos idos dos meses, de procurar as pistas nas entrelinhas do conselho de Frei Carlos e nos acontecimentos e mudança de atitude de sua linda esposa. Ali, naquele instante, virou-se para frente do torto e velho cruzeiro, pôs-se de joelhos fitando contemplativamente a intersecção das hastes daquela cruz, suspirou longamente e disse:

— É, meu Jesus, unir o humano ao divino assim, tal qual a união destes madeiros, somente amando com o teu amor; aquele amor que não possui medidas e nunca acaba! — declamou assim em grande reflexão. E em oração continuou fazendo memória dos últimos meses.

Durante as horas mais tranquilas do dia, ele se autoimpôs uma rotina diária de boa leitura e pesquisa, para se manter bem informado com as inovações do seu trabalho, do problema de Giovana e também para lazer. Em quase seis meses lera muito sobre fertilização artificial e outras tantas novidades e avanços da genética; era tudo fantástico e carregado de esperança; no entanto, sentia tudo aquilo muito longe deles. Guardava para si, não dividia isso com a mulher. De forma alguma queria fazê-la se torturar com o assunto. Mas numa dessas incursões, ao correr o leitor em uma página de rede social, viu uma foto e um convite que lhe chamou a atenção. Assim dizia: "Carinho que transforma — Deixe uma criança escolher você!", na mesma hora voltou o cursor, releu a mensagem e visualizou a foto de uma linda menina de rosto formoso, pretinha, cabelos cacheados e negros, olhos da mesma cor, porém grandes, que a iluminavam inteira. E um sorriso franco, embora constrito. Ele então a contemplou por segundos e amou aquela foto. De repente, pôs-se no lugar daquela pequena e se comoveu. O link era de um site ligado ao Ministério da Justiça de São Paulo, ele então sentiu confiança de clicar, abrir e ler o conteúdo.

A proposta era sutil e clara: uma nova maneira de apadrinhamento afetivo. O rapaz sentiu-se mexido com o conteúdo. Era como se alguém retraduzisse pela enésima vez o conselho do Frei, só que desta vez com real proposta, definida dentro de um projeto.

— Gente, como que nunca li ou ouvi nada sobre isso? — Cobrou ele de si mesmo, falando em voz alta enquanto lia.

Maravilhava-se a cada foto de criança que via e eram muitas. Observou, porém, que eram todas de faixa etária mais alta, entre 10 a 14 anos talvez. Seguindo, o conteúdo dizia que os interessados em serem Padrinhos Afetivos deveriam efetuar um cadastro inicial, não estarem no Cadastro Nacional de Adoção e claro, ter condições reais de convivência com os pequenos e estarem disponíveis para passar pelo processo de avaliação, conduzido pela Vara da Infância. Detalhe é que eram as crianças que escolhiam seus padrinhos, de acordo com a foto dos mesmos, disponibilizadas para elas dentro do processo legal do apadrinhamento.

Alex sentiu uma comichão diferente na barriga, aquele instinto paterno querendo aflorar.

— Que interessante, meu Deus! Por que não? — perguntou a si próprio, salvando o link em seu notebook. — Por que não, Senhor? — Pedia agora, olhando para o cruzeiro envelhecido, terminando de recordar e reviver aquela emoção jovial que lhe ardia no peito: apadrinhamento afetivo. Não havia contado nada ainda para Giovana, conhecia bem a sua esposa. Ela levantaria ideias e expectativas. Julgou que o melhor seria aguardar o final do tratamento e com a graça de Deus, a alta médica.

O crepúsculo se anunciava e Alex desceu do morro e seguiu para a casa de seus pais. Queria conversar com sua mãe. Ao passar pelo portão, ouviu conversas altas, porém festivas. Sua tia Marcela acabara de chegar de Santo André. Ele reconheceu a voz da prima querida, então quis surpreendê-los pela porta lateral da cozinha, onde certamente estariam se banqueteando dos quitutes de sua mãe. Caminhou sorrateiro para não se fazer perceber, rumando pela destra da casa, e qual foi o susto quando deu de encontro com a prima Laura acalentando um bebê.

— Oxi! Que susto, Laurinha!

Ela o olhou assombrada, desmanchando-se em forte risada.

— Alex, quer me matar do coração?! Seu bobo! — E se jogou em um abraço lateral, pois tinha o bebê nos braços.

— Que pacotinho fofo é esse que cê tá carregando? — brincou o primo, abraçando e mirando o rostinho redondo e inocente do bebezinho. — Quando que nasceu, filha de Deus?

— Olha que princesa! É ela, Maria Luiza! — respondeu Laura em grande apreço de apresentá-la ao primo amado, que já estava babando de admiração na pequena.

— Ah, mó Deus! Deixa o primo pegar essa gotosula! — Com grande jeito e moroso cuidado, segurou a pequena. Ficou apaixonado na pequenez e forma caprichosa de suas mãozinhas, aqueles dedinhos tão bem formados tateando sua mão grande e os olhos verdes, lépidos e arregalados olhando para ele. — Que coisinha mais fofa essas mãozinhas e essa boquinha linda! — falava ele sem parar, agora caminhando com a priminha no colo, indo em direção à família, alocada na varanda da cozinha.

— Ó quem chegou! — disse a mãe, dona Mariana, esboçando satisfação em ver o filho, e surpresa em vê-lo portando a priminha Maria Luiza, a mais nova da família. — E vem trazendo a Luíza! Já conheceu a princesa? Lex, olha que delícia, filho, parece a Laurinha! — emendou Mariana.

— Se já, mãe! Bença! Bença tia! — Ambas lhe deram a bênção em uníssono. — Ela é lindinha! Acho que vou ficar com ela! — disse Alex, e todos riram da brincadeira.

— A Giovana que vai amar conhecer ela! — acrescentou o rapaz.

— Então, Alex, estávamos falando sobre isso agora pouco. Queremos ir na sua casa, ainda não a conhecemos e faz tempo que você casou! — disse sua tia Marcela.

— Opa, é já! Eu vim dar uma olhadela na mãe e no pai, mas já estava indo pra casa. Se vocês quiserem vir comigo, tô de carro!

Laura então disse:

— Mãe, vamos deixar pra ir amanhã! Ir de surpresa assim na casa dos primos é desajeitado, não? — Olhou para Alex. — Amanhã eles já ficam avisados.

— Laurinha, se quiserem ir agora, mais tarde ou amanhã, sem problemas! São muito bem-vindos a qualquer hora! — elencou Alex, satisfeito em ver a todos, em especial em conhecer a bebezinha. — E seu marido, veio?

— O Renato? Veio! Saiu com seu pai agorinha, foram até o supermercado comprar algumas coisas.

— Mãe, tá tudo bem com a senhora? Com o pai? Precisam de alguma coisa?

— Estamos bem, filho, Graças a Deus! Fica, espera seu pai e o Renato, devem estar chegando! — Deu Mariana uma longa pausa, meditou em seu filho com a prima nos braços e sentiu o coração apertado. — Você tem jeito com os bebezinhos, sabe segurar direitinho! — concluiu ela.

Laura, achegando-se, completou:

— Alex, pensei tanto em você e na Gio. Você sempre dizia que queria ser pai — disse a prima, acariciando o braço do moço em sinal de apoio.

— Laurinha, é muito bom segurá-los assim, né? Dá vontade de proteger de tudo, sei lá! — Deu uma pausa, olhou a prima e disse: — Toda essa demora em ter filho para nós tem sido proveitosa. A gente priorizou segurança em tudo pra depois pensar em ter filho — disse assim, pois jurara não contar nada sobre o problema de Giovana até tudo se resolver. — Agora vocês... foram rápidos, hein, Laurinha! — brincou Alex.

— Foi, foi rápido até demais! Casamos ano retrasado

e logo a Maria Luiza veio! Mas é assim mesmo, cada casal é de uma forma e no seu tempo! — ponderou Laura.

Alex apreciou mais uma vez o rostinho de Maria Luiza, que agora dormia serena em seus braços, e disse:

— Laura, pega ela agora! Tô sujo da roça, suado, tadinha!

E todos riram novamente. Ele passou a criança para os braços da prima como se devolvesse um presente e se permitiu sentir vontade de ter o seu filho.

— Faz assim, Alex! Se vocês puderem, a gente vai então amanhã à noitinha. Tudo bem, coração? — disse sua tia Marcela, trazendo a atenção dele para o presente.

— Vocês que decidem; as portas estão abertas! — respondeu Alex, notando que seu pai e o primo se demoravam e não teria chance de ficar a sós com sua mãe para conversar sobre o assunto que queria. — Gente, se vocês não se importam, eu vou chegar em casa. Aguardo então vocês amanhã à noitinha!

— Espera seu pai, filho!

— Ó mãe, como falei antes, tô sujo lá da roça, tô precisando de banho. Vocês fiquem à vontade em aparecer lá em casa, tchau! — E dando um beijo na testa de sua mãe, despediu-se de todos.

— Sei não, mas o Lex queria me perguntar ou contar alguma coisa! — exclamou baixo Mariana, trazendo Marcela, sua irmã, pelo braço.

— Por que você fala isso? — perguntou Marcela.

— Hum, conheço meu filho; quando está borbulhando as ideias, passa aqui logo que desce do cruzeiro à tardinha. Espero que seja algo bom! — completou Mariana, olhando para o crucifixo dourado na parede da copa.

— O Alex leva tanto jeito com crianças, eu jurava que eles iam ter uns 3 filhos — disse Marcela em tom frustrado.

— Olha, eu não entendo mais nada da cabeça desse meu filho. Ele e a Giovana, sempre muito religiosos, a favor da família em tudo. Também pensei que já teríamos no mínimo dois sapequinhas correndo aqui em casa, mas... Quiseram acabar as faculdades. Olha, tenho pra mim que estão escondendo algo. Viajaram três vezes pra Ribeirão Preto este ano, num mistério só; porém não contaram nada pra gente o que foram fazer — reclamou Mariana, há tempos desconfiada. — Eu espero, Marcela, que esteja tudo bem mesmo! O Alessandro já disse aqui, na nossa cara, em alto e bom som, que não quer ter filho. Desse jeito, vamos nós ficarmos sem netos — queixou-se tristemente Mariana.

— Que nada, hoje é muita modernidade, Mariana! Mas eles esquecem que é a natureza e Deus quem decide isso.

— Você tá certa, minha irmã!

Ao abrir a porta da sala, Alex viu Giovana sentada na mesa da copa, de costas para a porta. Havia uma aura atormentada em torno de sua mulher, que escrevia compulsivamente em um caderno de trabalho. Simplesmente não ouvira o marido entrar e se aproximar. Ele então, para não tomá-la de assalto, balançou o chaveiro em sua mão. Mesmo assim, ela pouco considerou. Ele se encaminhou então para a cozinha, foi ao bebedouro e o apertou fixamente, avaliando de longe a dedicação da mulher, que continuava a ignorá-lo.

— Amor... tá me vendo aqui? — E bebeu água.

— Oi, Lê... — Suspirou, recarregando a energia e apertando os ombros como se doessem. — Desculpa, tô fazendo um relatório sobre a avaliação daquela menininha do abrigo, sabe? — falou, massageando o pescoço para aliviar a tensão. — Fiz as primeiras sessões com ela anteontem, e esse relatório é de grande relevância, tanto que Assistência Social exige rigor.

— É, eu percebi mesmo! Nem se importou deu entrar — queixou-se de maneira jocosa o marido. — Mas você não me parece bem. O que foi? — disse, tocando o rosto da esposa, que fechava os olhos se envolvendo no carinho dele. Ela pôs as mãos sobre as pernas e segurou firme num relance a mão do marido.

— Bem, senta aqui... Após as duas sessões com a pequena, eu fiquei consternada. É lógico, a gente tem que manter o profissionalismo sempre nas terapias, mas quando comecei a ler o relatório da assistência social sobre a menina... Amor, é muito difícil não se envolver e não sofrer! Ainda mais a gente que tem uma religião, uma fé, que somos tão ligados à família. Eu fico pensando, como um ser tão pequeno pode carregar consigo uma carga de abandono e sofrimento tão grande? Os olhinhos dela pedem colo, sabe?

— Me conta, Gio, conta tudo!

— Ela nasceu numa cidadezinha perto daqui, no sul de Minas Gerais. A mãe e o pai eram alcoólatras. Me passaram que o casebre que moravam pegou fogo durante uma briga do casal. A mãe sofreu graves queimaduras e não resistiu, e a menina tinha 8 meses, inalou muita fumaça, mas foi socorrida por vizinhos. O pai fugiu, ninguém mais soube. A polícia, na época, conseguiu localizar apenas um tio, quase 1 ano depois da tragédia. A menina ficou no hospital por alguns meses. O tio, irmão da mãe, mora lá em Água Bela. A menina estava com ele desde que saiu do hospital, mas as condições do homem são precárias também e ela precisa de atenção médica ainda por conta do pulmão. Acredite, ela não fala uma palavra sequer; emite apenas alguns sons, principalmente quando está inquieta e brava. A psicóloga que a acompanha classificou como trauma emocional. Também pudera! Pra complicar mais, o tio mora com uma mulher, são amasiados. Acredita que essa mulher estava batendo na menina? Alex, é um calvário sem fim a vidinha dela! — contava agora emocionada. — E ela é tão bonita, chama-se Vitória. Aliás, esse foi o nome dado no hospital que cuidou dela. Nem documentos ela tinha. Tem 4 aninhos.

— Meu Deus, que dó, Senhor! — exclamou Alex com os olhos lubrificados e chorosos. — Então ela foi tirada do tio também?

— Sim, como poderia ser diferente? Sabe-se lá o que essa menina teve que suportar nas mãos da mulher do cara. Ela foi acolhida pelo Abrigo São Vicente de Paulo há 5 meses. Estava desnutrida e tinha marcas de agressão pelo corpinho todo. Quem denunciou o tio foi a ex-mulher dele, pra fazer vingança, claro! Foi aberto processo contra os dois, ele e a mulher atual, por maus tratos e violência contra incapaz — revelou a fonoaudióloga.

— Vou me aplicar com ela, Lê. Se precisar, vou atrás de colegas mais experientes na área, mas quero ajudá-la a falar, a se expressar. Quero ficar mais próxima. Estou muito comovida, como profissional e como mulher que quer ser mãe.

A frase "como mulher que quer ser mãe" tocou fundo em Alex. Instantaneamente, foi transportado para o assunto do apadrinhamento afetivo e todas as vias de pensamento e emoções que isso lhe rendera até então. Percebendo a afeição da esposa ao problema daquela menina, sentiu vontade de lhe falar a respeito pela primeira vez. Temeu que estivesse insano e insensível à situação de saúde de Giovana, porém mediu que o abrasamento de seu coração naquele momento o sufocava, querendo vir à tona de qualquer maneira.

Pai, me ilumina com Teu Santo Espírito! Falo ou espero? E fez-se ansioso. Então repensou consigo: Tomar atitudes com ansiedade não é bom! Vou aguardar mais um pouco. Vou estudar mais um pouco. Surgiu em sua mente, como por resposta do Alto, o rosto da assistente social. Sim, a assistente social! Eu a conheço! Vou falar com ela e pedir explicação sobre o assunto, ué! A Gio não precisa saber ainda, melhor resguardar!

Sufocando a animação, Alex confortou Giovana com um abraço e palavras de apoio. Sabia que embora ela estivesse sensibilizada pelas condições da pequena paciente, sua mulher se fazia cada vez mais forte e mais animada em todos os sentidos. Sim, ela havia achado um ponto de equilíbrio, aflorando sua maternidade indiretamente em cada criança atendida.

— Bem, você realmente está sendo um pouco mãe. Entendi que você desperta isso nas crianças da creche e nos teus pacientes mirins. Quando vi eles te receberem com desenhos da tia Gio e flores, mês passado, lembra? Entendi tudo!

— Ó amor, é sim! E você tem esse jeitinho de argumentar muito fofo. Me faz sempre lembrar dessas coisas boas e me reanima. Me sinto amada. E neste caso, amada como mãe, de certa forma.

— De certa forma, não; de uma forma única. Não existe outra tia Gio, existe você! — reverteu a conclusão e fez a esposa irradiar luz própria.

— Verdade, amor! — E se beijaram. — Deixa eu te avisar que minha tia Marcela e minha prima Laurinha chegaram hoje. Ela trouxe a nenezinha pra gente conhecer. Precisa de ver que gracinha! Pois bem, eles vem amanhã à noite; e o pai e a mãe devem vir juntos.

— Que delícia, então nasceu?! Hum vou segurar e não vou querer mais soltar essa nenê! Temos que ir no mercado comprar uns legumes, verdura, vou caprichar na salada, sua mãe gosta!

— Convida seus pais também, Gio! Faz tempo que não reunimos todo mundo. Vamos aproveitar!

No outro dia, Alex pensou na assistente social, porém ligou para sua mãe antes, cedo. Precisava conversar e fazia gosto de ouvir uma opinião sensata primeiro dela. Pelo telefone não entrou em detalhes, mas pediu que ela fosse mais cedo, antes das visitas oficiais.

Sua mãe logo confirmou suas suspeitas do dia anterior. Mãe conhece os filhos que tem.

— Filho, se eu for mais cedo, vai ficar chato com outros e seu pai vai ratear comigo; deixa que vou aí na loja daqui a pouco — disse Mariana.

— Tá bom, mãe! Te espero!

E assim se deu. Na metade da manhã, dona Mariana entrou na loja. Seu filho gesticulou de longe, atrás da mesa do escritório, que ela fosse até ele. Chamou rapidinho por Marco, seu amigo e funcionário, e recomendou que ninguém os interrompesse e nem passasse telefonema.

Mariana, sentada na pequena poltrona do escritório, apenas observava o jeito anfigúrico do filho se comportar ali. Fechou ele a porta do escritório, por fim.

— Meu Deus, filho! O que está acontecendo pra você estar agindo assim tão sorrateiro? Você está doente?

— Não, mãe! É que tenho pensado muito em algumas coisas da minha vida de casado e gostaria de um conselho seu, mas antes, vou te contar sobre a Giovana...

— Meu Deus, então é ela quem está doente? — Alarmou-se Mariana, sem entender.

— Calma. É mais ou menos! Na verdade, há quase seis meses nós tivemos um diagnóstico de um problema ginecológico na Giovana que atrapalha a gravidez e...

— Eu sabia, eu sabia! Tinha algo errado, só podia ser! — Se levantou a senhora, pondo o punho no queixo, totalmente abalada.

— Mãe, por favor! — pediu ele em tom severo. — Por isso não contamos nada, por conta desses desesperos e chiliques. Não precisa disso. Ela está fazendo o tratamento e está sarando. Mas nesse tempo todo aí, considerando que nós dois já passamos dos trinta anos, e após ler e estudar sobre as oportunidades possíveis, encontrei algo que mexeu comigo e queria saber sua opinião.

Dona Mariana, de pé, ouvia cada palavra, tentando descobrir ainda se o problema da nora era grave.

— Mas o que a Giovana tem? Estou preocupada com ela, ainda não cheguei na parte do casamento, Lex!

— A Giovana está bem. Na verdade, ela está tratando uma endometriose. Está quase acabando o tratamento, tomando medicamentos e hormônios — respondeu ele.

— Filho, por que esconder isso da gente?

— Nós não quisemos fazer ninguém sofrer além de nós. Se o pior acontecesse, ao menos seria mais fácil contar de uma vez para todos. E também, quisemos concentrar apenas nossas orações e pensamentos positivos no tratamento; se a gente conta, outras pessoas de fora acabam sabendo e viriam palpitar com todo tipo de assunto, e a Giovana estava por demais abatida já.

— É, pensando bem, vocês fizeram a coisa certa! — concordou Mariana, voltando à calma habitual.

— Mas voltando ao assunto, mesmo se o tratamento for bem-sucedido, será daqui pra frente novas tentativas de gravidez. E nesse período, tanto eu quanto a Gio encontramos, talvez, a paternidade e maternidade em outras realidades.

— Como assim? Pelo amor de Deus, não me venha com aquelas coisas de barriga de aluguel — interrompeu Mariana. — Lex, sua mãe aqui até aceita, mas seu pai não ia entender essas modernidades.

— Mãe, o pai está vivo e se está vivo, ainda aprende. Não estamos pensando nesse tipo de procedimento, mas se estivéssemos, eu gostaria que fosse respeitado — declarou Alex, sem piedade da mãe.

— Então o que é?

— É algo bem mais simples que isso, digo, mais simples no âmbito de não ter nada a ver com genética etc. Mãe, eu estou me informando sobre apadrinhamento afetivo. Explico: é um programa acompanhado pela justiça no qual os casais e até solteiros, devidamente cadastrados e avaliados pela Vara de Infância, apadrinham crianças órfãs.

Mariana olhava ceticamente para o filho, tentando entendê-lo; ou melhor, crê-lo.

— Alex, mas isso não é ter um filho, me soa mais como assumir uma obrigação com alguém estranho. Você desistiu então de ter os seus filhos?

— Tem mais coisas a entender, mãe. Não é uma obrigação, é um conhecer, é dar a chance de conhecer uma pessoinha que já tem uma história, até então separada da nossa, da minha. Como padrinhos, entendi que podemos visitar, levar para passeios, trazer para passar finais de semana em casa. Lógico, podemos ajudar com o que quisermos e no que ela precisar.

Houve silêncio, dona Mariana agora se sentava, pensativa.

— Olha eu li algumas coisas, mas minha vontade é saber mais na própria Vara da Infância daqui.

— O que a Giovana acha? — perguntou Mariana.

— Eu ainda não contei disso pra ela. Quero resguardá-la de qualquer preocupação ou expectativa, mas ontem, por Deus, mãe! Senti que foi um sinal, porque ela chegou me contando da menininha que ela está tratando, que é do abrigo. Senti que ela está toda envolvida. E se pudermos fazer isso para essa menininha mesmo?

— Filho, mesmo assim, não será uma família convivendo dia a dia. Me parece mais como um brincar de papai e filhinho nos fins de semana. Não sei o que te dizer assim. É inesperado pra mim! E tenho medo que sofram, porque vai haver envolvimento e no final não será seu filho ou filha.

As palavras de sua mãe pesavam demais no peito. Esperava que ela, tão generosa e tão religiosa, fosse emitir palavras de acolhimento, mas havia ressalvas até na voz de dona Mariana.

— Lex! Filho! Não é minha intenção esfriar seus ânimos, e a ideia, no fundo, é maravilhosa, é uma grande generosidade, um grande ato de amor; talvez nunca imaginado por uma criança vivendo em orfanatos. Mas a mamãe aqui está pensando se você e a Giovana terão esse amor imenso, capaz de tomar essa atitude, sem desejar, no íntimo, serem os pais dessa criança. Entendeu? Eu vejo que há um buraco no coração de vocês à espera de preenchimento imediato. Ser um padrinho me parece ser para aquelas pessoas que querem ajudar essas crianças, sem esperar nada em troca, me fiz entender? Se um dia você e sua mulher tiverem esse sentimento e essa consciência para tal, então sei que serão felizes, e eu aconselharei vocês a irem em frente. Mas se for para suprir mesmo o filho que falta aí no coração, então cuidado para não se iludirem e sofrerem vocês e a criança.

Alex estava agora meditativo, completamente desnudo e lido nas palavras de sua mãe. Olhava para a escrivaninha com as mãos cruzadas sobre a boca.

— Acho que peguei pesado! — disse Mariana, triste por

entender que desarmava as expectativas do filho e que ele não tinha avaliado todos os pontos e dimensões.

— Mãe, eu te amo! Obrigado por me atentar para uma vertente que não pensei! Eu fui lendo e fui me enchendo de ideias, misturando os meus sentimentos.

— Vou te dar um outro conselho... — Ele se armou para recebê-lo com atenção. — Se o seu coração de fato puder amar alguém que não veio de você, e poder chamar esse alguém de filho sem pensar em mais nada, então o adote.

— O quê? — exclamou ele, assustando-se com o peso do verbo.

— É isso, filho, o que você ouviu: adote essa criança!

— Tem certeza do que a senhora tá me dizendo, mãe? Confesso pra senhora que não pensei nisso.

— Absoluta, filho! Isso é amor de pai e mãe! — E se aproximando do filho, que a mirava com amor e admiração, deu-lhe um beijo na testa. — Deus te abençoe e te ilumine, meu filho! A mãe vai rezar por vocês e pela cura da Giovana.

— Olha, mãe... Por favor, não....

— Já sei, não conto nada de nada para ninguém. Até a noite, filho, fique bem! — E acariciando o rosto barbado de Alex, foi para casa.

Ao sair da loja, dona Mariana sabia que deixava o filho com os pés centrados no chão. Sempre se simpatizou com adoção, no entanto, jamais imaginara que aconselharia seu próprio filho a pensar no assunto. Não por ela, é claro, mas por Euzébio. Homem dado à tradição de herdeiros de sangue e sobrenomes de família. Julgava e renegava até mesmo as atitudes dos irmãos no passado, não seria diferente com o Alex. No fundo, ela sabia que o filho e a nora seriam massacrados se optassem por terem um filho adotivo. Não importa!, pensava ela agora. Se a minha nora não puder gerar, qual o problema em gerar pela escolha, pelo coração? Se o Alex despertou para uma nova possibilidade de família será até mais fácil, concluiu ela.

A clareza e a profundidade do conselho de sua mãe deixaram Alex reflexivo e introspectivo. Algo que era mais forte que a racionalidade, pesava-lhe na consciência e rebatia seus argumentos; era o fato de que sua mãe estava totalmente com a razão.

A noite durante a visita da tia e primos não foi difícil sondar Alex abstraído, distante das conversas caseiras. Seu Euzébio desde que cumprimentara o filho, sacou-lhe obtuso, tentando disfarçar alegria.

— Mariana, tô achando o Lex meio forjado na gentileza. Cê num notou, não?

— Que nada, Zébio, mania tua de ficar medindo o humor das pessoas. Hoje é dia de semana, o rapaz trabalhou o dia todo; deve ser somente cansaço. Eu não notei nada! — Disfarçou Mariana, que no fundo sabia exatamente o que era.

Giovana estava alegre e descontraída desde que viu a priminha Maria Luíza, pegou-a no colo e ficou com ela o tempo todo. Contou para todos sobre seu trabalho e sua experiência com as crianças da creche e a pequena do abrigo. Uma noite agradável em família.

Ao final, tirando a mesa e já sozinhos, o casal conversava sobre as impressões da visita e do jantar. Não passou despercebido a falação do primo Renato, marido de Laura, que não parava de falar sobre mercado imobiliário e vendas, nem mesmo durante o jantar ou mesmo com a pequena Luiza no colo; em contrapartida do pai de Giovana, que não escondia o desinteresse no assunto, bocejando de minuto a minuto, e então gargalharam.

— Amor, senti você meio desligado e sua mãe preocupada comigo — disse Giovana.

— Bem, é que eu achei que era hora de ao menos a mãe saber sobre o seu tratamento; e eu gosto de me aconselhar com a mãe às vezes. Tá tudo caminhando bem — revelou Alex.

— Quer saber? Fez bem em contar. Daqui duas semanas eu retorno na clínica, mas tenho fé que está tudo bem.

— Com a Graça de Deus! — exclamou Alex. — Você esteve com a menina Vitória hoje?

— Não, somente semana que vem.

— Ontem te senti muito tocada mesmo, Gio! Pela história da menina. Posso te fazer uma pergunta?

— Ué, amor, claro!

— Quanto tempo essa menina vai ficar sob a guarda do Estado, lá no abrigo? Você sabe alguma coisa?

— Por que o interesse nisso, Lê?

— Não, por nada, fiquei pensando nisso hoje e você sabe, a gente se põe no lugar. Depois de te ouvir contar a história dela, tentei pensar no que a gente poderia fazer para ajudar ou se é que é permitido ajudar, na verdade.

— Alex, Alex, quando você fala assim é porque já andou tramando algo!

— De jeito nenhum! É que vi você muito comovida com a situação. Ou não?

— Sim, estou sim. Sinto que ela confia em mim, sabe? No primeiro dia ela ficou arredia, mas na terceira vez seu rostinho transbordava carinho pra mim. E ela sorriu pela primeira vez, em três sessões.

— A Vitória não tem mais ninguém na família? Impossível não ter!

— Não sei! Apenas tive acesso àquilo que te contei ontem. Mas ela já se encontra em processo de adoção, conforme a Kátia, assistente social, me contou.

Alex se sentiu novamente mexido por dentro. Sua mulher pronunciara o termo adoção.

— Adoção, é? Como isso funciona? — inquiriu da esposa, vendo até onde ela iria com o assunto e o quanto entendia do mesmo.

— Ah, bem, não sei muito. Sei que é um processo complexo, ainda mais quando a criança é retirada por maus tratos. Tem esse processo contra o tio e a mulher dele correndo por fora — expôs Giovana.

Alex, então, tocou em Giovana segurando-a pelo braço, respirou e perguntou:

— E se você pudesse adotá-la, você faria?

A pergunta direta do marido, fez Giovana estremecer dos pés à cabeça.

— Hã?

— Sim, Gio, você adotaria?

— Nossa, Lê, você me pegou desprevenida. — E sentiu

uma alegria vindo do peito para o rosto. Sorriu. — Olha, deixa eu sentar um pouco...

— A pergunta te desagradou? — perguntou ele, ávido pela resposta.

— Bem, não sei, eu nunca pensei. A gente pensa sempre em ter o filho da gente, mas já que você foi tão enfático... — E ela o estudou com sinceridade e respondeu: — Sim, sim. Se eu tivesse como, por que não? Mas você sabe que não posso fazer e nem faria isso sozinha.

Havia agora tensão e cumplicidade no rosto dos dois. Um olhando para o outro.

— Gio, contigo eu posso tudo! Tudo mesmo! Sozinho, não!

Ela então se emocionou pela revelação do marido ali. Nunca imaginaria ele falar de algo como adoção, ainda mais naquela altura do campeonato, como se diz os mais velhos.

— Alex, você está falando sério?

— Muito sério. Na verdade, eu estava com outro pensamento... — E contou toda a conversa que havia tido com sua mãe pela manhã, revelando também sobre a questão do apadrinhamento afetivo.

— Lê, não podia imaginar que você estivesse se informando tanto sobre isso!

— Bem, depois daquela noite com o Frei Carlos, eu tentei me abrir para as oportunidades, saindo da questão biológica. Por que haveria de ser assim somente para nós? Afinal, o Cristo que amamos e no qual confiamos não nos ensina a olhar a vida com os olhos do Espírito Santo?

— Desde jovem tento pautar minha vida pelas atitudes coerentes com a fé; você também. Temos uma longa caminhada paroquial na fé, se há alguém que pode amar um filho não biológico, esses somos nós dois! — declarou com firmeza Alex, olhando o rosto fascinado de Giovana.

— Ó meu anjo, você é muito especial, por isso te amo tanto! Você é um presente na minha vida! — E abraçou seu marido, permanecendo os dois em silêncio.

— Vamos fazer assim: quando eu receber o parecer da Dra. Letícia, seja ele qual for, nós vamos juntos falar com a Kátia. Vamos fechar uma coisa antes de iniciar outra. Concorda? — disse Giovana com toda maturidade.

— Eu não podia esperar melhor programação! E vamos orar também para que esta conversa aqui frutifique da melhor maneira em nós!

Os dois responderam juntos: Amém!

SEJA FEITA A VOSSA VONTADE...

Estavam novamente de frente com a Dra. Letícia. Era como se aguardassem um veredito judicial que definiria crucialmente suas vidas, e o era! Sentados, de mãos dadas e corações pulsantes, eles aguardavam a médica revelar os resultados dos exames finais.

A médica se mantinha impassível, porém brincou, quebrando o gelo:

— Que carinhas mais sérias são essas? Não tomaram café hoje ou a Giovana está fazendo greve com você Alex? — E sorriu. Sorriram também os dois, descontraindo-se:

— Não, doutora, está tudo certo nisso aí! Sem greves! — respondeu Alex.

— Então vamos lá. Giovana, pelos últimos exames nós conseguimos domar a inflamação, o tecido intrauterino está límpido, normal, mas quero te examinar novamente aqui, hoje, tudo bem?

Ouvindo o parecer da médica, os dois se regozijaram aliviados. Foi uma injeção de alegria e gratidão.

— Ó doutora, louvado seja Deus, no mais alto dos céus, que nos abençoou, e obrigado a senhora que nos acompanhou! — clamou Giovana de todo o coração.

— Realmente é uma bênção! — concordou a médica. — Você fez tudo certinho, seguiu à risca os procedimentos e restrições. E você, maridão, colaborou com grande apoio, não? — Alex se inchou, remexendo-se na cadeira e sorrindo.

— Quando há entendimento, confiança e colaboração,

tudo é mais fácil e a cura vem. Vamos lá, dona Giovana! Vou te examinar...

Enquanto isso, as mães Leila e Mariana estavam juntas na Igreja, em oração do terço.

Giovana retornava à sala de consulta, vibrando de alegria, o que acendeu em Alex total confiança de resultado positivo.

— Muito bem, conseguimos mesmo, casal! Giovana você está curada!

Aquelas palavras soaram como hinos.

— Ó doutora, graças ao Senhor Jesus! Obrigado mesmo por essa notícia! — exclamou o rapaz, dando um beijo no dorso da mão de Giovana.

— É muito bom quando a gente pode dar boas notícias! Mas ainda vamos continuar acompanhando, ok? Não para por aqui! Porque sim, há riscos pequenos de retorno, mas ele existe, ok? Mas está controlado!

— Doutora, eu vou poder pensar em gravidez? — perguntou timidamente a moça.

— Sim, claro que sim! Mas pelo tratamento hormonal, recomendo aguardar um tempo acima de 3 meses, para o órgão poder descansar; então partiremos para a gravidez. Mas está tudo normal, menina!

O casal voltava radiante da consulta, sentiam-se ambos agraciados. Giovana se sentia uma mulher livre para ter o seu filho, mas a adoção já não saia mais dela, tão pouco dele. Alex depois contaria ao seu amigo Márcio que a cura de sua esposa teria acontecido pela decisão deles de adotar, como se fosse uma recompensa celestial por um ato de amor.

Suas mães naquele dia comemoraram com outro terço, às seis horas da tarde, hora da Ave Maria. Desta vez, rezaram junto com o casal. Elas permaneceram com eles ainda para o jantar. O assunto foi o planejamento e gravidez, momento feminino que sai de tudo um pouco. Alex achava graça nos palpites da sogra e da mãe; no entanto, sentia ali um grande carinho pelas duas e uma lealdade ímpar com sua situação. Ele cuidou da louça do jantar enquanto elas matraqueavam suas experiências. Estava feliz pela saúde da esposa e pela possibilidade agora real de ser pai, mas continuava pensando na adoção.

— Como pode esse assunto não sair da minha cabeça? Será que a Gio está se sentindo assim também? — Ruminava ele enquanto ensaboava os copos. — Será que ela vai querer se concentrar somente na gravidez natural? — No fundo, ele conhecia demais sua mulher para entender que ela desistiria dessa nova maneira de maternidade.

Alex foi levar as senhoras em casa; mas estava tomado de uma calorosa pressa; pensava logo em conversar com Giovana a sós sobre tudo. Quando retornou, ela o esperava, sensualmente produzida. Ele entrou e a viu, sucumbiu ao desejo de amá-la ali mesmo no sofá.

— Como você sabe me assanhar?! Me faz ficar de gatinho! — falou ele cheio de prazer, envolto aos beijos e toques de sua esposa, linda, toda faceira querendo comemorar da maneira mais gostosa. Após o amor, veio a conversa tão esperada.

— Gio, eu estou tão feliz por nós! — iniciou ele. — Agora, se for por vontade de Deus, nosso filhote ou filhota virá.

— Deu uma pausa. — Agora estou de fato curioso pra saber se você continuar pensando em...

— Adotar?! — completou ela, na lata, como se lesse o pensamento do marido.

— Olha! Peraí... — disse ele rindo. — É isso mesmo! Adotar. Muda alguma coisa em nossos planos sobre este assunto?

E acariciando a barba e os cabelos do moço, ela foi categórica:

— Não! Amor, pra mim não muda nada! Se você estiver de acordo, vamos seguir conforme pensamos: primeiro vamos conversar com a assistente social, tirar dúvidas, entender. Afinal, é um processo e tenho fé que enquanto isso Deus vai nos abençoar e a gravidez virá, como tudo foi vindo naturalmente até nós.

Alex ouvia e admirava sua esposa. De fato, era a pessoa que Deus fez para ele seguir e construir a vida.

— Que maravilha, Gio! Aliás, agradeço a Deus por você ser minha mulher! Sabe, Deus vai trabalhando na gente. Me sinto até envergonhado das vezes que me desesperei e não confiei Nele. Hoje, vejo como somos felizes e plenos. Conseguimos passar por essa fase difícil e agora sei que tudo vai ficar bem — confessou ele, atarracado em sua mulher.

E a noite continuou quente, ali mesmo no sofá, estendendo-se ao tapete. Ele buscou mais vinho e acabaram por amanhecer ali mesmo.

Naquela mesma semana, Giovana agendou uma conversa com Kátia, assistente social da Vara da Infância da Comarca de Alto dos Montes. Aproveitou a entrega do relatório da menina Vitória. Alex deu uma fugidinha do trabalho e acompanhou a esposa. A assistente social os recebeu amistosamente e ficou surpresa ao ver que a fonoaudióloga estava acompanhada do marido.

— Bom dia, Kátia, tudo bem? Esse é meu marido, Alex França, acho que vocês se conhecem de vista.

— Bom dia, Dra. Giovana! Muito prazer, Alex, como vai? De vista, sim — respondeu a mulher, sorrindo para ambos e tentando adivinhar a presença daquele homem.

— O que posso ajudar, Giovana? Algum problema com as crianças do Lar? — perguntou preocupada a assistente social.

— Não, de jeito nenhum, pelo contrário, estou encantada com esse trabalho, em especial com a Vitória. Aliás, vim entregar meu relatório sobre as primeiras sessões com ela.

— Ah, claro! Obrigada! Sabe, estão todos gostando muito do seu trabalho com as crianças. Realmente está fazendo a diferença. Parabéns!

— Obrigado! É muito bom receber um feedback tão positivo. Mas Kátia, hoje eu vim com meu marido aqui para conversar contigo

— Pois fale! — disse logo a mulher, interessada na visita do casal.

— É que gostaríamos de saber mais sobre adoção. Há tempos que gostaríamos de ter filhos, temos mais de 5 anos de casados e eu tive problemas para engravidar. Enfim, começamos a nos interessar pelo assunto, e acredite, cada um de uma maneira diferente, mas chegamos a esta decisão. Queremos saber mais.

— Maravilha, Giovana, Alex, eu sinceramente fiquei imaginando aqui o que seria a visita de vocês. Nem me passou pela cabeça — declarou a mulher, agora animada, conduzindo o casal para uma pequena sala entre muitas dispostas no hall do fórum. — Comecemos do começo: a adoção é um ato primordial de amor, de livre doação e de muita responsabilidade. Não cabe aqui de forma alguma leviandade. E o casal necessita estar com a ideia bem amadurecida para encarar o processo, que já foi mais lento, hoje melhorou muito, mas o essencial é que estamos falando de uma vida humana. Uma criança ou adolescente. O casal precisa, antes de tudo, demonstrar que está disposto e comprometido a cuidar e amar como filho, sem qualquer diferença de um filho biológico; ter condições psicológicas, emocionais e financeiras para acolher esse filho. Por isso, antes que o casal receba a concessão judicial para ser inserido no cadastro nacional de adoção, no caso, vocês serão visitados em sua casa por mim, ou por outro assistente social, passar por uma entrevista, e também terão que passar com a psicóloga da Vara da Infância. Você deve conhecê-la, Giovana.

— Sim, Kátia, eu a conheço. Já conversamos!

— Então, por que todos esses passos? Primeiro para irmos construindo com o casal um entendimento de onde ele está pisando, ou seja, temos muitos que desistem quando entende que a coisa é mais séria. No entanto, como eu falei, é preciso entender que nós temos a responsabilidade de encontrar um lar acolhedor e merecedor para a criança. Estão me entendendo? Nosso compromisso como agentes do Estado é escolhermos o melhor para a criança e não o contrário.

— Nossa, perfeito, Kátia! — disse Alex, sem conseguir tirar os olhos da mulher. — Te confesso que começo a entender e a me sentir até mais seguro.

— Que bom, Alex! — Continuou ela: — A gente descreve adoção como ato de amor por que o é. O casal deve ter a consciência que a maior parte destes pequenos já sofreram muitos traumas pela pouca idade que tem, e o mais básico e primeiro de todos é o abandono. Alguns vem recém-nascidos, outros foram tirados dos pais ou parentes por segurança, como é o caso da Vitória; alguns passaram de casa em casa e por fim ficaram no orfanato. Temos muitos pré-adolescentes e adolescentes que estão há anos esperando por uma oportunidade. Resumindo, são seres humanos que aguardam acolhimento, uma oportunidade de ter uma família, que os acolha, ensine, deem carinho, atenção, apoio, segurança. Tudo que um filho natural tem.

Giovana escutava tudo e mentalizava o rostinho de Vitória e outras carinhas que vira no lar e se tomava de compaixão.

— Alguma pergunta? — disse Kátia.

— Sim, algumas na verdade — respondeu Alex. — Podemos visitar o orfanato? Conhecer as crianças?

— Poder, até pode, mas não aconselhamos mais, Sr. Alex!

— Por quê? — Olhou ele, cismático, para a assistente social.

— Porque essas visitas parecem algo positivo na intenção do casal, mas acaba por levantar as expectativas das crianças. Era muito comum, antes, os casais irem e acabavam por adotar alguém, mas e os que não eram escolhidos?

— Oh, puxa! Que triste! Não me apercebi desse fato! — exclamou, chateado, Alex.

— Pois é! De certa forma, é angustiante para os que ficam, é mais uma forma de abandono, indireto , mas abandono! — ponderou Kátia.

— Kátia! Se a gente já tiver uma criança em especial em mente, digo, a Vitória por exemplo. Se nós quiséssemos adotá-la, isso é possível? — inquiriu Giovana.

— Ótima pergunta! E se a intenção de vocês for pela Vitória, acredito que vou frustrá-los um pouco.

Eles se olharam confusos.

— Digo isso, meus caros, porque o casal deve passar pelo processo completo, independentemente de ter uma criança em especial em mente, e é melhor que não tenham. Seria uma atitude inequívoca minha e até antiética se não os informasse que neste caso, vocês devem ser aprovados e incluídos, antes de qualquer coisa, no Cadastro Nacional de Adoção. Depois judicialmente o casal pode entrar com ação solicitando a guarda da criança, mas é muito difícil que um juiz acate porque vocês estariam ferindo o direito daqueles que estão à frente de vocês no cadastro, entenderam?

— Sim, claro! Realmente, se todos fossem fazer as coisas assim, essa fila do cadastro não andaria e todos se prejudicariam.

— A menina Vitória está apta para adoção, mas a justiça seguirá indubitavelmente a ordem e posição dos casais conforme o Cadastro Nacional de Adoção — respondeu com segurança a Assistente Social.

— Então, eu tive apenas algumas sessões com ela; mas me senti envolvida — contou Giovana, emocionada.

— Eu entendo, Giovana, mas existem tantas crianças nessa situação. Eu costumo dizer aos casais que topam viver esse processo que ele se assemelha à gestação biológica. Há o tempo da espera, do mentalizar como será o filho ou filha, que rosto terá, o sonhar, o se preparar para receber. Tudo isso é igualzinho!

Agora o casal se emocionava com as palavras de Kátia. Giovana segurou a mão de Alex e as lágrimas verteram dos dois. A assistente social se emocionou também e disse:

— Por essa reação tão sentida de vocês, acredito que estão no caminho certo!

— Nossa, Kátia, estamos saindo de um tempo de incertezas e preocupações, com o tratamento da Giovana. Temos a chance de gravidez, mas ouvir você falar tudo isso e comparar com a nossa espera, foi emocionante, sabe? — disse Alex, recompondo-se e enxugando o rosto.

— E como entendo, Sr. Alex! Eu sinto que vocês já embarcaram nesse sonho aqui, mas voltem pra casa, pensem. Estou à disposição sobre o assunto. É só me ligar! Olha, apenas mais uma informação, se vocês quiserem iniciar o processo, é necessário um Atestado Médico de Saúde dos dois, pode ser feito com o médico de confiança de vocês, OK?

— Muitíssimo obrigado pelo seu tempo e pela sua explicação, Kátia — agradeceu Alex, apertando a mão da mulher.

— Obrigada mesmo, Kátia! A gente liga sim!

Ao entrarem no carro, estavam leves e animados.

— Amor, o que você achou? — perguntou ela. — Eu gostei muito do que ouvi. Ainda tenho perguntas, mas acredito que nestas entrevistas a gente conseguirá entender tudo. Me senti seguro, sabe?

— Eu também estou bem confiante! Quer amadurecer mais a ideia?

— Não digo amadurecer, sinto que já decidimos fazer, mas convém oração, meu amor, e deixar pelo menos findar a semana, assim baixa um pouco a adrenalina. — E soltou uma longa risada.

E foram cada um para o seu trabalho. Do próprio carro, ao estacionar em frente à sua loja, Alex ligou para Márcio. Queria agora confidenciar tudo aquilo ao melhor amigo e seria lá, perto do cruzeiro. Márcio atendeu e sentiu o amigo falante do outro lado da linha. Entendeu que era notícia boa.

— Claro, Lex! Ali pelas cinco e pouco eu subo lá pra gente conversar. Até mais; se cuida! — Combinou com ele o amigo.

Eram quase cinco em ponto quanto Márcio venceu a estradinha de acesso ao pequeno platô. Viu que Alex estava deitado sob o cruzeiro, com os braços para trás escorando a cabeça.

— Sonhando aos pés da cruz, meu amigo?

Virou-se Alex, de relance, sentando sobre os pés.

— Sonhando e orando! Às vezes acho que a vida é isso.

— Não, não só isso, sonhar, orar e realizar! — disse Márcio.

— É que o realizar depende Dele, ó! — E apontou para o cruzeiro. — E tem gente que não sonha nunca, empurra a vida do jeito que dá!

— Conta, conta logo o que aconteceu de bom, porque sua voz no telefone não me convidava apenas pra filosofar à sombra da cruz — ironizou o amigo.

— Sabedoria é conhecer bem as pessoas até pelo timbre de voz; você é tão meu amigo que me decifra pela entonação, olha que privilégio! — devolvendo a ironia.

— Mas de fato é verdade — continuou Alex —, ter um amigo assim é algo para poucos, por isso em primeira mão, venho te contar que seu amigo aqui resolveu ser pai.

Márcio sorriu sem entender e disse:

— Mas você sempre quis ser pai, a Gio está grávida?

— Ainda não! — respondeu enigmático

— Então? Como assim, resolveu ser pai?

— Adoção! — falou ele sorrindo.

— O quê?

— É isso aí, a Gio e eu pensamos, conversamos, nos informamos e decidimos: vamos adotar uma criança.

Márcio levantou-se surpreso, foi tomado de uma alegria contagiante do amigo.

— Vocês vão adotar? Cara, que beleza! Mas assim do nada?

— Eu te disse, nós pensamos, conversamos, nos informamos e agora resolvemos.

— Rapaz, que ideia abençoada! É a cara de vocês essa atitude, meu caro! Mas e quanto à gravidez, vocês falavam que estava no planejamento. E aí? Desistiram?

— Não, não desistimos, queremos ser pais, se a Giovana engravidar daqui pra frente serão duas alegrias. Uma acredito estar certa, será pela adoção.

Mário suspirou em silêncio, emotivo, e em voz tranquila se abriu:

— Poxa, Lex, eu sempre te admirei como pessoa, como amigo, como irmão, você sabe, mas essa atitude sua e da Giovana, meu?! Mostra caráter, exala fé! — Os amigos então se olharam com lealdade e compreensão mútua, e Mário continuou: — Sabe, nunca te contei nada sobre minha vida com a Vivi, e principalmente sobre filhos. Hoje te escutando, senti o valor e o peso desse fator na vida de um casal, de uma família... A Vivi não quer ter filhos, nunca quis, e isso passa além de ser uma escolha, pra ela é um trauma.

— Sei sim, Mário, ela desabafou com a Gio e minha sogra naquela noite da festa. Eu sinto muito! — disse Alex, colocando-se no lugar de Mário.

— Mas você quer ter filhos?

— Sim, claro, quero muito! Mas eu sou apaixonado na Vivi desde moleque, você sabe! Namoramos desde cedo, mesmo quando fui passar uns tempos com meu pai, em São Paulo. Sempre nutri um pavor de perder ela e acabei passando por cima da minha vontade. Mas compartilhamos da mesma fé, Lex! Então sei que é pecado evitar filho, como fizemos desde sempre. Ver vocês agora disposto a criar um filho que não é de vocês, me fez sentir desabonado perante Deus, perante a minha fé.

Alex compreendeu que sua alegria resvalava agora na

tristeza ou culpa do seu melhor amigo, mas o amava, tanto ou mais que a Alessandro, seu irmão de sangue. Sempre foi um pilar na sua vida. Pensou muito antes de responder àquele desabafo.

— Mário, nos conhecemos há muito tempo, e você tem um coração gigantesco, quantas vezes se anulou para me fortalecer ou me ver feliz, coisa até de irmão mais velho. Da mesma forma que isso é uma força, também é uma fraqueza. Se você deixar que os outros macerem, pisem naquilo que te faz feliz... — Pôs sua mão sobre o ombro do amigo e continuou: — A Viviane é uma mulher extraordinária, e te digo que ela jamais te deixaria, não pelo motivo de querer ter filhos.

— Será mesmo, Lex? Deixei esse assunto de lado por muito tempo entre nós — respondeu o amigo.

— Nunca é tarde! Não para esse assunto, não para dizer a verdade. De toda a insegurança que sua mulher possa ter em gerar, a vida é mais forte que tudo o que falta é conversa, é diálogo. Você é o melhor argumentador que conheço. Bate de frente sempre nas minhas filosofias, não é?

— É! — disse ele, agora sorrindo. — Confronto e ganho, mesmo que pareça que você venceu.

— Aí, tá vendo, sempre deixando as pessoas pensarem que estão por cima.

— Lex, é de personalidade. Gosto de ser conciliador mais que argumentador. No fundo, o que prevalece é a ação.

— E de fato é! Dessa vez concordo!

— Mas então, quando que vem o filho de vocês?

— Calma, é um processo, precisamos dar entrada junto

à Vara da Infância. Vou te contar...

E naquela tarde que se fazia gelada pelo início do inverno, Alex descreveu em detalhes tudo para Mário.

No domingo, após a missa da noite, Giovana e Alex convidaram os amigos e os pais para uma pizza. Convidaram também o Frei Carlos, que muito reticente aceitou. Fazia frio mesmo, de incomodar, o vento cortava como navalha afiada, e nada melhor que uma pizza e um vinhozinho na Pizzaria Nono Giaochino , na esquina da Praça do Clube, para esquentar.

A prosa se intensificava e se aquecia em nostálgicos causos, todos falando em uníssono coro, até que Alex, pediu atenção:

— Pessoal, todo mundo que está aqui, todos vocês, são muito importantes para mim e para a Gio, sendo assim, queremos compartilhar uma notícia para que todos fiquem a par. Faz algum tempo que estávamos pensando nisso e agora, com grande entusiasmo e certeza, daremos entrada amanhã, no fórum, no nosso processo de adoção.

O anúncio veio como uma bomba de felicidade, os pais de Giovana ficaram boquiabertos e emotivos, os amigos pularam e festejaram como se tivessem o casal acertado na loteria. Dona Mariana, porém, sentiu o coração ir na boca e evitou olhar para o marido. Euzébio não acreditava no que acabara de ouvir. Com olhos arregalados e expressão trêmula, decidiu manter-se distante e mudo, para o alívio de Mariana.

Entre os abraços dos amigos, seu Honório se levantou totalmente sensibilizado.

— Ó filha, que coisa mais bonita vocês estão fazendo!

— Ó pai, que isso, não se emocione assim! — Consolou Giovana, olhando ternamente também para a mãe, dona Leila, extasiada ali, contemplando a felicidade do casal.

Mário tomou a palavra:

— É uma alegria pra nós também, Alex e Giovana, participarmos dessa decisão e da alegria de vocês! Que Deus e Maria Santíssima abençoem esta decisão e esse processo, e que venha logo o herdeiro ou a herdeira! Viva!

E todos gritaram vivas e felicidades, apenas o pai de Alex se fazia reticente e deslocado.

Mariana então tomou a frente:

— Filhos queridos, têm nossa bênção, porque é um gesto grandioso de amor! Isso prova que nossas famílias são abençoadas!

Alex ouvia sua mãe, mas não pôde ignorar o silêncio, esperado, do pai. Sentiu naquela atitude quieta uma desaprovação, embora sua querida mãe se esforçasse em suprimir a impressão do marido.

— Pai! — chamou Alex. — O senhor não diz nada?

Todos então se recolheram e aguardaram Euzébio.

— Ó fio, vocês são adultos, vividos, têm a vida de vocês, se é isso que decidiram, teu pai aqui não vai se indispor! — declarou o velho homem com voz contraída e sem graça.

— Obrigado, seu Euzébio, seu apoio é muito importante pra nós sim! — declarou Giovana, não deixando o marido inquirir o pai.

— Muito bem, parabéns mesmo, meu irmão! — disse Alessandro, entrando na conversa. — Agora vou ser titio, hã? É isso? — E a mesa inteira gargalhou.

— É isso aí, rapaz, vai ser titio e ajudar a pajear! — completou Alex.

— Louvado seja o Senhor pela fecundidade magistral dada ao ser humano, aquela que vem do coração de seus filhos! — Agradeceu em forma de louvor, Frei Carlos. — Eu sabia, meus filhos, que vocês iam entender a mensagem.

Ouvindo as palavras do Frei, Euzébio se enfunou ainda mais e pensou: Sabia, tinha que ter a mão do Padre nessa ideia doida! Esse meu filho não aprende!

— Desde já, eu abençoo essa decisão de vocês e vou orar muito para que tudo aconteça de forma tranquila. Feliz dessa criança, meu Deus! Por ser dada a vocês.

Havia emoção em todos, menos em Euzébio.

E assim o casal venceu a primeira etapa, a aprovação da maioria da família e dos amigos de longa data. Isso era importante para o processo que enfrentariam. No fundo, Alex conhecia as manias do pai como ninguém e estava tão feliz agora que isso ficou pequeno demais para levar ao travesseiro. Com o pai eu me entendo depois, vai haver tempo para conversar e é melhor poupar energia emocional!, refletiu de maneira sensata Alex.

No outro dia, estavam logo de manhã na sala de espera do fórum da cidade. Kátia não acreditava que o casal se encontrava tão cedo ali à sua espera. Entendeu que havia sido um final de semana frutífero.

De cara, Giovana foi se justificando ao ver a mulher entrar no hall do prédio:

— Kátia, bom dia! Olha, nos desculpa vir até sem telefonar e sem agendar, mas foi um despertar muito intenso.

— Bom dia pra vocês! Giovana, sem problemas, eu entendo. Sendo vocês, eu abro uma brechinha aqui hoje — disse a assistente social com grande gentileza.

— Obrigado, Kátia, mas se quiser voltamos noutra hora com agendamento — falou Alex, um pouco encabulado.

— De maneira nenhuma! Vamos aproveitar essa vontade e resolvermos logo isso — declarou Kátia, confiando de imediato nas intenções do casal. — Tem casais que demoram uma vida para decidir.

— Nós somos acostumados a dialogar e orar, Kátia! Se o consenso flui ligeiro dos dois lados então fica mais fácil entender que Deus está com a gente — revelou Alex.

— Muito bem, vamos até minha sala.

E seguiram por uma escada com uma faixa de carpete avermelhado no centro. A escada se quebrava em duas até o segundo piso da sede da comarca. Paredes altas, em cores areia e cinza quando não marmorizadas como o piso, refletindo os candelabros antigos que faziam memória a antigos palacetes dos anos 20, dava um ar solene, porém intimidante, ao interior do fórum. Alex nunca entrara naquele espaço. Repentinamente cruzaram a sala do Tribunal do Júri e aquele jovem homem sentiu um gélido movimento na espinha, como de má impressão. Não se conteve a curiosidade e olhou para dentro do recinto. Janelas altas, duas delas, as maiores, com vitrais onde se representava os símbolos da justiça, a famosa mulher com olhos vendados, apresentando uma balança com a mão direita e empunhando uma espada com a esquerda. No centro, acima da cadeira e mesa do juiz de direito, um lindo crucifixo, grandioso. Isso trouxe serenidade à Alex. À direita e à esquerda, duas outras mesas unidas à do juiz, uma para a promotoria, e a mais baixa para o escrevente. Outra mesa solitária ao lado do escrevente, certamente seria o banco das testemunhas. À esquerda de forma angular, havia cadeiras separadas por uma mureta de madeira, num total de 9, era o assento dos jurados. Do outro lado, outra divisória, porém apenas 1 mesa com 3 lugares, que o rapaz entendeu ser o banco dos réus. O Salão era todo em carpete, também da cor vermelho carmesim, estranho para o gosto de Alex. Nas demais janelas havia cortinas de cor camurça, o que deixava o ambiente mais sufocante. Alex se imaginou naquela sala acompanhando um julgamento qualquer e sentiu-se mal. Uma premonição ruim. Separado também por pequenas divisórias estava o salão do júri, imenso, que tomava quase todo o segundo piso do prédio. As cadeiras deixavam a desejar, antigas, daquelas também de madeira, reclináveis, usadas nos antigos cinemas.

— Alex, psiu! Vem! — chamou Giovana, resgatando o marido parado em análise visual, segurando-se na porta daquela tenebrosa sala.

Ele, portanto, voltou-se para Giovana, assustado, e pediu desculpas. Entraram então na sala da Vara de Infância com a assistente social.

— Seu Alex, nunca tinha entrado na sala de um Tribunal? — perguntou Kátia, vendo a curiosidade do moço.

— Nossa, me desculpe! De fato, nunca! Nós vemos os

tribunais pela televisão, não é? Por isso não pude deixar de olhar de perto. Tem alguma proibição, algo assim?

— Não, não fique tranquilo! É que notei que o senhor viajou um pouco lá dentro...

E fizeram, ambas, expressão jocosa, como um leve sarro.

— Verdade, amor, você parecia preocupado até! — disparou, preocupada, Giovana.

— É? Não percebi! Vocês concordam que esse prédio passa uma seriedade, sei lá, algo tenso?

— Sim, seu Alex, eu concordo! É algo proposital aos antigos prédios dados à lei. Eu mesma, demorei pra me acostumar a trabalhar aqui — revelou Kátia.

— Kátia, por favor, não precisa me chamar de senhor. Pode me tratar com a mesma informalidade que a Giovana, por favor!

— Desculpe-me, Alex, é a força do hábito! Então, vamos começar. Eu vou retomar novamente alguns passos, ok? Qualquer dúvida, vocês podem me perguntar. É importante que nada fique sem entendimento. — E munida de toda autoridade, a assistente social iniciou: — Vocês estão decididos a passar pelo processo aqui iniciado, para no tempo oportuno, após os trâmites legais e o deferimento do juiz de direito, serem incluídos no Cadastro Nacional de Adoção?

— Sim! — disse Alex.

— Sim! Estamos! — disse Giovana.

— Ótimo! — respondeu a assistente social e continuou: — Esclareço então para vocês que o pré-cadastro agora passou a ser feito pelo próprio casal requerente, através do SNA, Sistema Nacional de Adoção e Acolhimento. Este sistema é uma ferramenta exclusiva que visa beneficiar crianças, adolescentes e pretendentes ao processo de adoção. É uma facilidade! Antes, éramos nós que efetuávamos esse pré-cadastro. E chamamos de pré-cadastro porque se trata da fase anterior à aprovação de vocês como pretendentes à adoção. Não tem segredos, vocês vão acessar o site do SNA que vou passar e vão se cadastrar. Na página inicial terão a opção pré-cadastro de pretendentes. Cliquem nessa opção e a página se abrirá para realizarem o cadastro. São perguntas pertinentes à parte legal e às reais pretensões de vocês. Estou indo muito rápido?

O casal gesticulou com a cabeça que não.

— Continuando então, o cadastro se subdivide em 4 blocos cadastrais. O 1° é sobre as Características do Pretendente. Por favor, atentem para a questão da abrangência territorial no item "Tipo", nele vão abrir as seguintes situações: "Municipal", "Estadual" ou "Nacional". Se vocês pretendem adotar uma criança apenas dentro do âmbito da comarca, do município, então escolham "Municipal", apenas no nosso estado, o de São Paulo, então escolham "Estadual"; agora se vocês tem condições de ir ao encontro da criança em outro ou outros estados da federação, então selecionem "Nacional" e cliquem nos estados que vocês desejam. Atenção para isso: suponham que vocês colocaram todo o território nacional, se surgir uma oportunidade no Amazonas, vocês serão informados e deverão ir até lá. E toda a despesa de deslocamento é de vocês. Então pensem bem antes de responderem, ok?

— Nossa, não imaginei que fosse assim! Mas tudo bem! — respondeu Alex e acrescentou: — Então, por nós estarmos na divisa com o sul de Minas Gerais, podemos colocar São Paulo e Minas, é isso? Entendi bem?

— Exato, Alex, vocês têm que primar pelas reais condições de vocês, sem leviandade. Outra coisa séria: quanto mais flexíveis vocês forem, maior a chances de adoção e menor o tempo; entretanto, se pautem pelas reais condições de vocês com seriedade. De nada adianta vocês exagerarem sem manter o compromisso com a verdade para logo acontecer, se depois, ao serem chamados, vocês desistirem. Não que não possam desistir, podem, por motivo justificado, mas se percebermos que o casal desiste uma vez, desiste duas, desiste três, espera lá! Alguma coisa tem de errado! Será que realmente querem adotar ou estão somente querendo satisfazer um vácuo social? Apenas um capricho? Por exemplo!

— Claro, Kátia, é muito sério isso! — concordou Giovana. Alex concordou com um aceno.

— Muito bem, seguindo: preenchendo essa questão territorial, vocês vão se declarar ali casados, colocando a data de casamento e vão para o outro cadastro respondendo sobre o 1° pretendente e em seguida o 2° pretendente. Aí são cadastros pessoais para ambos: nome, CPF, gênero, data de nascimento, RG, nome de pai, nome de mãe, estado civil, escolaridade, profissão, faixa salarial, endereço, meios de contato, número de filhos biológicos e adotivos.

— Tudo bem, Kátia, esta parte não fugiu ao que nós imaginávamos. Então, o primeiro pretendente sou eu e o segundo a Giovana? Nessa ordem? — perguntou Alex, anotando tudo em uma pequena agenda.

— Isso mesmo! Alex, eu vou dar o passo a passo impresso para vocês, tá? Mas faz bem em anotar tudo!

— Agora, sinceramente, estou ansiosa para saber o que terá no último cadastro. — reportou Giovana, mostrando-se realmente impaciente.

— É Giovana! Farei uma pausa... Querem um café? Uma água?

Os dois recusaram.

— Este 4° bloco é muito importante. Quando nós aplicávamos pessoalmente com o casal, nós íamos explicando as perguntas, até mesmo para deixar o casal mais à vontade no entendimento das questões. Como agora vocês irão descrever para a justiça o perfil da criança ou adolescente desejado, é importantíssimo que tudo seja respondido com muita certeza e ambos estejam alinhados ao que desejam. Agora vai a pergunta que não fiz até agora: vocês definiram o perfil da criança ou do adolescente que querem adotar? Vocês pensaram, conversaram sobre isso?

Se olhavam agora os dois procurando resposta um no outro. Kátia entendia aquela situação. Várias vezes presenciou a mesma cena. O casal se anima, pensa em muitas e muitas coisas, mas é nesta hora que concernem que estão prestes a escolher o perfil de um filho e isso foge ao natural. Talvez seja o ponto mais distinto de uma gravidez, ou seja, de aguardar um filho naturalmente.

Mal sabem eles o que lhes aguardam ao responder essa

parte do cadastro!, pensou consigo a profissional vendo a dificuldade do casal em responder.

— Gio, e então? Fala alguma coisa! — disse Alex para sua esposa, tão desconcertada quanto ele.

— Kátia, nos perdoe, isso não é de maneira alguma irresponsabilidade de nossa parte, é que sinceramente não pensamos — confessou Giovana, sendo absolutamente sincera.

— Vou deixá-los mais à vontade com essa pergunta; digo para vocês que quase todos os casais que vieram aqui estiveram na mesma situação. E isso é natural, porque não estamos acostumados a escolher perfis de pessoas, ainda mais de pessoinhas e que irão viver conosco. É estranho, não? — expôs didaticamente Kátia, comprometida em ajudá-los e prepará-los para o questionário. — Não precisam me dar um perfil completo, mas é preciso que façam esse exercício o quanto antes, antes de responderem as perguntas. Por hora, vocês têm em mente uma criança, um bebê, um pré-adolescente, um adolescente? Que idade encaixaria nas pretensões, na realidade de vocês? — Alex ensaiou falar, mas a assistente social, o interrompeu: — Alex, antes da sua resposta, me desculpe, só uma dica, a maioria dos casais querem bebês, de até 2 aninhos, é a realidade de vocês?

— Bom, Kátia, mesmo entendendo a situação da menina Vitória, quando resolvemos adotar eu naturalmente pensei em uma criança da idade dela. Concorda, Gio?

— Sim, concordo! Eu também, estava pensando por essa faixa etária. Claro, um bebezinho pra mim seria um sonho mesmo. Poder vivenciar todas as fases, desde o comecinho.

— Mas você entende que é muito mais difícil? Estou

aqui para dizer a realidade a vocês — inqueriu Kátia, com expressão bastante educativa e séria.

— Por que, Kátia? — perguntou Alex.

— Porque como vocês vão entender mais à frente no processo, tem um fator, na verdade, uma responsabilidade, instituída pelo Código Civil, chamada Pátrio Poder ou no caso agora, Poder Familiar, já ouviram falar?

— Sim, eu estudei alguns pontos disso na faculdade, e o Alex, acredito que também viu!

— Conheço o termo sim. Nunca tive o interesse em me aprofundar, mas já ouvi muito em reportagens! — completou o marido.

— Ótimo! Então, mesmo que uma mãe e um pai recusem o filho e o entregue para a adoção, ou que o filho seja retirado deles por algum motivo gravíssimo... E olha, não necessariamente os pais, pode ser qualquer familiar, desde que tenha a guarda, a responsabilidade por essa criança... Essa criança só estará apta para ser adotada por uma nova família quando a justiça retirar o poder familiar e entregá-lo aos pais adotivos. E muitas vezes é um processo longo, que pode durar 1 ano ou até mais.

— Mas Kátia, sei de histórias mais antigas de pessoas que adotaram bebezinhos em um período considerável de tempo.

— Isso porque até pouco tempo muitos se utilizavam da chamada "Adoção à Brasileira".

Agora o casal se mostrou confuso.

— Eu explico: muitas pessoas que queriam adotar se

utilizavam de terceiros, às vezes de profissionais de maternidades, às vezes parteiras, que sabiam que a gestante queria dar o filho, e acertavam tudo. Os pais buscavam na maternidade e a mãe nem mesmo via o bebê. Sendo a documentação passada em cartório correndo dinheiro por fora. Ou o mais comum, os interessados se aproximavam da gestante, também por terceiros, e um acordo era firmado ali. De vez em quando, até os medicamentos e os partos eram pagos pelos futuros pais adotivos. Depois que o bebê nascia, a mãe biológica entregava a criança a eles, que registravam como seus. Outra realidade eram parentes darem seus filhos por ligação com o apadrinhamento religioso mesmo. Não podiam cuidar, os padrinhos assumiam, até mesmo vizinhos, por esses rincões afora. Muito disso ocorreu. Por isso esse rigor nas legislações novas que embasam a adoção no Brasil, culminando no Sistema Nacional de Adoção e Apadrinhamento.

— Meu Deus, eu não imaginava a profundidade do tema, nem os pormenores — reconheceu para si Alex.

— Vejam, um recém-nascido poderá em eventual conjuntura ir da maternidade para a casa de seus futuros pais adotivos, se estes aceitarem assim, e cientes que o Poder Familiar e permissão para registro vai demorar um pouco mais e que, durante esse tempo, o juiz decretará que nós da Vara de Infância procuremos por parentes, por alguém que tenha laço familiar com o bebezinho, mesmo que seja em outros graus como avós, tios e até primos. Isso para se evitar que após concretizada a adoção, algum familiar venha requerer na justiça a guarda, causando desgastes emocionais para a criança. Ouviram bem? Para a criança.

— Isso é muito certo! Imagine essa criança já inserida em um lar, na segurança de uma família, ser recolhida novamente a um abrigo para aguardar disputa judicial. Que sofrimento!

— É isso mesmo, Alex, você disse tudo! — exclamou a assistente social vendo que estava sendo plenamente compreendida.

— Kátia, realmente, está caindo a ficha da seriedade deste processo, mas isso me deu mais vontade ainda, porque sabemos que somos capazes de ser ótimos pais e darmos uma vida tranquila e cheia de amor para o pequeno ou a pequena que vier — declarou Giovana, com emoção na voz e entendendo que haveriam de ter paciência também.

— Bom, exposto tudo isso, vocês ainda consideram continuar?

— Sem dúvida alguma, Kátia! — respondeu Alex.

— Que tipo de perguntas vamos encontrar fora a questão de idade?

— Serei sincera, são perguntas que podem pesar no lado emocional de vocês; afinal, pesa para todos. Parecem à primeira vista contidas de uma certa frieza, mas é absolutamente necessário. Lembro vocês que, diferentemente de conceber um filho natural, este processo permite que vocês escolham, que vocês tracem para nós um perfil da criança e é prioritário que o façam para que possamos cruzar e alinhar o perfil de vocês com o da criança para que a adoção seja a mais tranquila possível. É um questionário um tanto quanto chatinho, mas vocês vão se sair bem!

— E após o preenchimento deste cadastro no site, o que acontece? Como saberemos os passos seguintes? — levantou Giovana.

— Ao finalizarem o cadastro, o sistema vai gerar um número de cadastro, um login. Vocês vão acompanhar pelo sistema, mas qualquer dúvida, me liguem! E se tiver alguma informação a mais eu entro em contato. Vai haver uma visita minha à casa de vocês, para ver a residência e conversarmos lá; depois a psicóloga vai agendar uma entrevista com os dois, separadamente. São os passos a seguir.

— E quanto à documentação, Kátia? — acorreu na lembrança Alex.

— Ah, sim, ia me esquecendo, toda a documentação será listada no sistema também. Vocês deverão protocolar comigo aqui junto com o atestado de saúde, assinado por um médico.

— Bom, Kátia, nós te agradecemos por tudo: seu profissionalismo, sua paciência em explicar tudo, em nos alertar. Certamente você está nos ajudando a realizar esse sonho também — disse Alex, demonstrando grande apreço por aquela 1 hora e meia de conversa em um forte aperto de mãos.

— É verdade, Kátia, ficou tudo muito claro pra nós! — disse Giovana, despedindo-se com um abraço.

— Giovana, mas você não desistiu de engravidar, não é? — Agora com curiosidade natural, de mulher para mulher.

— Não, Kátia, entregamos nas mãos de Deus! Será da vontade Dele! O que podíamos fazer, nós batalhamos e fizemos.

— Olha, já aconteceu algumas vezes da mulher engravidar logo após a adoção e às vezes das duas coisas acontecerem juntas! Quem sabe?

— Amém, Kátia, que Deus abençoe! Serão bem-vindos com todo nosso amor!

E se despediram.

Marcaram ali mesmo na porta do fórum de retornarem para casa na hora do almoço e seguirem com o cadastro.

— Aff, eu sempre fico nervoso com esses preenchimentos em sistemas! Sempre tem janelas e dizeres que põe a gente mais em dúvida que na certeza! Gio, espero que consigamos de primeira fazer tudo certinho!

— Preocupa não, Lê! Lido com isso no trabalho, qualquer coisa a gente pede a ajuda da Kátia.

O rapaz seguiu dali às pressas para o sítio e logo após seguiria para a fazenda Rebentão, recém-comprada, checar a quantas ia o início da colheita do café, e havia a preocupação da chegada das frentes frias. Muito trabalho e providência a tomar. Estas épocas para quem tem lavoura é uma conjunção de aborrecimentos: maquinário, mão de obra, preço do café e as previsões de geada. Alex tinha grande confiança em Berto Ferreira, empregado antigo e fiel de seu pai e agora também dele. Participava Berto de todas as decisões e conhecia como poucos os trâmites da seara à apanha e no trato de semoventes. Berto ligara para ele várias vezes naquela manhã, sem sucesso; portanto ligou na casa de seus pais, perguntando do paradeiro de Alex. Euzébio atendeu e descontentou-se na ausência do filho, nas coisas da roça. Pegou então a camioneta e foi procurá-lo. Da casa do filho, passou na loja, findando a busca quase na entrada da ponte que dava para a estrada do sítio. Ao se reconhecerem, frearam de chofre os veículos, quase se chocando pelas frentes.

— Que isso, pai? O senhor tá louco? Como que enfia a camionete na minha frente desse jeito? — interpelou Alex, sentido as pernas amolecerem.

— Ó aqui, rapaz, quem pergunta sou eu! — esbravejou o velho homem, descendo do carro e arrastando consigo toda a autoridade paterna misturada à de um coronel das antigas, em vias de subjugar o rapaz.

— Eita, tô entendendo é nada! O que tá acontecendo, meu pai? Tá me intimando desse jeito por conta de quê?!

— E num foi que o Berto ligou agorinha lá em casa, procurando o belezura aí? — bufou agora o velho. — Me disse que ligou mais de 6 vezes no seu celular, na sua casa e nada d'ocê! Esqueceu dos contratos da panha hoje?

Alex agora suou frio, embora estivesse nervoso e prestes a enfrentar o pai como sempre.

— Puts grilis, caralho! Como que esqueci disso? — E vermelhou, entendendo agora a bronca de Euzébio

— Onde você se meteu agora cedo? — indagou o pai, inconformado com o esquecimento incomum do filho nas coisas do trabalho.

— Oh pai, de fato! Me esqueci por completo! A Giovana e eu fomos ao fórum, cuidar do nosso processo de adoção, e é tanta coisa que esqueci dos contratos... Mas tá em tempo, estava indo pra lá agora!

Euzébio contorceu o rosto em total desaprovação, e não perdoou:

— Ah, eu devia imaginar que essa história de processo pra ter filho ia mexer com a sua cabeça, Lex!

E engatou a primeira crítica de mal gosto:

— Onde já se viu ter que encomendar filho em creche? E ainda mais filho dos outros!

— Êpa, segura a boca aí, meu pai! Me respeita! Eu lhe tenho todo o respeito do mundo, mas o senhor sabe que não tolero desaforos assim.

— Lex, é verdade! Fiquei na minha ontem, mas nem dormi de desgosto... Filho a gente faz na cama, no mato, em motel, não vai buscar em abrigo, não, nem creche, sei lá...

— Pai, agora o senhor passou dos limites! Por Deus, Nosso Senhor, pare de falar bobagem... Quer saber, vai embora pra casa! O que é? Tá achando que não sou homem suficiente pra fazer filho!? — Alex estava abalado, ofendido e extremamente decepcionado com o próprio pai. Pensou em dar-lhe uma bofetada, e o faria se não apontasse, passando como um troça de bois sobre a ponte, Berto com o carro da fazenda. Apressou-se em chegar, antevendo uma desgraça ali em público. Entendeu que fora ele mesmo o culpado por ligar para Euzébio e se arrependeu.

— Minha Nossa Senhora, que desgraceira eu fui arranjar!

Chegou Berto para apartar a discussão, pensando que o problema era o atraso do rapaz, e ouvindo os dois, não entendeu nada que se passava.

— Lex, que tá acontecendo aqui? Pra que isso tudo? — indagou, apartando o capataz.

— Meu pai perdeu completamente o juízo e o respeito por esse trouxa aqui! — disse isso batendo no peito com ódio nos olhos e na voz.

Agora Euzébio apenas mirava seu filho, sentindo-se afrontado e tremendo as pálpebras.

— Eu não falei nenhuma bestagem, não! Só dei a minha opinião! — disse Euzébio, baixando o olhar.

— Dispenso sua opinião, como sempre equivocada e maldosa! — respondeu, desvencilhando-se dos braços de Berto que o segurava. — Eu sei dos meus deveres e tenho minha vida pessoal para resolver. Então, ou o senhor, seu Euzébio, assume os negócios e eu vou cuidar da minha vida, ou o senhor volta embora daqui e me deixa trabalhar em paz?

Euzébio estava ofegante e desejou continuar afrontando o filho, que julgava topetudo. Mas viu Berto gesticular que parasse. E um estalo de bom senso pairou sobre o velho. Ficaram naquele clima por alguns segundos, Euzébio olhou ao redor e viu alguns homens observando a cena da frente do bar e mulheres cochichando do outro lado.

— E então, como vai ser? — interpelou novamente Alex.

— Pelo amor de Deus, ceis são adultos, pai e filho... Não pode brigar assim. Seu Alex, a curpa foi minha, mas eu liguei pro sô Zébio porque me preocupei contigo e com o sítio. Não te achava, homi de Deus! — justificou-se Berto, querendo apaziguar assumindo a culpa.

— Eu sei, Berto! Mas a culpa foi minha mesmo. Eu me esqueci do povo do contrato. Só não esperava que meu pai viesse aqui me tratar como criança e me desrespeitar dessa forma — dizia e olhava retamente para o rosto sisudo do pai.

— Óia aqui, rapaz, eu já falei...

— Chega, chega! Não quero ouvir mais nada hoje.

— Sô Zébio, é melhor eu levar o senhor pra sua casa!

— De jeito nenhum, eu não preciso de babá, consigo muito bem achar o caminho de casa. Vai com ele, Berto. Vai! — E se virando, retornou ao carro. Esterçou o carro com dificuldade, visivelmente abalado e foi para casa.

— Rapaz, como ceis dois pode discutir assim, no meio da rua? Teu pai já é veio, Lex!

— Berto, você é preocupado com ele, eu sei, gosta do pai. É que você não ouviu o que ele me disse por conta da minha decisão de adotar um filho. Doeu, pegou na minha moral! — contou o rapaz, tomando ar.

— Mas que notícia boa é essa? Descurpe, eu num sabia disso! O senhor e a dona Giovana vão adotar um menino?

— Vamos, vamos sim, parceiro! E o pai não demorou pra mostrar o que ele pensa disso.

— Liga pra isso não, importante é o senhor querer. Seu pai vai aceitar de boa! Ele gosta demais do senhor!

— Será, Berto? Essa é a hora da verdade! O pai me controlou, de certa forma, a vida toda, e mesmo conhecendo as intolerâncias dele, desta vez ele exagerou... Por favor, não conte nada pra minha mãe, nem pro tio Ernesto, que certamente vai se arranchar no trator, como sempre.

— Podeixá , seu Alex! Boca Fechada! — afirmou Berto, sentindo o patrãozinho mais sereno. — E vamo comigo, seu

Alex, o pessoal está lá impaciente!

Enquanto isso, entrava batendo a porta pela cozinha, Euzébio. Mariana veio assustada:

— Achou o Alex! E pelo visto, discutiram!

— Aquele topetudo do seu filho me enfrentou no meio da rua. Precisava ver ele gritar comigo!

— Eu não acredito, Zébio! Por quê?

Euzébio se manteve em silêncio, enfunando, andando de um lado para o outro, com o chapéu na mão, batendo-o na perna direita. Mantinha os olhos acelerados, de um lado para o outro, sob tensão.

— Fala, homem de Deus! Olha que consumição você está!

— Me deixa, Mariana, preciso pensar! Eu também não freio a língua! — E se bateu com o chapéu na testa.

— O que você foi falar pro Lex? Você sabe também como instigá-lo. São dois bocudos!

Nisso veio pelo corredor Alessandro. Estava no quarto trabalhando em um projeto. Viu que o pai andava para lá e para cá. Olhou para a mãe e percebeu-a também aflita.

— Que houve? Vocês estão com umas caras! Fala, pai!

— Eita, lá vem o outro? Não é nada, Sandro, vai cuidar da vida, vai! — respondeu de forma grosseira o velho.

— Ah, nem precisa contar nada, aposto que brigou com o Alex! Acertei?

— Claro, meu filho, e tem algo neste mundo que deixa seu pai mais arretado do que isso? — ironizou Mariana. — E tá aí, não quer me contar o que foi.

— Desembucha, seu Zébio! — provocou o filho mais novo.

Euzébio suspirou, olhando para cima, e disse:

— Eu quase bati no carro dele, mas foi sem querer. Demos um encontrão lá na entrada da ponte estreita. E eu cobrei ele mesmo, ora! O Berto estava igual um maluco atrás dele a manhã toda. Hoje é o dia de acertar os contratos do pessoal que fará a panha e o Lex simplesmente esqueceu... Ele não é disso!

— Pai, o Alex é um homem de muitas obrigações, está tudo com ele agora. Aposto que aconteceu algo que o impediu de lembrar.

— Aconteceu! Ô se aconteceu! Adivinha? — exclamou, trazendo a raiva de volta.

— Mas fala homem! — implorou Mariana com a paciência no limite.

— Ele estava lá no tal do fórum resolvendo aqueles assuntos pra adotar filho.

— Misericórdia!

Mariana se alterou em razão.

— E aposto que você o repreendeu por isso, né? E certamente falou absurdos. Que vergonha, Zébio! Teu filho e tua nora precisam de apoio, não de críticas.

— Pai, deixa o Alex ter o filho da maneira que ele achar melhor, qual o problema? — repeliu o caçula.

— Problema? Será possível que vocês sejam tão sangue de barata assim? Eles são sadios, podem arrumar filho do jeito certo como qualquer um... Pra que inventar isso? Trazer uma criança de rua, filho de sabe lá quem, pra dentro da casa deles e da nossa!

— Ah, não, Zébio, isso que você tá fazendo e falando é pecado! Deus castiga a gente por pensar desse modo.

— Eu tô sem palavras, pai! Parece que tô ouvindo o tio Ernesto falar.

— Olha lá o respeito, moleque! Não me compare com aquele polha do seu tio!

— Mas é verdade! Não dá pra acreditar que um homem correto, trabalhador, que nos deu tudo de bom, inclusive uma boa educação, pautada no respeito alheio, pense dessa forma. — ponderou Alessandro de forma enérgica.

— Sandrinho, preste atenção! Seu pai aqui até acha isso um gesto cristão, mas com os outros fazendo...

Enquanto discutiam arduamente em família, Nando acabara de chegar e, ouvindo vozes alteradas, entrou sorrateiro para sondar a conversa.

— E o que o senhor falou pro Lex? Hã? — continuou Mariana, aflita.

— Falei que essa história de adoção ia deixar ele distraído e...

— E?

— Conta pai!

— Disse que filho a gente faz na cama e não em abrigo! Pronto, falei! Olha, eu não pensei nos argumentos na hora.

— Ah, você não disse isso, Zébio? Imagino o que meu filho está sentindo agora. Você não tem esse direito, ouviu?

— Pai, o senhor foi cruel! — acrescentou Alessandro. — Por isso eu já disse e repito: eu nem filho quero ter.

— Pois vocês dois não honram o que tem no meio das pernas!

— Ah, vai engrossar pro meu lado? Pai, eu sou mais cuca fresca que o Lex, não me importam as suas esculhambações!

— Chega, Zébio! Não quero mais ouvir seus despautérios! Ouça bem o porquê disso você não sabe; se soubesse, quem sabe teria um pouco de misericórdia... O Alex não teve filhos até hoje porque a Giovana estava doente!

— Sério, mãe?

— Sim. Esse ano que ela descobriu ter endometriose. Acho que até por culpa minha e da mãe dela que ficamos falando pra ela ir no Dr. Meira o tempo todo. Vejam só, a moça tinha isso e ele não diagnosticou; foi preciso deles irem numa médica em Ribeirão.

— Agora faz sentido, tudo! — constatou Alessandro. — O mano sempre quis ter filho!

Euzébio se pôs reflexivo, envergonhado, mas tentava se manter firme. Sentou-se na poltrona ao lado da janela e disse:

— Ele não confiou na gente pra contar. Por quê?

— Pra evitar sofrimentos e palpites na vida dos dois. Exatamente o que você acabou de fazer com ele. Graças a Deus, ela está curada!

— Então, Mariana, se ela está curada, por que não esperam a gravidez?

— É, mãe, nisso eu concordo com o pai! Não entendi agora, se está tudo certo agora, por que vão adotar?

— Filho, por que eles se sentiram chamados pra isso,

qual o problema?

— É, e nessa história de chamado, vem o Padre e a igreja. Sempre assim! — disse Euzébio, fazendo cara de deboche. — Quanto tempo o Lex ficou chorando pelos cantos por conta daquela moça que sumiu. Até hoje eu sinto meu sangue ferver quando lembro. Agora vem isso!

— Vocês estão virando as costas para o que o Lex tem de mais especial que é a fé dele. Zébio, a vida não é só trabalho, dinheiro e nome. Mas quer saber, vou ligar pra ele, tenho certeza que ele está precisando de mim — disse Mariana com todo zelo e amor pelo filho.

— É, tá certo, mãe, liga pro mano! E deixa eu tomar rumo também — falou Alessandro, encaminhando-se para a porta.

Euzébio ficou ali sentado, olhando para fora da janela imerso em suas rabugices. Então, de relance, Nando se fez notar, apontando a carona por trás da parede da cozinha. Ouvira tudo e se deliciava com as notícias.

— A bença, tio Zébio! — Assustando o tio, que o fitou zangado.

— Bençoe! De onde você saiu, espírito de porco? — perguntou com repreensão. — Faz tempo que você estava aí?

— Não, tio, acabei de chegar... Eu até chamei, mas ninguém respondeu e a casa está aberta, então pensei em encontrar a tia Mariana aqui na cozinha...

— Tá, tá... Fala, o que precisa? É comigo?

— Bom, na verdade, eu cheguei de Água Bela ontem à noite e o pai mandou perguntar se vai precisar dos serviços dele lá no sítio agora, começando a apanha?

— E por que ele mesmo não veio?

— Ele chegou tarde ontem. Pegou carga pra levar em Franca; tanto que ele me ligou ontem mais cedo pra me pedir esse favor.

— Oxi, o Alex já estava até imaginando ele lá no sítio hoje, eu acho! Avisa ele pra ir amanhã já e procurar o Berto com o Lex.

— Tudo bem, eu falo! Obrigado! — Acenou que ia sair, no entanto a curiosidade em se meter na vida alheia, em especial na vida do primo Alex, segurou-o reticente na sala.

— Tem mais alguma coisa, Nando?

— Desculpa tio, é que ao entrar na cozinha vocês ainda falavam e ouvi que o Alex vai adotar um filho? — E impôs um sorriso amarelo, esperando a reação do tio.

— Que mania feia que você e seu pai tem de ouvir conversa atrás da porta, sô! Eu já tinha atinado nisso, quando vi você apontar ali.

Nando corou de vergonha, mas como todo cínico, aguentou-se.

— É, desculpa mesmo... Então eu vou indo...

— Não, fica! Não quer saber da história? Te conto, pegue uma cachacinha da boa lá no armário e senta aqui.

Na mesma hora o sobrinho regateiramente obedeceu.

— Eles me crucificam aqui em casa, mas você é mais desprendido nessas coisas — iniciou, estendendo um copo pequeno de prova para o sobrinho encher. — Teu primo e a mulher decidiram adotar um filho. Entendi que a Giovana esteve com problemas nesses anos, mas agora está curada, está bem. Porém fizeram até uma reunião pra nos contar!

— É tio, eu prefiro mesmo ter filho à moda antiga... — Sabia que cutucaria o velho e instigaria mais ainda o tio contra o primo. Sempre foi assim. Então, sordidamente, continuou: — Eu já ouvi muitas histórias aí que, olha... Deus me livre e guarde de criar filho dos outros! O Alex e a Giovana enlouqueceram, não sabem da dor de cabeça que vão ter. Em especial depois que crescem.

Por sorte ou azar do destino, foi Giovana quem chegava agora. Chamou, chamou, bateu na porta, apertou a campainha, porém se lembrou que estava desativada. Na sala, tio e sobrinho estavam hipnotizados na prosa e na cachaça, não ouviram ela bater. Mariana, teimava ao celular, fechada em seu quarto, tentando falar com Alex. A moça ergueu os ouvidos quando entrou e ouviu seu nome e o de Alex na conversa. Reconheceu as vozes e viu a cabeça calva e o cabelo raleado de Nando por cima da poltrona. Intuiu então:

— Aquele rato do Nando está enchendo a cabeça do seu Euzébio contra nós.

E se fazendo quase invisível na antessala, continuou ouvindo...

— Tenho um conhecido lá em Água Bela que adotou, faz muitos anos, coisas da mulher dele. Não tinha uma vez que nos encontrávamos que ele não se queixava do trabalhão que o filho estava dando.

Euzébio se ajeitou na poltrona, completamente assustado e hipnotizado com a história.

— No começo é muito bonito, gostoso e tal, dizia ele, mas quando o pirralho pegou seus 10 anos, o inferno começou. Alguém contou pro menino na escola que ele era adotado. Ah, tio, o moleque pirou! Hoje tá largado nas drogas. Ouvi de outro amigo que já foi até preso.

O coração de Giovana sangrou ouvindo aquele discurso. Não apenas pela maldade de Nando, mas pela gravidade daquela história e prevendo a bolha de desgosto e o medo que certamente seu sogro estaria erguendo em torno de si naquele exato momento.

— Que história, Nando! É, isso que me apavora! Dar meu nome a uma pessoa que não sei de onde veio, de uma estirpe qualquer, isso pode acontecer parecido na nossa família. Meu Deus, pensa bem sermos apontados na rua aí como os avós de um drogadito, delinquente; ou pior, já estou vendo o povo se referir a ele como o neto bandido do Euzébio França. A gente leva uma vida pra construir um nome e por conta de uma decisão idiota de um filho, tudo vai pra lama. Moral é tudo!

— É, tio, eu concordo com o senhor! — Apimentou Nando. — Se o Alex e eu tivéssemos mais proximidade, eu aposto que tirava isso da cabeça dele!

— Mas tente, tente, tô pedindo! Mesmo se ele não quiser te ouvir, conte essa história perto dele! Nunca imaginei que teria em você um aliado; mas te confesso que eu estou preocupado demais!

Nando conseguiu o que queria e pensava em talvez lucrar uma recompensa, quem sabe? Tendo as graças do tio agora. Se eu conseguir convencer o Alex a mudar de ideia, quem sabe não ganho de vez a confiança do tio?, engenhou de imediato.

Giovana não acreditava no que ouvia do sogro! Nutria estima por ele. Sentiu-se mal. Retirou-se devagarinho, sem deixá-los perceber. Não mensurava se sentia raiva, desgosto ou decepção pelo sogro; do Nando tinha nojo. Crucialmente, esbarrou em Alessandro que voltava para apanhar o caderno de medições que esquecera no quarto. Deram de topo na pequena escada da área. O jovem instantaneamente captou algo muito errado com a cunhada.

— Giovana, o que foi? Está chorando? Está gelada, tremendo... Tá sentindo mal? — E a amparou com o braço direito, trazendo-a de volta à área. Ela não falava nada. — Senta aqui... Espera, vou pegar água pra você.— E entrou às pressas, alardeando o pai e o primo que se punha em saída.

— Gente, a Giovana saiu daqui passando mal e vocês não viram?

— Giovana? Quando? — perguntou alarmado Euzébio.

— Pai, topei com ela descendo a escadinha da área aqui, branca, tremendo, acode ela lá! Vou buscar um copo d'água!

Foram às pressas os dois. Giovana ao vê-los se aproximar sentiu repulsa, mas ainda conseguiu se controlar. Eles se olharam desconfiados, temiam que ela tivesse ouvido a conversa.

— Prima, que tá acontecendo? — inquiriu Nando, embaraçado, já aguardando atitude hostil por parte da moça.

— Filha, Gio, você me parece sentir dor, quer que chame um médico? — falou o sogro, realmente preocupado com ela.

Mariana surgiu ávida pela porta e veio em socorro da nora:

— Gio, tá tudo bem? Responde, querida!

A moça respirou, tomou o copo d'agua da mão de Alessandro, que chegou apressado, bebeu um gole, respirou. Não queria olhar para Nando.

— Eu estava subindo a escada e senti uma tontura forte e tudo rodou; foi quando o Alessandro me segurou. — E bebeu mais um gole de água.

— Minha nossa, sua pressão deve ter caído, você está gelada! Vem cá, vamos para o meu quarto. — E cingindo a moça pela cintura, Mariana a levou para o quarto e se encarregou de chamar o médico, embora Giovana dissesse estar melhorando.

— Você veio atrás do Alex, minha filha? — perguntou a sogra.

— Sim e não, dona Mariana; dois pacientes desmarcaram, então saí mais cedo, só que eu deixei o telefone em casa hoje cedo. Vim ligar pro Lê... Nós combinamos de nos encontrar em casa para cuidarmos dos termos do processo na hora do almoço. Fomos hoje cedinho falar com a assistente social. — E reclinou no travesseiro, tentando não pensar na conversa que ouvira na sala.

— Tá bom, então descanse um pouco, vou trazer algo salgado pra você ingerir. Vai melhorar! Sabe que estava tentando também falar com o Alex, mas acho que ele deixou o telefone na caixa postal e não deve ter ninguém no escritório do sítio; ninguém atende!

Na sala, inquieto, permanecia Nando, preocupado. Foi

até o tio e disse:

— Tio, será que ela não escutou nossa conversa não?

O velho respondeu:

— Não, pelo menos acho que não! Se ela tivesse aberto a porta e entrado, nos ouvia. Não é possível! — Mas ergueu as pestanas em sinal de que não garantia nada.

Nando então se apavorou e começou a maquinar como se safaria com o primo se ela o entregasse. Certamente dessa vez partiria sua cara. Pessoas egoístas e invejosas jamais confiam em atitudes boas e generosas, entretanto, lá no quarto, Giovana estava afoita, pensando em não preocupar seu marido. Sabia que Alex desta vez não pouparia o primo mau-caráter e não perdoaria o pai se ela contasse.

— É melhor sustentar o que falei lá fora pra eles e ir embora. — Queria somente falar com sua mãe. Ela daria um conselho sábio.

Passados 40 minutos, Giovana se sentia melhor, porém Dona Mariana trouxe uma canja bem reforçada, feita na hora e logo a moça corou novamente.

— Gio, acho que o Lex tinha esquecido que hoje era o dia de fazer os contratos da colheita do café. Dificilmente ele vai voltar na hora do almoço. Vou tentar ligar de novo e avisar que você está aqui...

— Deixa, pode deixar, dona Mariana! Eu já estou melhor e contar pra ele só vai deixá-lo mais preocupado. De fato, ele se esqueceu. Acho que ficou tão animado de irmos ao fórum que deu branco. — E docemente sorriu.

— Eu imagino, filha! De coração, eu estou muito feliz

por vocês e torcendo pra que esse processo seja rápido! —

— Obrigado, dona Mariana! O carinho da senhora está refletido em seu rosto e neste seu carinho comigo... — E, entristecendo-se, completou: — Eu ficaria muito grata e feliz se o Seu Euzébio demonstrasse o mesmo gosto. E não precisava ser comigo, não! Se fosse apenas com o Lê eu já estaria satisfeita.

Mariana percebeu nas palavras da moça que algo tinha acontecido minutos atrás. Lembrou-se de ver Nando na área e onde o sobrinho estivesse, alguma coisa mal feita se sucederia. Porém com a sabedoria que lhe era peculiar, preferiu não especular Giovana, mas o marido, esse não lhe escaparia no momento oportuno.

Alguns instantes depois, Alessandro a levou de carro para casa de seus pais, não muito longe dali.

— Sandrinho, Obrigada! E por favor, lembra a sua mãe de não contar nada ao Alex, eu mesmo conto quando ele chegar.

O cunhado consentiu com a cabeça e assim o fez. Nando, desapareceu assim como chegou, deixando Mariana mais desconfiada que algo torto ocorrera naquela sala. O celular dela tocou, era Alex.

— Mãe, tá tudo bem por aí? Vi chamada sua aqui.

— Filho, seu pai chegou espumando aqui, disse que vocês se desentenderam. Como você está? Seu pai te ofendeu, filho? — acorreu em perguntas, mal deixando o rapaz falar.

— Ah, mãe, aquilo que eu já esperava, mas desta vez caiu muito rápido a máscara. Me falou uns absurdos que nem vou repetir — contou Alex, bem mais calmo.

— Filho, não se aporrinhe com as frescuras e as bobagens de seu pai. O Sandrinho e eu estamos contigo! Fica calmo, esqueça disso! — consolando-o com todo ímpeto vocal.

— Tá bom, mãe! Claro, eu sei disso, amo vocês! Me faz um favor, não tô conseguindo falar com a Gio. Acho que ela desligou o celular e ela não está no trabalho. Ela passou aí?

— Sim, filho. Passou, exatamente pra ligar pra você. Ela esqueceu o telefone e a casa de vocês a pé é longe...

— Então, nós tínhamos combinado de irmos pra casa após o almoço, mas hoje não tem jeito, não. Tem muita gente aqui. Avisa ela, por favor?

— Já avisei ela sobre isso. Ela foi pra casa de seus sogros, vai almoçar lá. — E não revelou sobre o mal-estar da nora, conforme a mesma pedira. E se despediram.

Seu Honório, adorava ter a filha presente com eles na hora do almoço. Conversavam muito sobre livros e sobre plantas. O velho pai sempre encontrava na filha uma ouvinte interessada, diferente de Giuliano, avesso àquele assunto.

Logo que avistou a filha pela janela, alegrou-se:

— Leila, nossa filha tá chegando!

Foi direto ao encontro dela. Ao abraçá-la, percebeu suas mãos ainda um tanto frias.

— Nossa, minha filha, tá com a pressão baixa? Que mão mais fria! — interpelou Honório, pondo-se apurado.

— É, pai, minha pressão deu uma caída, sim, passei da farmácia e aferi, tá 10 x 6. Mas tomei um caldo bem temperado da dona Mariana, acho que estava até mais baixa antes.

— Vem, vem se deitar no seu quarto! — Segurando a filha ainda desorientada ao andar.

Leila, sua mãe, veio correndo. Sentiu que a filha não estava bem.

— Meu anjo, não é melhor ligar pro médico? — perguntou Leila.

— Não, mãe, só preciso descansar. — E dirigiu-se para a cama, encontrando aconchego para o corpo e para o pensamento.

Leila terminou o almoço e o serviu em bandeja. Com grande cautela, entrou no quarto e chamou por Giovana, que demorou a acordar.

— Filha, trouxe a comida aqui pra você!

De carinho de mãe nunca se deixa de gostar. Giovana arqueou o corpo para frente, afastando o lençol e amou sua mãe com o olhar.

— Mãe, só a senhora mesmo! Era só me acordar e me chamar. Onde já se viu te dar esse trabalho?

— Que nada, minha filha. Isso agora pra mim é um luxo... Ter você e seu irmão em casa pra mimar. — E abriu um saudoso sorriso. Leila estava preocupada com a filha, sabia que quedas de pressão muitas vezes têm a ver com fortes emoções. Sabedoria de mãe deveria vender na farmácia para a gente comprar e tomar que nem vitamina.

— Giovana, você nunca foi de ter quedas bruscas de pressão. Aconteceu alguma coisa hoje de manhã?

— Como esconder algo de você, mãezinha? Nunca pude! — E contou tim-tim por tim-tim.

Leila se apossou de uma náusea raramente sentida em sua vida e quando a filha terminou, pensou em atitudes violentas que jamais entrara em seus pensamentos. Pensou na filha, ali, ouvindo aquelas barbaridades.

— Olha, Giovana, eu sempre soube que seu sogro era dado a preconceitos e soberbas. Não é flor que se cheire! Desde moço, ele sempre foi assim: um homem sério, honesto sim; mas de coração duro. Seu pai sempre me disse que sentia pena do Alex, por ser tratado como um camelo. E a cidade inteira sabe como ele trata o restante da família; os irmãos principalmente. Ele escorraçou a irmã Edna da casa dele quando ela voltou pedindo ajuda, após o marido passar tudo pro nome dele, a herança toda da mulher, e fugir com uma amante. A Mariana, que contornou a situação dando uma casa que era da família dela pra nora morar em São Paulo. E aquele outro, o pai desse Nando aí, perdeu tudo em jogo e o Euzébio só o ajudou porque a mulher do irmão estava muito doente, como até veio a falecer muito nova, e os filhos eram pequenos. Seu sogro comprou um caminhão e deu pra ele trabalhar. No entanto, o trata como cachorro. Eles ficam lá em volta porque não tem vergonha na cara, mas falam pelas costas.

— Minha nossa, eu sabia que havia rixas na família do Lê, mas ele nunca entrou nesses detalhes comigo. — Reconheceu, incomodada em descobrir Giovana.

— Também pudera, filha! O Alex sempre se diferenciou de tudo isso, por caráter e por religiosidade. Essa é que é a verdade!

— Mas tudo tem limite, e seu sogro está superando todos com esse pensamento preconceituoso. Seu pai e eu estamos tão contentes com essa atitude de vocês. Sangue não importa,

importa o coração. E a prova disso são os próprios Alex e Euzébio, filho e pai, mesmo sangue e tão diferentes em pensamentos, valores, fé e dimensão de amor. Será que ele não pensa nisso?

— O que está me incomodando aqui dentro é a história que aquele rato do Nando contou. Me tirou a paz, porque ficamos tão maravilhados com a possibilidade de adotar que não pensamos nessas hipóteses de algo dar errado...

— Como assim, meu bem?

— E se quando revelarmos pra nosso filho que ele é adotivo, ele se revoltar, da mesma forma que o menino da história? E se não soubermos lidar com isso e tudo der errado?

— Mas quando se tem filhos, meu anjo, mesmo vindo eles de forma natural, coisas erradas e acidentes de percurso podem acontecer. Ninguém está livre disso, por mais que almeje e planeje. Ninguém nos dá um manual de como criar os filhos — falou incisivo Honório, entrando no quarto.

— Seu pai falou tudo! Quando nos casamos, assumimos um compromisso de educar você e seu irmão na fé, mas não só na fé, também nos valores morais, culturais, familiares etc. Educar é se envolver, estar perto, aconselhar, ensinar, ouvir e tudo vai acontecendo simultaneamente, e se tudo for doado, não dado, com amor e respeito, a criança aprende e não haverá decepções ou descobertas que irá apagar ou tirar de dentro dela — concluiu Leila.

— Giovana, quando a gente coloca amor de verdade, tudo concorre pro melhor! Agora, se os pais viram pais helicópteros, rondando o filho em tudo, mimando, cercando para que não tropecem, isentando os filhos de preocupações, impedindo frustrações, é óbvio que esse ser humano vai sofrer, vai pensar que tudo tem que ser dado sem esforço, e que ele tem direito a tudo. Vai querer até se drogar, porque não saberá resolver seus problemas sozinhos, não saberá lidar com as negativas da vida, as desilusões das escolhas. Porque a vida é dura, ela exige de todos, é a regra natural das coisas. Pais que fazem isso não estão amando de verdade — disse Honório, acariciando o rosto contemplativo da filha. — Outra coisa, Gio! Existe uma idade certa pra se contar a um filho do coração que ele é do coração. Caberá a vocês pensarem nisso com seriedade quanto pais, serem claros, verdadeiros com ele. Aí sim, não haverá perigos de revoltas. O filho de vocês merece ser respeitado no direito à verdade — completou o pai.

— O senhor tem toda razão, meu pai! Como pude ser tão sentimental e boba?

— Vocês terão que ser fortes na posição de vocês, porque ainda ouvirão muitas idiotices por aí. Mantenham-se fortes e perseverantes, tá na Bíblia — aconselhou Honório, saindo do quarto.

— A senhora acha que devo contar pro Alex sobre a trama do meu sogro com o Nando?

— Sinceramente? Não! Eu penso que esse Nando pode tentar de toda maneira que for tocar nessas histórias com seu marido em vão. O Alex é homem de força, de convicção. Toque você mesmo no assunto de adoções malsucedidas com ele em casa. Certamente vocês vão ouvir muitas histórias com o mesmo final trágico no próprio processo... Quanto ao seu sogro, o máximo que ele conseguirá é bater novamente de frente com o

Alex, e isso o Alex mesmo já espera.

— Mãe, o que seria de mim sem o conselho de vocês? — E abraçou forte sua mãe, que respondeu:

— Vai aprendendo, minha filha, isso é ter filhos!

Em um dia tão conturbado, foi impossível que o casal conseguisse sentar em frente ao notebook após o jantar e efetuar o cadastro. Mas conversaram. Outras questões haviam de ser mastigadas e digeridas antes de enfrentarem o processo.

Giovana seguiu o conselho da mãe e trouxe o assunto das dificuldades enfrentadas por pais adotivos. Para a surpresa dela, Alex reportou que seu primo aparecera à tarde no escritório do sítio parabenizando-o pela atitude da adoção. Contou que soubera da notícia pela manhã através de seus tios.

— Aquele falso! — iniciou Alex, repulsivo. — Acha que aquele sorrisinho me compra? Eu não sei, não consigo ser benevolente com o Nando, tudo nele me parece falso e perigoso...

Giovana apenas escutava.

— Me disse que ficou feliz por nós, que nossa atitude era exemplar, e depois de fazer rodeios com conversa fiada, jogou seu veneninho. "Ai, primo, mas vocês não sentiram medo, quando começaram a pensar em adotar? Não, porque eu conheço gente aí que teve problemas com o filho depois de crescido. Vocês pesquisaram histórias por aí?".

— E você só ouviu, amor?

— Eu cortei logo de cara. Esperei ele destilar todo o veneno, fiz até uma cara de quem estava se impressionando e arrematei: "Bom, meu primo, essa sua preocupação conosco é por experiência própria em criação de filhos?". Só vi os olhos dele se arregalando pra cima de mim, e eu continuei: "É, porque se for, a Giovana e eu podemos usar pra saber o que realmente não devemos fazer".

Giovana desatou em sonora gargalhada:

— Você disse isso?

— Disse, com a maior calma. Ele se azedou: "Ó Lex, que isso? Vai me esculachar assim? Tô aqui querendo te ajudar, meu irmão?". Ao passo que retruquei: "Ah, sua ajuda e seu exemplo eu dispenso, Nando! Você acha que não sei como você educa seu filho lá em Água Bela? Que tanto você quanto a folgada da sua mulher largam aquele menino a Deus dará? Que até roubando na escola ele andou?".

Giovana ouvia tudo, interessada.

— Ele reagiu com um "eita, como você soube disso?" pondo o dedo sobre a boca me mandando falar baixo, sabe? Mas eu continuei, peguei a raiva que eu estava do pai e joguei nele: "Você esquece que tem tio fazendeiro e famoso na região, né? Que eu vendo pra gente de lá, que conhece a gente e conhece a família, sabe que teu filho é sobrinho-neto do Zébio França". Bem, ele se virou de costas pra mim, vermelho, e me falou: "Você tá bravo com seu pai e tá descontando em mim. É a segunda vez que faz isso!". Eu emendei: "Então até da minha briga com o pai você já se informou? Então já se informou da posição dele também? Não tem vergonha, Nando? Eu queria ver qual seria a reação do pai se eu contasse essa história de roubo na escola, hein?". Gio, quando eu disse isso, aí que ele tremeu, acho que não passava nem um fio pensamento pelo fiofó dele. Então ele retrucou: "Você conseguiu, Lex, me humilhou, mas não fala nada disso pro tio, não, senão vai sobrar até pro meu pai!". Então eu senti pena, maneirei o tom e respondi: 'Não quero te humilhar, não, quero só que você cuide de sua vida. Macaco senta em cima do rabo e fala dos outros, não é? Vamos encerrar essa prosa!".

— Amor, você pôs ele no lugar dele. Foi demais! Não gosto dessas coisas, mas ele mereceu! — Giovana, na verdade, vibrava de alegria com a atitude do marido. — Deus é muito bom! Ele livra das armadilhas aqueles que confiam Nele! Obrigada, obrigada Senhor! — Agradecia em seu íntimo. Não comentou da conversa que ouvira de manhã na casa dos sogros. Guardou para si.

— Agora, eu entendo que seremos marinheiros de primeira viagem como todo o casal. E os problemas comuns na criação vão se apresentar e nós vamos enfrentar, resolver e aprender até mesmo com os erros. Não podemos ficar imaginando eventos, se fosse assim, ninguém teria filhos, como também ninguém se casaria — explanou Alex, retornando a questão da educação e futuro do filho. — Amor, qualquer adolescente pode se desvirtuar e entrar nas drogas, ou na delinquência, se não tiver limites claros desde pequeno. E eu penso que o certo é contar à criança quando ela for iniciar a vida escolar. Porque é batata: aqui todo mundo sabe da vida de todo mundo, a cidade nossa é pequena. Vai que um coleguinha ouve um comentário dos pais e solta isso pro nosso filho? Pronto, já teremos problemas!

— Amor, como você pensa em tudo e com praticidade! Olha, estou me convencendo mesmo que você foi feito pra ser pai adotivo — disse Giovana, encantada com a facilidade de entendimento do marido sobre questões sérias. Isso porque ela nem contara sobre a história que ouviu de Nando, e que a deixou tão abalada.

— Ué, Gio! Lembra o que a Kátia nos disse sobre ponderar a razão sobre a emoção. E temos que pensar positivo. Como vamos enfrentar um processo desse se, ao mesmo tempo, ficarmos imaginando, tateando no escuro, problemas futuros. Não, isso é sabotagem emocional.

— Você está certíssimo, meu amor! — concordou Giovana.

— Amor, a faixa etária que vamos colocar será a da Vitorinha mesmo? De 0 a 4 anos?

— Olha, Lê... Bem, na verdade entendi perfeitamente que é muito mais difícil recém-nascido, mas um bebezinho seria tão bom! Não é? — expressou Giovana, viajando pelo mundo maravilhoso e encantado dos bebês: roupinhas, sapatinhos, mantinhas, macacãozinhos, pequenos acessórios... E se fosse menina então? Ah, quanta coisa!

— Não sei bem, dificilmente chegará em nós recém-nascido, pelo que entendi, mesmo que seja um pequenito, vai chegar pra nós com uns 2 aninhos, até 3. Eu penso assim, podemos colocar até uns 4 aninhos, como a Vitorinha, e se for pra ser recém-nascido, Deus nos mandará.

A esposa então pôs-se a refletir, coisa de alguns minutos, para a impaciência de Alex.

Como nós homens somos práticos? Ela vai sofrer agora por conta dos detalhes!, refletia consigo, sem querer se intrometer nas ideias de Giovana.

— É, Lê, acho que você tá certo!

— Gio, tudo pode acontecer de bom! Vamos direcionar as escolhas assim?

— Vamos, meu amor! E quais serão as outras perguntas desse questionário?

— Amanhã a gente descobre! Vem aqui, minha rainha... — E sobrou paixão no restante da noite. Não houve cansaço que detivesse a brasa do casal. Foi-se a noite e um dia quase completo.

Por fim, era agora a hora de acarear o Cadastro Nacional de Pretendentes.

Sentaram os dois em frente ao notebook na escrivaninha da sala. Ansiedade pulsante e latente, de fazer doer a barriga.

— Coragem! — disse Alex. — Vamos rezar uma Ave Maria.

Assim o fizeram.

No papel dado pela assistente social havia em negrito o endereço do SNA, página do CNJ (Conselho Nacional de Justiça).

— Lá vamos nós! — exclamou Giovana junto ao marido, tendo em mãos uma caneca de chá de erva cidreira bem quente.

— Abriu! Ah, deu certo! Peço ao Espírito Santo que nos auxilie nas respostas! — Rezou ele, olhando para ela. A tela se montou na frente deles, apresentando o layout conforme havia explicado Kátia. Pedia, em janela maior, login e senha, porém no alto direito da tela estavam lá as 3 opções dadas pela assistente social: "Pré-Cadastro de Pretendentes", "Acesso a Pretendentes", e "Estatísticas". Clicaram no primeiro para fazerem o cadastro. Uma página transitória de segurança se abriu, solicitando a soma de dois algarismos. Assim o responderam, dando a soma igual a 9. Abriu-se, então, uma nova página, destacando um grande cabeçalho informativo sobre o item "Tipo", a mesma explicação dada pela assistente social quanto às opções: municipal, estadual e nacional.

— Hum, disso já estamos a par! — disse Alex, descendo mais o cursor da página. Ali viram destacado e enunciado "Registro de Pré-Cadastro de Pretendentes" e logo abaixo, mais 3 enunciados "Característica do Pretendente", "Dados do 1° Pretendente" e "Característica da Criança/Adolescente".

Depois, solicitava-se, como também já informado, o "Tipo" e na frente um campo para seleção. Clicaram e marcaram a opção estadual, neste então, fez-se listas as opções na horizontal, um marcador em forma de quadrado para cada estado da federação e um outro que marcava todos. Se entreolhando, marcaram os estados de São Paulo e Minas Gerais, conforme pré-definido. Feito isso, observaram um novo campo para seleção: "Casado: SIM ( ), NÃO ( )". Clicaram no sim e abriu-se um campo solicitando a data de matrimônio.

— Bom, até aqui tudo bem! — observou Giovana.

Alex então clicou na janela com seta à direita escrita: "Próximo", e o "Cadastro para o 1° Pretendente" se abriu. Nenhuma surpresa foi notada, eram perguntas pessoais incluindo documentos e endereço.

— Mamão com açúcar! — exclamou ele ao terminar o

seu. — Agora é você, amor! Vai ditando seus documentos pra mim! — solicitou ele, animadamente.

E assim procederam sem nenhuma dúvida ou hesitação.

— Agora é ele, o cadastro da criança. Vamos ver o que nos reserva! — declarou Alex. Estavam nervosos.

Quando abriu a tela do cadastro, viram que a primeira questão era a faixa etária. E começaram a responder: "Idade Mínima; Idade Máxima: 0 a 4", colocaram eles.

Quantidade máxima a ser adotar foi a próxima. Fácil, queriam apenas uma criança.

De que gênero? Sem problemas, menina ou menino, tanto fazia para eles. Selecionaram a opção "Sem Preferência"

"Aceita com Deficiência Física?". Houve pausa e conversaram:

— Ave Maria, que pergunta, hein? — falou Giovana — Lê, o que a gente põe?

— Gio, eu até imaginei que seria perguntado algo assim, mas pegou na fé essa!

— Muito! É claro, amor, que se fosse vindo de uma gravidez e eu soubesse que teria problema, eu teria nosso filho sem pestanejar... E sei que você concordaria comigo — declarou ela com a mão no coração.

— Mas temos que lembrar, amor, que há doenças e doenças. Umas são tratáveis outras não. E se for algo que exija extrema diligência de nós, um acompanhamento 24 horas por exemplo? Uma grande dedicação mesmo?

E entraram em conflito com aquela pergunta.

— Calma, vamos lembrar das explicações e conselhos

da Kátia — ponderou Alex. — Me lembro que ela falou sobre o poder da escolha, que é grande diferencial quanto à gravidez natural. E que temos o poder de escolha. — Temos que raciocinar quanto às reais condições nossas em todas as dimensões.

— Ah, Lê, mas vamos combinar que isso entra muito nos nossos valores cristãos . Não estamos escolhendo uma mercadoria, é uma criança!

— Nossa, mercadoria! Você me apertou agora. Me sinto pior! — exclamou ele, levantando subitamente da cadeira. — Me dá um pouco desse teu chá!

Ela se levantou atrás dele e buscou a chaleira para servi-lo.

— Calma, não quis colocar pilha em você!

— É, mas estou pilhado, e travado por uma pequena pergunta. Pai Santíssimo, que difícil!

— Você tem medo de não darmos conta se for uma doença física grave, Lê?

— Tenho medo sim, mas também tô pensando aqui em quantos pequenos ou pequenas, nesta situação, que nunca tiveram chances de serem adotados por conta disso. Condições financeiras nós temos, mas é a dedicação exigida, maratona de hospitais, se for o caso. A Kátia está certa, é necessário pensar na rotina nossa de trabalho, nos limites psicológicos e emocionais. Porque se não tivermos o suficiente, essa criança também vai sofrer, concorda?

E de relance olhou para a pergunta de baixo e essa seria ainda mais complicada: "Aceita com doença mental?".

— Jesus! Olha a próxima, Giovana!

— Nossa, bem, é tão doloroso pra nós! Eu estou me sentindo como se tivesse escolhendo o melhor pra mim apenas. Me sinto egoísta e fraca!

— Ah e eu? Exatamente a mesma coisa. Tudo que a gente vive e prega — disse Alex, confuso e chateado.

Corria o tempo e ambos permaneciam estagnados, estáticos na mesma posição e nas mesmas perguntas.

— Bem, vamos retomar depois, eu preciso falar com alguém sobre isso. Não consigo responder hoje.

— Não é tão tarde, e se mandássemos uma mensagem para a Kátia? Será que ela iria se zangar? — Propôs Giovana, querendo dar logo cabo daquele questionário, porém com receio de respondê-lo de maneira descomprometida.

— Quer saber? Manda mensagem! — Decidiu Alex, também querendo continuar e terminar de uma vez aquele suplício.

Na mesma hora Giovana passou mensagem pela rede social. Viu que a assistente estava on-line no aparelho.

— Kátia, boa noite! Nos desculpe incomodar fora do horário de trabalho. Estamos respondendo o questionário, na parte da descrição da criança, e acredite, estamos tendo dificuldade em responder sobre as questões de doenças físicas e mentais. Poderia nos dar uma assessoria? Muito Obrigada!

Não foi preciso aguardar muito, quase que de prontidão ela respondeu:

— Podemos fazer uma chamada de vídeo?

Rapidamente responderam que sim. E o fizeram.

— Boa noite pra vocês! E aí, qual a dúvida mais latente?

— interpelou a assistente, mostrando-se acima de tudo profissional.

Alex tomou a palavra:

— Kátia, boa noite! E não é que estamos sofrendo com uma crise de consciência nestas duas perguntas sobre doenças... O que tá pegando é que nós dois aqui somos muito coração, não conseguimos pensar em colocar que não adotaremos por motivo de qualquer doença ou problema que seja; em contrapartida, me veio algumas situações extremas como: e se a criança necessitar de cuidados especiais ou tratamentos caros acima das condições financeiras normais, mesmo a nossa sendo bem estável. E também qualquer situação que exija a totalidade da nossa atenção e cuidado, mesmo que um de nós deixe o trabalho pra se dedicar ao filho. E...

Giovana interrompeu e concluiu:

— Eu sei que posso me dedicar se necessário, abrir mão até do meu trabalho, mesmo assim, sabemos que haverá desgastes emocionais e psicológicos. Pontos que nunca testamos ou experimentamos. Fica ainda a dúvida, será que daremos conta? — respirou angustiada. — É óbvio que enfrentaríamos com todo amor do mundo, se viesse de uma gravidez, então, por pensar assim, estamos em crise e com vergonha de respondermos não. É como se disséssemos não para um filho natural e para Deus.

Kátia apenas ouvia o relato e o sofrimento dos dois com atenção e respeito. Procurava não fazer julgamentos, era seu trabalho não fazê-lo.

Alex disse:

— É isso. A Gio tocou no termo certo, procuramos pautar nossas vidas na fé, na prática das obras de caridade, como podemos dizer não? Se respondermos o contrário, seria virar as costas pra quem talvez precise mais. A Giovana disse e é verdade, parece que estamos escolhendo uma mercadoria que tem que ser perfeita, do contrário, faremos uma devolução.

Falou agora Kátia com firmeza:

— Meus amigos, permita chamá-los assim! Vejo como vocês são pessoas boas, e a fé que vocês dois professam é uma bússola incomparável e certeira, continuem assim. Somente vou dizer que a psicóloga aprofundará com vocês ao longo do processo. Lembram que falei que essas perguntas pareceriam frias e racionais demais?

O casal acenou com as cabeças apenas.

— Pois bem, vocês não estão em um tribunal moral, ninguém aqui os está julgando e, como adiantei, vocês devem sim pensar e medir as respostas de maneira mais racional e de forma mais prática de acordo com a realidade de vocês hoje. E percebi no que cada um falou que vocês tentaram fazer isso, porém deixaram os valores religiosos que são tão fortes em vocês, que se sobrepôs de maneira intensa, fazendo vocês fantasiarem um pouco, indo até as hipóteses mais extremas... Não precisa ser assim. Calma! Vocês estão em um processo, esse é o primeiro passo, e aqui vocês respondem sim ou não apenas. Haverá outras oportunidades mais adiante de vocês pensarem mais a fundo, por exemplo, na visita que farei na casa de vocês, na sessão com a psicóloga, certo? Me perdoem! Talvez na ânsia de querer instruí-los e alertá-los a se prepararem, eu tenha transparecido que essa resposta no pré-cadastro seria definitiva. Me perdoe, não é! Por que entendam, hoje a realidade de vocês quanto financeira é confortável, como o Alex disse, mas pode ser que daqui a um ano vocês tenham um comprometimento de renda, e aí? Deus abençoe que não! É só um exemplo! Mas se acontecer, tenho certeza que vocês vão rever alguns pontos. Entenderam?

— Nossa, realmente acho que viajamos um pouco! Não é, amor? — disse Giovana, com o rosto mais destravado.

— E como viajamos! Então, podemos agora, por nossas convicções colocarmos sim, que aceitamos.

— Alex, não quero bancar a advogada do diabo, mas não olhe pra convicções, nem ideologias de vida, olhe para a situação de vocês, mediante a situação da criança. Tem casais e até solteiros que querem adotar uma criança especial, gostam de cuidar, tem tempo pra fazê-lo, outros chegam aqui e na lata dizem que não. Tem algum julgamento sobre isso? Não! Lembrem-se que o importante é o bem-estar da criança. Digamos que um casal diga que aceita e chega na hora eles caiam na real sobre sua capacidade psicológica ou financeira. Daí, por vergonha ou autocobrança, eles permaneçam quietos e aceitem, porém vai passando os dias e eles não conseguem, e aí? Como fica a criança? Como ficam eles? Todo mundo perde com isso. Quero que vocês entendam que não há problema nenhum em dizer não. Se vocês podem escolher o que é melhor para vocês quanto família, isso é o que vale. Daí como disse a Giovana, se fosse um filho natural com problema aceitariam sem pensar. Mas vocês têm o poder da escolha, então use! Deus age na verdade, concordam?

— Concordo, Kátia! Agora me sinto mais leve e menos culpado!

— Culpado de quê? De querer um filho sem problemas, isso todos os pais querem; e pelo que vocês me contaram, vocês podem gerar. Pode vir a qualquer momento um presente também, vocês têm que considerar na decisão de vocês o fato de poderem e quererem também ter filhos naturais

— É verdade, Alex! Nem chegamos a cogitar esse fato!

— Nossa, Kátia, obrigada mais uma vez pela ajuda! — disse Giovana, agora, enxergando tudo mais claro e menos doloroso.

— É isso aí, Katia! Caiu por terra aqui algumas amarras de convenções. Eu costumo ser mais pragmático e menos melindrado. Mas acabei titubeando porque se trata de uma vida. E a gente nunca se prepara para escolher um filho ou filha desta maneira.

— Eu entendo vocês, até mais do que vocês possam imaginar. Por favor, não sofram, respondam o questionário, e esperem as outras fases chegarem, tudo vai ficando mais claro. Ok? — disse a assistente social.

— Tudo bem! Obrigado mais uma vez... Boa noite!

— Boa noite, Kátia, obrigado!

E ela saiu da chamada com a certeza que havia deixado o casal mais seguro.

Retornaram ao cadastro, agora com mais certeza e entendimento responderam:

PERGUNTAS:	SIM	NÃO
Aceita com deficiência física?	X	
Aceita com doença mental?		X
Aceita com doença detectada?	X	
Aceita com doenças infecto-contagiosas, aqui incluía soro-positivos para SIDA (AIDS)?		X

Outra pergunta fez o casal queimar fosfato: "Aceita irmãos?". E no campo de seleção havia as opções "Não", "Somente gêmeos", "Sim". E mesmo o casal levando em conta a possibilidade de gravidez, responderam sim.

E por último, a considerada mais fácil por ambos: "Preferência Étnica?" – Com absoluta certeza, não.

Finalizado os cadastros, o sistema gerou um número de pré-cadastro e uma senha foi solicitada. O cadastro seguiria para avaliação e o casal poderia acompanhar pelo mesmo sistema SNA, acessando o mesmo site. Agora, porém, eles tinham um login e senha para acompanhar o andamento do processo.

Quando terminaram, estavam exaustos. Alex fechou o notebook e deitou a cabeça sobre ele. Tinha gastado energia emocional e física, suado feito mula, como se dizia por essas bandas.

Giovana, que se emocionara várias vezes do explicar da assistente social até conseguir dizer não para adoção com doenças infectocontagiosas; estava cansada e chateada. Entendia, porém não se convencia.

— Amor, preciso tomar um banho... Tomei aquele chá forte e não adiantou de nada! Parece que apanhei!

Alex levantou-se e a abraçou; direcionando um beijo na testa com ternura, demonstrou seu apoio aos sentimentos contrariados dela. No fundo, também estava, mas confiava nas palavras de Kátia.

— Bem, se acalme, caso mudemos de opinião, falaremos pra Kátia ou pra Psicóloga. Vamos confiar e relaxar? Hã? Que tal?

— Ai, Lê, não imaginava que seria tão difícil assim, tentar nivelar coração e mente! Essas perguntas me feriram. Mas vamos, sim, vamos confiar em Deus Pai!

E permaneceram abraçados por longo tempo ainda, imersos no significado de cada sim e não dados no fadado questionário. Cabiam nas entrelinhas resquícios de pensamentos passados como: "Por que teve que ser assim?", "por que não aconteceu naturalmente?", "será esse processo mais doloroso e demorado que a possibilidade de uma gravidez?". Tudo se fundia em um só: "Por que conosco?".

Passaram algumas semanas. Os dias de julho vieram trazendo frio e geada para a região. Alex trabalhava mais ainda no sítio e na outra fazenda. Berto e seu tio Ernesto o ajudavam. Era preciso proteger o café. Que trabalheira! Havia noites de mutirão, acendendo fogueiras entre as ruas do cafezal para não deixar a geada queimar. O inverno mostrava a que veio. Pelas ruas, estradas e casas, as pessoas se encapotavam em roupas grossas de lã, moletons, jaquetas, toucas e cachecóis.

Em uma dessas manhãs geladas, Ernesto estava em cima

do caminhão, tentava abrir a grade lateral, com dificuldade para soltar a presilha lateral devido as luvas, pois o ar estava gelado e as sacarias, abarrotadas de café, haviam se tombado e pressionado a grade para fora. Antes que Berto alçasse na outra ponta para ajudá-lo, Ernesto teve um mal súbito, desequilibrando-se por completo de cima da carga. Nando, seu filho, armou-se para correr e segurá-lo, mas Ernesto arqueou o corpo para frente com tudo e num piscar de olhos estava pranchado no chão, batendo o rosto de cheio na lona esticada no solo do terreiro de secagem do café. De longe, saindo na soleira do pequeno escritório, Alex ouviu apenas o berro desesperado de Nando.

Deixou o copo de café quente cair e se derramar pelo piso da saleta e correu veloz, saltando ainda pela mureta da quadra do secador de café.

Nando e Berto já estavam em cima do tio, e o sangue abria em curso, empoçando-se na lateral. Alex perdeu a cor ao contemplar a cena. Nando gritava de desespero e tentava virar o pai de barriga para cima. Outros peões se acorreram em pressa ao ver a movimentação, ouvindo os gritos do filho de Ernesto.

— Meu Deus do Céu! Nossa Senhora de Aparecida, tenha misericórdia do homem! — suplicava Berto, com olhos estatelados, tentando ouvir o coração do colega de trabalho.

— Pai, acorda Pai! Fala comigo, Pai! — gritava e chorava Nando, inconsolado.

Alex segurava o telefone celular e tentava se concentrar em discar 190. Havia área, mas suas mãos trêmulas, geladas pelo frio e transpirando de pavor, não o deixavam digitar.

— Pelo amor de Deus, alguém disca a porra da emergência aqui pra mim? — E passou o celular para o empregado que estendera a mão em ajuda. — Disca pra emergência, chama uma ambulância rápido. — E se ajoelhando ao lado do tio, desfalecido e sangrando, pôs os ouvidos na peito moribundo, não ouvia o coração também.

— Não tá batendo, seu Alex! Não escuto!

— Levem o Nando daqui! — ordenou na hora. Porém o primo se recusou. — Por favor então, Nando, se acalma, faz silêncio pra tentarmos fazer alguma coisa! — Num estalo, tirou o canivete da bainha, abriu sua lâmina, achegou-a próximo às narinas do tio. Estava muito frio, então pôde observar que a lâmina embaçou. — Ele está respirando! — falou, trazendo alívio em Berto e Nando:

— Oh! Meu pai! Ainda bem!

Nisto, Lucas, o empregado que fazia a ligação, veio correndo com a notícia:

— A ambulância tá vindo.

— Ele vai congelar neste frio, alguém traz mais blusa! — disse Alex. Outro empregado veio providencialmente com uma pequena manta. Eles colocaram por cima.

— Lex. Vamos levar ele pra dentro... Ou de carro! — disse Nando, ainda em desespero.

— Entende, Nando, é melhor não mexermos nele. Ele bateu com a cabeça no chão. Nem sei se podiam ter virado ele.

— Seu Alex, o sangue estava empoçando perto do nariz dele, tive medo dele afogar.

— Oxi, Berto! Nem pensei nisso!

— Vamos rezar, ele vai ficar bem!

E na hora alguém entoou um Pai Nosso, seguido de uma Ave Maria. Nando agora só chorava.

Vinte e cinco minutos demorou a ambulância. A estrada não estava boa. Chegaram já retirando a maca, com cuidado o puseram nela, amarrando o cinto. Os sinais vitais foram medidos, havia respiração e leve pulsação. O médico pediu que alguém viesse junto. Nando quis ir, mas Alex o impediu.

— Fique aqui e se acalme! Eu vou com o tio. Berto, liga pra casa do pai e informa todos lá. Dá folga pra turma toda hoje.

E assim se deu. Eram 09h30 da manhã, Euzébio, Berto, Alessandro e Nando, chegavam juntos ao hospital. Viram de cara, Alex em consumação na porta.

— Cadê o Ernesto? — perguntou Euzébio ao filho.

— Está lá dentro, foi direto para o centro cirúrgico. Não me deixaram entrar e ainda não trouxeram notícias. Mas parece que foi grave, pai!

Euzébio somente baixou a cabeça, como se ela pesasse toneladas. Nando iniciou o choro, mas Alessandro o consolava.

— O Berto me contou como foi. Será que ele teve um enfarte, um derrame? — indagou novamente o velho pai.

— Não sei, pai! Ele não se contorceu, eu vi de longe.

— Sô Zébio, ele apenas gemeu forte e arcou para frente com tudo — esclareceu Berto, que estava próximo. — Foi tudo muito rápido e ele estava fazendo força e a sorte que eu já estava segurando do outro lado, senão as sacarias tombavam em cima dele.

— Que desgraça, meu Deus! — queixou o velho homem, tirando o chapéu e coçando a cabeça quase calva.

— O que será do meu paizinho, meu Deus? Eu não consegui chegar pra amortecer a queda...

— Se aquiete, Nando, agora tem que ser forte. Avisou sua irmã em BH? — perguntou Euzébio.

— A tia Mariana ia ligar, não tive cabeça.

— Bão! Eu duvido que ela venha até aqui; quase nunca aparece, né? Faz anos que não vejo a Fabiana.

Alex se mantinha calado, mas sua cabeça fervilhava em previsões sinistras, uma pior que a outra. Nando era um borra-botas, um boa vida, descompromissado e irresponsável. Há 7 anos vivia amasiado com uma moça em Água Bela. Apenas xeretava aqui por conveniência, quando a corda apertava ou quando sabia de festas na família. Tinha um filho de 9 anos com a mesma moça, que engravidou bem antes de morarem juntos. Aliás, o ajuntamento foi sob ameaça de morte a bala pelo pai da moça. Sua irmã, Fabiana, era mais velha que ele, casou-se cedo com um zé ruela qualquer e sumiu. Sabíamos apenas que trabalhava em uma loja de grife em Belo Horizonte. Seu tio era viúvo, perdera a esposa há muitos anos, vítima de um enfarto fulminante. Euzébio e Mariana vivem dizendo que foi de tristeza ou desgosto pela vida desregrada e boêmia do tio que dilapidou todo o patrimônio de herança em bebidas e vício de jogos.

Se o tio necessitasse ajuda ficando inválido e dependente, não poderia contar com os filhos. Se morresse, na pior das hipóteses, Nando daria trabalho, mais que o comum, pois ficaria na aba do seu pai e de sua mãe, talvez até na sua.

— Oh, Pai, tenha misericórdia do tio Ernesto; apesar de

tudo! — rezava Alex, em meio a um turbilhão de pensamentos.

— Lex! — chamou seu pai. — Que tá matutando aí na cachola?

— Ah, pai! Isso não podia ter acontecido. Que será do tio Ernesto agora?

— Ué, fio! Seja o que for, temos nós que enfrentar, não? De uma coisa já tô preparado, vou ter que gastar! É, de um jeito ou de outro. Seu tio não vai ter mais condição de subir num caminhão nunca mais, se foi um derrame mesmo que deu nele. Como que vai viver?

— Pai, não é hora de pensar no dinheiro! — ranhou Alex, trazendo contrariedade nas feições.

— Oxi, mas é verdade, sô! Cê acha que o Nando vai ter condição de arcar com alguma coisa? Nem de vir morar com o pai ele vai se conscientizar, quanto cê quer apostar? — E estendeu a mão pro filho, que num virar de rosto e balançar de cabeça, esquivou-se com veemência.

— Aff! Pior que o senhor tá certo desta vez!

O relógio parecia pesado, as horas não obedeciam nem se compadeciam dos quatro na sala de espera da Santa Casa. Nando se desinquietava a cada movimentação percebida na entrada da emergência. Alex o contemplava, estudava suas atitudes e feições, havia grande angústia no primo, no entanto, era difícil para Alex se mostrar fraterno e ter carinho com ele.

Após muito esperar, eis que surge o médico, vindo do corredor. Rosto atribulado ao tirar a máscara. As notícias não são boas!, concluía Alex.

— Quem é da família do Sr. Ernesto França? — indagou o médico

— Somos nós! — respondeu Alex, achegando-se ao médico e preparando o coração.

— Então, o que ele é seu?

Respondeu rápido Alex:

— É meu tio, o filho dele está aqui. — Puxando Nando pelo ombro.

— Senhores, o senhor Ernesto sofreu um início do AVC, porém o fato dele ter caído, batendo a cabeça ocasionou fraturas no seio facial e também forte hemorragia cerebral. Conseguimos conter essa hemorragia, mas ele precisa de UTI, portanto ele deve ser transferido para um hospital com mais recursos. Talvez em São João da Boa Vista, que é o mais perto.

Ouvindo isso, Nando tornou em pranto, num choro descontrolado.

— Doutor, mas como ele está agora? — perguntou Alex.

— Está sedado e estável, mas é imprescindível que consigamos a transferência. Se for pelo SUS, talvez haja demora. Já aviso — explicou o médico.

Euzébio pôs as mãos na cabeça e se virou rumo à porta. Mas de súbito retornou:

— Doutor, eu tenho plano de saúde, não tem como transferi-lo pro hospital pelo meu plano?

— Olha, senhor, se ele não é dependente seu, acredito que pelo tempo de carência não tenha como.

— Pode deixar, pai, eu pago particular, se tiver jeito!

— Lex, é caro isso, viu? — falou Euzébio, querendo

dissuadir o filho.

— Não vou deixar ele morrer esperando vaga, pai!

— Calma, em se tratando de emergência no caso dele, é mais fácil encontrar vaga. Já estamos realizando o contato. Convém esperar! — disse o médico com toda empatia do mundo.

— Bem-aventurada Clélia Merloni, nos socorra nesta hora difícil! Interceda pela vida do tio Ernesto! — rezou Alex com devoção, segurando a relíquia da beata que trazia na carteira. Alex, tinha devoção à Santa Rita também, mas há algum tempo ganhara a relíquia da Beata Clélia, religiosa italiana, fundadora da Congregação das Apóstolas do Sagrado Coração de Jesus, de uma irmã no qual o rapaz mantinha uma cordial amizade. Algumas das irmãs desta ordem trabalhavam na Paróquia Santo Antônio e também naquele hospital em Alto dos Montes.

Passados quase 1 hora, o médico voltou até eles, a vaga estava garantida e Ernesto estaria na UTI do hospital de São João da Boa Vista em aproximadamente 1 hora e meia. Alex foi de imediato para a capela do hospital e agradeceu a rapidez daquela graça. Nas horas que se seguiram, entre aflições e decisões, estavam agora vendo Ernesto pelo vidro da UTI. As próximas horas seriam decisivas.

Giovana, angustiada com tudo que ouvira e sem ver o marido até aquela hora, que já marcava duas da tarde. Pegou o carro e foi até a cidade de São João, 50 minutos dali. Alessandro, foi com ela.

Estavam ali na sala de espera, agrupados em um lado, apenas Alex e Nando. Berto e Euzébio decidiram voltar para Alto dos Montes, por insistência de Alex com o pai, e estavam saindo do estacionamento.

— Alex, não entendo como isso foi acontecer. O pai não tinha nada ontem à noite!

— Essas coisas acontecem... Não tem como prever... Mas tem como evitar, né, Nando? Concorda comigo que o tio abusava da comida; da bebida mais ainda?! Sabe-se lá se dormia direito por essas estradas aí!

O primo se recolheu, pensativo.

— É você tá certo! A culpa é minha! Eu devia estar mais perto dele, pegar mais no pé dele quanto a isso. — E lágrimas desciam pelo rosto grande de Nando, sentindo culpa e desesperança.

— Culpa? Pare com isso! Bem sei eu o quanto é difícil lidar com eles, é a teimosia peculiar dos Franças misturada com a da terceira idade que faz deles um pouco crianças — refletiu Alex, tentando aliviar o peso dos ombros do primo. — Mas Nando, tem que pensar agora, que se o tio escapar dessa, e eu rezo pra isso acontecer, ele vai precisar de você mais perto!

Nando permaneceu mudo, somente olhou com firmeza para o primo, que lhe escancarava a verdade, e não contestou. Ele sabia que seria assim, ninguém escapa de AVC sem sequelas. Inesperadamente, soltou um pedido que seu primo não pôde acreditar e tampouco negar.

— Lex, você é forte, meu primo! E o que te faz ser assim eu bem sei que é a sua fé, a oração. Hoje me arrependo de todas as vezes que te aporrinhei, zombei e, de certa forma, tentei te rebaixar por ser um homem de oração. Me perdoa? Como eu queria conseguir rezar e não consigo! Nada vem! Me ajude, me ajude a rezar?!

Alex sentiu profunda compaixão e, sem saber explicar a si mesmo, não conseguiu sentir aquela repulsa habitual pelo primo. Compreendeu que ninguém escapa à necessidade de Deus. Todos têm a sua hora e a de Nando chegava.

— Vamos sair daqui, vamos até a grutinha de Nossa Senhora de Lourdes.

Era um espaço à frente do Hospital, mas do lado direito, abaixo do estacionamento, uma praça com bancos e esculpida na parede uma pequena gruta dedicada à Virgem de Lourdes. Desceram a rampa de acesso ao lugar e foram lá para orar.

Ajoelharam-se na frente do nicho onde as imagens da Virgem Maria e Santa Bernadete estavam.

— Nando, a oração mais sublime é aquela que sai intacta do coração. Feche os olhos, eu vou falando e você vai meditando. Não sinta vergonha de Deus, mais do que ninguém ele conhece você. Só diz pra Ele!

— Tá, vou tentar!

E Alex iniciou:

— Pai Santo, Pai amado e misericordioso! Estamos aqui pedindo, suplicando a Vossa ajuda para o meu tio e pai do meu primo, Ernesto. Obrigado Pai Santo, porque sempre nos ouve e nos dá a esperança de que tudo podes. Sendo assim, por intercessão da Virgem Maria, restaure a saúde e a vida do tio Ernesto. Que ele se recupere a cada minuto. Que ele sinta a Vossa força gloriosa e através dela possa compreender que estás com ele, e que tudo isso que está acontecendo nada mais é do que uma nova chance, para uma nova vida.

Alex se mantinha de olhos fechados, mas podia escutar o choro compulsivo e forte de Nando, continuou:

— Aceita, Pai amado, como pedido e gratidão, as nossas lágrimas.

Dito isso, Nando se entregou em brados:

— Oh, meu Deus, meu Deus! Me perdoa, perdoa Deus! Salva por favor o meu pai, que é tudo que tenho! Não deixe meu pai morrer!

Alex o amparou com os braços, e ele continuava:

— Eu sei que não mereço tua atenção, Deus! Sou um homem apartado da tua presença, nem mesmo sei rezar, mas eu acredito que podes ajudar meu pai, porque sois bom! Eu sei que Deus é bom!

E então entoaram juntos, abraçados um Pai Nosso, seguido de dez Ave Marias. Quando terminaram, Nando se sentia leve, nunca tinha tido um momento daquele.

— Viu, Nando! Quando o coração fala, é Deus orando dentro da gente e com a gente! Não tenho dúvidas que o tio vai sair dessa.

— Obrigado, Lex! Você provou ser um irmão pra mim... E tornou-se reflexivo por alguns instantes, mantendo a testa para o chão. Recuperado falou: — Sei que não é a hora, mas tá me vindo isso aqui e faz parte dessa oração tão bonita que fiz. —segurou a mão direita de Alex. — Perdoa eu, Alex? A vida toda te prejudiquei. Perdoa o pai também, porque tudo de errado que fizemos e que acabou batendo em você foi por mágoas passadas da vida dos nossos pais. Cê sabe, disso!

— Deixa pra lá! Não precisa disso; de fato, não é hora!

— disse Alex, agora se sentindo inadequado pela dor do primo.

— Não, me deixa falar, é preciso! A começar por aquela vez com aquela moça. Fomos nós que arrumamos tudo, o pai queria na verdade humilhar o tio Euzébio pelas coisas que fez pra tia Edna e pelo modo com que tratava ele.

— Eu sei, eu já sei que foi armação e os motivos — contou Alex, querendo encerrar a conversa.

— Mas teve mais — continuou Nando — e disso você não sabe. O pai me deu dinheiro pra pagar a transa com elas e eu combinei tudo com aquela que eu saia, mas quando encontramos com a Daniela na praça naquele domingo, depois que vocês saíram, e fui pagar, ela se recusou a receber.

— O que você tá me dizendo? Ela não quis receber? — interpelou Alex, agora sentindo palpitar forte o coração.

— É o que tô te dizendo, rapaz! A minha pegou a parte dela, mas a Daniela não. Nós tiramos um sarro na cara dela. Eu disse: "Acho que alguém se apaixonou". Ela apenas me mandou tomar naquele lugar e disse pra amiga: "Não vou mais fazer isso!". Ficamos nós dois lá e ela sumiu no meio do povo.

— Nando, quando o pai me contou que rolou dinheiro, eu queria espancar você e o tio.

— É, o tio Zébio veio me dizer pra não te procurar, pra eu manter distância por algum tempo até a poeira baixar, porque ele tinha contado a história e você tinha ficado muito bravo.

— Mas agora me sinto melhor em saber que ela não aceitou o dinheiro. Ao menos isso!

— E sabe... — Nando ia continuar quando avistou Giovana e Alessandro se aproximando da escada que dava para a praça. Giovana então chamou:

— Alex!

— Bico fechado, hein, Nando! — sussurrou Alex para o primo. — Depois a gente termina essa conversa... Obrigado por contar do dinheiro!

E foram os dois ter com a mulher e Alessandro. Giovana, prestimosa como sempre, levara frutas e sanduíches. Imaginara que eles estivessem famintos.

— Onde está seu Euzébio? — perguntou ela preocupada.

— O pai foi embora com o Berto! Queria ficar, mas eu insisti — respondeu Alex. — Estávamos aqui em oração.

Giovana nutria raiva de Nando, mas se compadeceu dele mediante à grave situação em que seu encontrava se pai.

— E seu tio? Como está?

— Vai passar por mais exames e talvez nova cirurgia, temos que esperar o parecer do médico daqui.

— Lex, eu quero ficar com o pai!

— Vamos aguardar juntos o parecer do médico e decidirmos como vai ser.

E retornaram para o hospital. Logo o médico os chamou no consultório. De fato, o estado era grave.

— O que tenho a dizer é que a equipe da Santa Casa de Alto dos Montes, agiu bem, drenaram a hemorragia a tempo. Temos que aguardar a evolução e conter o inchaço cerebral. Houve fraturas no seio da face e por conta disso vamos submetê-lo a uma pequena cirurgia — explicou o médico, dando todos os detalhes.

— Mas ele vai sair dessa, doutor? — perguntou Nando, sentindo-se mais corajoso.

— Não posso te dizer nada ainda, temos que aguardar as primeiras 72 horas. Tenhamos fé, meu rapaz!

— Alguém pode permanecer com ele? — perguntou Alex.

— Olha, dentro da UTI, não! Mas temos acomodações aqui, se alguém quiser permanecer, é bom! Mas apenas uma pessoa.

— Lex, eu vou ficar! — exclamou Nando.

— Tem certeza? Eu posso ficar!

— Certeza! Eu quero, vou ligar lá pra minha mulher e avisar.

— Faz o seguinte: você fica até as 19h00 e depois eu venho pra ficar, daí você vai embora tomar banho e jantar.

— Tudo bem, mas eu volto pra dormir aqui — reiterou Nando.

Era inacreditável para Giovana e Alessandro acompanhar a postura afável e corajosa do primo Nando. Alguma coisa mexeu dentro dele, disso desconfiaram. Na volta pra casa, então, Alex revelou tudo, só então puderam entender.

Os dias seguiram tumultuados, cada um permanecendo no hospital um pouco. O fabuloso foi a constante e positiva evolução de Ernesto. Os médicos comentavam entre si, e com a família. Foi tudo se encaixando. A cereja do bolo foi quando Ernesto abriu os olhos e deu sinal com os olhos que estava ouvindo e entendendo, e isso se deu em cena emocionante quando sua filha Fabiana chegou e o chamou.

Várias missas foram rezadas na intenção da saúde do tio. Mesmo Euzébio, sempre ressabiado com as rezas, comparecera em todas, e se mostrava mais tocado pela oração.

Passaram-se 42 dias e o tio estava de alta. Nando, mesmo com a resistência inicial de sua mulher, mudou-se de volta para Alto dos Montes e fez questão de que o pai lá ficasse, embora Euzébio e Mariana o quisessem em sua casa.

— Tá certo assim, pai! É o pai dele, ele que tem que ajudar a cuidar! — disse Alessandro, assim que chegaram com o tio. Mesmo assim, Euzébio contratou um enfermeiro para cuidar do irmão. Tinha, no fundo, no fundo, um certo remorso. Alex convenceu Nando a aceitar e tudo começou a se normalizar.

Desde aquela tarde na grutinha do hospital, Alex se apanhava pensando na história do dinheiro. Desgramada, então ela gostou mesmo de mim? Ou será que foi por outro motivo? E assim ficou, volta e meia, relembrando. Não sentia nada por Daniela; sabia disso, mas, automaticamente, saber que ela recusou o dinheiro confortava seu orgulho de homem.

Nando não mais tocou no assunto com ele, porém aguardava o momento favorável para contar o restante da história.

Agosto se findava quando Alex recebeu a ligação da assistente social agendando o dia de sua visita à casa deles. Pôs-se ele todo excitado com a realização do 2° passo do processo de adoção, e na mesma hora ligou para sua mulher para contar a notícia. Regozijaram os dois ao telefone. Giovana programou até mesmo uma faxina completa na casa, organizando uma listinha de afazeres protelados há tempos pelo marido: aparar a grama do pequeno jardim, organizar a baguncinha do seu quartinho de serviço, consertar o portão da frente que estava há tempos desalinhado, enroscando no trilho, e outros. Ia ser uma data especial; afinal era em prol do filho.

A visita se fez no dia 29/08, às 14h00. Com toda a pompa, Giovana e Alex esperavam o soar da campainha. Kátia chegou dez minutos antes, mas eles já estavam a postos. Sabiam eles que embora conhecessem a assistente social e a recíproca fosse verdadeira, a casa tinha que causar boa impressão, isso os deixava ansiosos e, de certa forma, nervosos. Quando ouviram a campainha, os corações saltaram. Alex foi até o portão e a recebeu com um largo sorriso e satisfação.

— Boa tarde, Kátia, seja muito bem-vinda!

— Muito obrigada, Alex! Então, não sabia que tinha tantas casas bonitas neste bairro novo! Ainda não tinha vindo aqui! — contou ela.

— Pois é, quando viemos para cá há cinco anos tinha apenas nossa casa e mais 6 espalhadas pelas quadras. Agora perdi a conta! O povo reclama do custo para construir, mas todo mundo dá uma jeitinho... — E convidou: — Vamos entrar, fique à vontade, a casa é sua!

Katia, estava ali para conhecer a casa e ver as condições para o acolhimento de uma criança. E foi de cara fazendo isso. Observou e estudou a fachada, as entradas, a garagem e a área. Apaixonou-se de cara pelo pequeno jardim e o gazebo, feito por Giovana, entre a área e o gramado do jardim.

— Olha que lindas as begônias! Ah, não podia faltar as

orquídeas! — Alex, foi logo mostrando. A área de lazer defronte à casa era espaçosa, piso antiderrapante e com 3 pilastras de sustentação. Cada uma com um vaso de xaxins e samambaias pendurados. Vasos de antúrios vermelhos e brancos também adornavam o espaço entre as janelas. Haviam singelas mesas de ferro torcido, com cadeiras do mesmo estilo e almofadas aconchegantes convidando para uma prosa. Alex então, convidou:

— Quer sentar aqui fora? Se achar melhor...

— Olha, está bem convidativo, hein? — respondeu Kátia, encantada com as rosas e margaridas plantadas no centro do pequeno jardim.

Vendo o encantamento da assistente social, Giovana contou:

— As rosas são para Santa Rita. O Alex é devoto, então resolvemos plantar. E olha, dá rosas o ano inteiro!

— É, tô vendo! É uma casa certamente abençoada! — elogiou Kátia.

— Vamos entrar, venha conhecer o interior, daí se você quiser vir pra cá pra conversar, a gente volta, tudo bem? — propôs Giovana, sôfrega, para que a mulher visse tudo.

— Sim, concordo, vamos lá! — E foi adentrando pela porta da sala, lateral à garagem. A casa era de um piso só, mas era ampla com meia divisória separando a sala de estar da sala/copa. A sala se apresentava com sofás e mesa de centro, abajures ornados em madeira, combinando com a madeira escura da estante.

— Olha, alguém gosta de ler aqui, hein? — comentou Kátia, impressionada com a quantidade de livros na estante.

— Eu gosto; aliás, nós gostamos! A Gio também adora romances — esclareceu Alex.

Na parede, uniformizavam-se em tamanhos de forma ascendente quatro quadros que remetiam a paisagens de cidades históricas do Brasil, e uma grandiosa televisão, tão fina em largura, que mais parecia outro quadro.

Na sala/copa, uma grande mesa de jantar, também em madeira rústica, e outro conjunto de poltronas com almofadas grandes em cima do carpete.

— A mesa é grande; a família é grande também? Tem muitas reuniões de família aqui? — indagou a assistente social.

— Gostamos muito de receber a família, mas não somos tantos assim não. — Tem os amigos, que vira e mexe vêm também... Mas eu não abro mão de ter uma mesa grande que caibam todos, é sinal de acolhimento, meu pai sempre disse isso — expôs Giovana com orgulho de seus móveis.

— É verdade! Pensamento bem italiano esse! Tem ascendência?

— Sim, tenho sim, pelo meu pai mesmo! O Alex também tem!

— É, Kátia, siamo tutti buona gente! — declarou Alex e sorriram.

— É vero! Também tenho parentes na Itália — revelou a mulher.

— Muito linda a casa de vocês... Me dão licença de ver os quartos?

— Mas claro! Venha — disse Giovana, indo à frente e abrindo as portas. Havia um corredor na saída da copa que levava para 3 quartos e um banheiro, sendo o quarto do casal uma suíte. No final do corredor havia um oratório, como os oratórios antigos das casas-grandes de fazenda. Foi a primeira coisa que Kátia viu.

— Olha! Que lindo o oratório! Quase não se vê mais disso nas casas! — constatou ela, achegando-se direto naquele espaço de oração. Uma imagem de Nossa Senhora das Graças no centro, no alto do nicho, em cada lado, castiçais que se conversavam em beleza e altura. Em baixo, a imagem de devoção de Santa Rita de Cássia, que era o xodó de Alex, ganhara quando pequeno de sua madrinha de batismo. A assistente, mostrando-se católica, fez o sinal da cruz e seguiu para a suíte do casal. Era também ampla, armário embutido garantindo espaço, uma cama grande, king size, com mesinhas de cabeceira em cada lado e abajures. Um quadro imenso mostrando uma paisagem de mar, dava um toque todo romântico. Viu também, o banheiro e o closet.

A surpresa se revelara no quarto do meio, uma caminha montada com jogo de cama verde água e outros tons suaves, um aparador em forma de baú grande, com pinturas de ursinhos, um quadrinho retratando Anjo da Guarda impondo as mãos sobre um casal de pequenos irmãos, no centro da parede e do lado direito, prontinho, um berço super reforçado.

— Agora vi que desejam mesmo um filho. Que fofo, minha gente! — A voz da assistente denotava ternura. — Eu espero que vocês consigam rápido mesmo.

Alex e Giovana, estavam abraçados olhando para o quarto também. A assistente social captou a emoção dos dois pelos olhares contemplativos em ambos.

Giovana disse:

— Creio muito em Deus que logo esse quarto terá um dono, logo!

— Mas é claro que vai — reiterou Kátia.

Por fim, passaram pelo quarto de hóspede, banheiro e cozinha, que era toda planejada. A casa saia para uma área externa: uma área de lazer com churrasqueira, fogão de lenha e refrigeradores. Tudo mobiliado com bom gosto. A área dava para a lavanderia e finalmente no outro lado, fazendo o contorno do terreno e na outra ponta estava o quartinho de ferramentas de Alex.

No centro havia uma piscina, não muito funda, toda cercada de proteção. Alex fez questão de dizer que colocaram pensando nas crianças da casa, por segurança.

Chegara a hora da conversa e resolveram ir para a área da frente. Giovana levou um suco de abacaxi com hortelã, feito há pouco. Falaram sobre a casa e partiram para a entrevista.

— Então, casal! Vocês preencheram o pré-cadastro e o fizeram rapidamente, sofreram um pouco, né?

— Um pouco? Que isso, bondade sua! — brincou Alex. — Eu transpirei tanto que parecia que eu tinha apanhado café o dia todo.

A mulher riu com gosto.

— Verdade, Kátia, não foi fácil! — complementou seriamente Giovana.

— Eu entendo, já esperava por isso. Como expliquei no primeiro contato, vocês devem responder de acordo com a realidade de vocês, sem fantasiar demais ou querer demais, senão o leite entorna... Isso foi a quase dois meses atrás; e aí, mudou alguma coisa quanto à idade da criança ou qualquer outro item do questionário? Podem falar!

Giovana se adiantou e disse:

— De minha parte não!

Alex respondeu:

— Não também! Eu não sei se você soube, Kátia, mas tivemos um problema de doença na família... Meu tio teve um AVC lá no sítio, trabalhando, e caiu do caminhão. Foi um Deus nos acuda! Então quase não tivemos tempo de conversar novamente. Mas sinto que não mudamos mesmo, em nada.

— Nossa, Alex, eu não fiquei sabendo. Mas está tudo bem com ele?

— Sim, Graças a Deus, ele se recuperou bem. Está com um lado paralisado, mas se recupera bem! Obrigado!

— Então, vou seguir aqui: eu gostei muito da casa de vocês e até pelo quarto que está preparado, sem receio nenhum, vejo que está tudo pronto... Estão mesmo aptos a receber uma criança aqui, não importando a idade. — O casal se olhou e sorriu com gratidão. — Desculpe, mas tenho que perguntar: a casa é própria? Se positivo, é financiada?

Alex respondeu:

— Sim, é nossa, e graças a Deus conseguimos comprar com as economias de 15 anos.

— Ok, muito bem! E quanto à renda de vocês? A renda mensal da família?

Novamente Alex disse:

— Então, eu sou microempresário agora, meu pai passou a loja pra minha administração, virei sócio. Eu tiro um pró-labore de R$ 6.000,00, às vezes menos. Dependendo do mês, tem mês que não tiro nada, e tenho investimentos em bancos que eu resgato os juros a cada trimestre, vindo mais uns R$ 3.000,00. Do sítio não pego nada ainda, fica na conta do pai... Agora a Gio tem o salário dela.

— Sim, Kátia, eu tenho meu consultório, recebo por volta de R$ 3.000,00 mensais, é uma clínica conjunta de médicos na realidade, e eu não pego muitos pacientes. Eu abri mão de receber da APAE e do Caritas, meu tempo lá é voluntário, mas prefiro atender mais nestes lugares porque precisam mais.

— Muito bem, renda média de uns R$ 10.000,00?

— Sim, Graças a Deus, a gente trabalha muito, mas não podemos nos queixar de nada! — disse orgulhoso e agradecido o microempresário.

— Certo, agora eu queria saber de vocês como foi o contar para o restante da família, a decisão de adotar?

Alex se assustou com a pergunta. E agora, o que falaria sobre a opinião do pai?

Giovana absorveu o pensamento do marido, então tomou a frente:

— Muito boa, muito boa mesmo! Contamos pra todos comendo pizza e chamamos os amigos mais próximos também, foi uma felicidade só!

Alex interpelou-a com o olhar; sabia que ela omitiu seu pai. Meu Deus, será que isso é certo? Sofria consigo.

— Que maravilha! — elogiou Kátia, ouvindo o relato

de Giovana. — Saibam que é imprescindível que tenham esse apoio, principalmente dos avós, dos tios, daqueles que formarão o círculo familiar de convivência da criança.

Alex, não se aguentando, perguntou:

— Mas é muito prejudicial pro processo se alguém da família se colocar contra? Afinal, a decisão não é somente nossa?

— Sim, Alex, naturalmente importa acima de tudo que vocês queiram, mas é bom que haja uma conversa, uma preparação também com toda a família para que aceitem da melhor maneira possível; e se não possível, que respeitem a decisão de vocês para que a criança ou adolescente se sinta bem acolhido.

— Sim, entendo... entendo! — Tranquilo, todos estão nos apoiando!

Contaram então as palavras de cada amigo, de cada familiar. De seu Euzébio, repetiram as palavras dele na pizzaria, ou seja, não mentiram, nem omitiram.

— O pai é durão assim mesmo, Kátia, não sabe lidar com as emoções. — Amenizou ainda mais o discurso. Ele sabia que o pai não seria estúpido ao ponto de desrespeitar ou tratar mal seu filho, no fundo era um bom homem.

— E quanto a adoção, vocês têm experiência na família?

— Não, eu acredito que não, Kátia, nem por mim, nem pelo Lê.

— Verdade, nunca tivemos ninguém que adotasse na família. O que conheço é de ouvir minha mãe contar, por exemplo: uma das madrinhas de casamento de minha mãe, chamada Mercina, teve dois filhos de adoção, e um deles chamou minha mãe para madrinha de crisma. Eles eram muito próximos. Sei que eram dois homens e gêmeos. Segundo minha mãe, Mercina morava na fazenda vizinha à dos meus avós quando moça; e elas eram muito amigas. E os filhos eram, na verdade, filhos de uma empregada dela que morreu no parto. É aquele caso de adoção que existia antigamente Kátia.

— E o que sua mãe contava sobre eles? — perguntou Kátia, curiosa agora.

— Que eles eram pessoas muito boas, muito trabalhadores... Um virou barbeiro, e o outro foi ser policial; este último que era o afilhado da minha mãe. Essa Mercina tinha 2 filhos legítimos quando pegou eles pra criar, e minha mãe sempre repetia que eles que eram de criação, eram mais amorosos com o pai e mãe que os de sangue mesmo. Tanto que os dois sempre vinham vê-los depois de adultos, agora a filha casou com um outro fazendeiro e vinha uma vez por ano. O outro filho então, formou-se engenheiro, casou e mudou pro sul do país, nem escrevia. Bom, minha mãe, contava o que essa madrinha contava, quando se visitavam. Deve ser verdade.

— Então, veja que essa é uma história muito positiva! Por que perguntei? Porque cada adoção é uma adoção, cada caso é um caso, e nem todas têm finais felizes. Tudo depende muito de como o casal educa e interage com o filho, da mesma forma que um filho natural. Às vezes temos histórias ruins com adoção na família, ou perto de nós, então as pessoas chegam e nos aconselham a olhar para elas como exemplo.

Agora Giovana se recordava da história contada por Nando.

— Entendam, que se vocês educarem a criança com mimos e trazendo ela dentro de uma bolha de cuidados, embasados erroneamente no fato da criança já ter sofrido abandono; me desculpe, mas você vai ter problemas. Eduque, ame, como se viesse de vocês e vai dar tudo certo.

— Mas eu penso que seja dessa forma mesmo, Kátia. Exemplos de como não educar filho, eu tenho muito perto na minha família. O Nando e a Fabiana mesmo, perderam a mãe cedo, e o tio Ernesto nunca foi dotado de qualidades. O exemplo de força, respeito, trabalho, pra eles sempre foi o meu pai. E o pai nos criou assim. Tínhamos que ir bem na escola, tratar bem e com respeito professores e pessoas de fora. Ah, se chegasse reclamação nossa, minha ou do Alessandro... O pai não batia , mas nem precisava, só o jeito de olhar já amedrontava. A mãe era muito paciente, mas levei várias palmadas quando moleque. Na bunda é claro! — contou Alex.

— Lá em casa, era o Giuliano que entrava nas broncas, quem diria que iria querer ser padre? Mas eu não, sempre fui quieta, até demais. Mas em casa não tinha mimos. Outra coisa, sempre trabalhamos. Nada vinha de graça. Eu sempre cuidei da casa com a mãe, e os serviços que dava pro Giuliano fazer, o pai deixava ele resolver. Cortava grama, fazia alguma pintura, consertos leves. O pai ensinava e deixava ele tomar conta. Quando tivemos idade, fomos trabalhar, estudávamos à noite.

— É, de trabalho nem preciso falar nada, porque sempre estive com o pai — declarou Alex. — O Alessandro escapou um pouquinho, porque foi fazer a faculdade em Campinas, trabalhou por lá. Mas eu não.

— Vocês têm uma vida, posso dizer, irrepreensível. E gosto muito de ouvir vocês expondo seus valores assim.

— E quanto a contar para o filho ou filha de vocês que ele é adotivo? Quando e como vocês pensam em fazer?

— Ah, essa o Alex tem na ponta da língua! — revelou de assalto Giovana.

— É mesmo? Então me conta, Alex!

— Sim, estávamos conversando sobre isso no dia que preenchemos o cadastro. Falei pra Gio, eu penso que temos que contar quando se iniciar a vida escolar, a vida social do nosso filho ou filha. Porque se não souber por nós com todo amor, jeitinho e carinho, vai acabar sabendo por um coleguinha, pela mãe de outro aluno, por gente de fora. Daí sim, ele ou ela, vai sentir que não pode confiar na gente, e até a gente explicar vai tudo por água abaixo. Então por mim é assim!

— Você concorda, Giovana, com seu marido? — Fitando seriamente os olhos da moça.

— Concordo!

— Oba! Olha, estou gostando mesmo de ouvir vocês! É neste momento da vida mesmo. Vá dizendo que é filho do coração da mamãe e do papai; que vocês queriam ele ou ela, vocês esperaram por ele ou ela. Que não nasceu da barriga da mamãe, mas do coração de vocês dois. Têm várias maneiras carinhosas. Mas aconselhamos que seja nesta época mesmo. Porque acidentes como você previu, Alex, acontecem — ponderou Kátia, reconhecendo muita sabedoria no casal.

— Quanto à documentação, está tudo aqui comigo, eu ia ao fórum protocolar contigo, mas como expliquei foram muitos acontecimentos este mês — explicou ele, trazendo a documentação em uma pasta, de maneira organizada. — Você pode levar ou eu mesmo levo?

— Me dá aqui, eu levo e faço o protocolo. Bom, meus queridos, isso é tudo! Tem alguma dúvida ainda?

— Eu penso que não, estamos cientes de tudo, mas se houver, a gente te liga! — respondeu Giovana, satisfeita com a entrevista e com a visita. Fica mais um pouquinho, quer mais suco?

— É mesmo, não vai não, toma mais um refresco, ou um cafezinho? — ofereceu, faceiro, Alex.

— Muito Obrigada, mas estou satisfeita! Obrigada Giovana; obrigada Alex! Vocês foram muito gentis; e pela minha opinião, vocês estão dentro, segue o processo. — Enquanto dizia, cumprimentou os dois com um forte aperto de mãos

— Nós é que te agradecemos! Obrigado e Deus a abençoe! — disse Alex.

— Vá com Deus! Se precisar, estamos aqui! Obrigada! — disse Giovana

— Amém! Até mais, se eu não ligar, a psicóloga ligará pra agendar a entrevista com ela, ok? — E saindo pelo portão, entrou num carro branco plotado com o emblema da Justiça.

— É amor, olha lá a vizinha, sondando. Viu que é do fórum, já vão se coçar de curiosidade! — disse Giovana em meio a uma risada, percebendo a vigilante vizinha da esquerda, fingir que varria a calçada, porém de olho no carro que acabara de sair.

— Deixe, meu amor... Falem mal, mas falem de nós!

— Ah, engraçadinho! É assim? Longe de mim, não quero olho gordo no nosso filho, não! — resmungou sorrindo enquanto ele a tomava em um longo abraço por trás e depois num apaixonado beijo na boca.

— Bem, eu tremi quando ela perguntou sobre a aceitação da família. Ainda bem que você pescou minha hesitação. Você é demais!

— Uai, eu vi que você ia se engasgar e acabar falando até da briga.

— Não, da briga não! — Gesticulou com a cabeça também.

— É, mas às vezes a gente fala sem querer, quando vê, no nervosismo de consertar, acaba falando mesmo... Ah, tô feliz!

— Eu também, Gio! Mais uma pequena etapa vencida!

Daquele dia em diante, foram mais dois dilatados meses até o contato de agendamento da psicóloga.

— Bem, enfim ligaram do fórum. Marcaram pra gente estar lá na sexta, às 14h00. Será na sala da Vara de Infância — contou com alívio Alex, que já manifestara impaciência pela demora.

— Ai, graças a Deus, Lê! Nossa, essa demorou, hein? — Louvou sua esposa, que saía agora de uma grande apreensão.

Sexta-feira, 13h45, o casal entrou no fórum para a entrevista. Dirigiram-se diretamente ao sentinela do fórum e se anunciaram. Enquanto aguardavam, permaneceram sentados no espaçoso hall que contemplava acesso para várias salas, cada uma delas identificada por placas de sessões acima da porta. O ambiente tácito e austero se quebrara apenas por expressões debochadas de um elemento que certamente saía descontente por ter sido multado, uma infração. Falava alto, dando indiretas a quem quisesse ouvir. Foram 18 minutos por demais dilatados para Alex, que sentia ressonar em si pressupostos quanto aquele lugar.

O sentinela, por fim, chamou-os, dirigiram-se então para o segundo andar. Ao se aproximar dos últimos degraus, Alex visualizou a porta da sala do Tribunal, e sentiu novamente que alguma coisa lá não lhe era apraz. Havia audiência e eles puderam ver muitas pessoas no salão do júri. Quando chegaram ao segundo andar, viram uma mulher na porta da sala da Vara de Infância, era a psicóloga. Uma senhora de meia idade, de altura mediana para mulher, cabelos castanhos claros com corte até os ombros e bem armados; rosto redondo, boca e lábios estreitos, olhos castanhos como os cabelos, atrás de óculos curvos no contorno arredondado na parte inferior das lentes. Era muito elegante, imponente ao andar, e carregava um sorriso expressivo que emanava confiança.

— Boa tarde pra vocês! Tudo bem? Sou a doutora Neide. Bom, a Giovana eu já conheço! — disse com toda simpatia, estendendo a mão para cumprimentá-los.

— Boa tarde, Dra. Neide! Este é meu marido, Alex França! — Apresentou Giovana.

— Boa tarde, doutora! É um imenso prazer! — cumprimentou Alex, sentindo-se mais tranquilo.

— Vamos entrar. Por favor, sentem-se! Querem um café? Uma aguinha?

Os dois educadamente agradeceram, mas recusaram.

— Que bom que chegou a vez de vocês. A Giovana eu vejo sempre na APAE. Fiquei feliz de saber que vocês estavam pleiteando adoção. É uma decisão muito especial tomada por pessoas especiais — declarou com voz firme e carregada de ternura aquela senhora.

— Olha, doutora Neide, não víamos a hora de estarmos aqui — confessou Giovana, controlando o nervosismo.

— Isso é muito positivo! Percebo que o Sr. Alex também está ansioso. — E sorriram todos. — É natural e demonstra que realmente vocês estão levando este processo a sério. Vocês já conversaram com a Kátia, ela me passou o relatório das primeiras conversas, da visita e entrevista com vocês, mas para fechar a minha avaliação, temos que conversar também. — E acrescentou: — Se tiverem dúvidas sobre qualquer ponto, por favor, me falem, estou aqui para ouvi-los e aconselhá-los também.

— É, doutora Neide, sabemos que essa é uma fase importante e necessária, até mesmo pra gente se olhar mais a fundo — ponderou ele.

— Verdade! A nossa conversa vai ser separada, primeiro com a Giovana e depois com o senhor, Sr. Alex. Tudo bem?

— Claro, estamos aqui pra isso! — disse Alex, olhando com carinho para sua mulher.

Havia naquela sala, outra sala anexa ao fundo, e para lá a psicóloga se levantou e conduziu Giovana.

— Sr. Alex, pode ficar à vontade aqui na sala, se quiser água e café, estão ali na bandeja. — E a porta se fechou.

Ele então respirou fundo e tentou não deixar a ansiedade vir à tona. Pensava consigo o que seria perguntado, o que a esposa responderia, se estariam alinhados e consonantes nas respostas... De repente um pequeno medo se acendia, porém na mesma hora ele pensava na cumplicidade e no bom diálogo que sempre tiveram. Pensava no seu segredo; seria certo revelar suas dúvidas do passado, contar sobre a Daniela, que retirara sua paz quando adolescente? Aquilo era irrelevante para o seu casamento e o processo, mas não seria apropriado abrir o coração?

Enquanto isso, dentro daquela pequena sala, a psicóloga iniciava a entrevista. Com todo o profissionalismo, ela disse:

— Giovana, a gente se conhece já, então quero que fique à vontade para o que quiser falar, Ok?

— Claro, Dra. Neide! Pode perguntar, estou tranquila.

— Em primeiro lugar a gente costuma explicar o porquê desta entrevista. É muito importante também traçar um perfil psicológico dos pretendentes à adoção, porque afinal, vocês vão receber uma vida, um ser humano que vem com toda uma bagagem psicológica, e dentro dessa bagagem vem traumas: do abandono, de rejeição, às vezes de maus tratos: violência. Então, quem se dispõe a adotar precisa estar psicologicamente e emocionalmente bem, preparado para lidar com isso. Outro fator, é também fazer com os pretendentes uma autoanálise dos seus motivos para querer adotar, para que percebam e se conscientizem da responsabilidade imbuída neste ato. Ok?

— Sim, estou entendendo! Na minha opinião, esta etapa aqui é crucial, porque desde que iniciamos o pré-cadastro, todos os dias aparecem pequenos questionamentos. Não é só um decidir ali, àquela hora, e pronto... Eu faço comigo todos os dias essa autoavaliação. Eu sou assim, e acredito que o Alex seja até mais do que eu — revelou Giovana.

— Pois bem, aqui nós vamos conversar pra eu entender como está a sua cabeça, suas expectativas quanto ao processo e a adoção em si; o que levou vocês a tomarem essa decisão; e entre tudo isso, vou esclarecendo suas dúvidas. Então me fale um pouco de você; a Giovana pela Giovana.

Giovana então iniciou:

— Em primeiro lugar, eu me considero uma mulher inteligente, sensível, batalhadora, profissional dedicada e claro, esposa dedicada e realizada. Me sinto bonita. Acho que me expresso bem, aliás sou expressiva, não expansiva. — E sorriu. — Tenho uma certa timidez em ambientes e situações estranhas e desconhecidas, mas me solto logo depois das primeiras conversas. Gosto e tenho facilidade em fazer amizades.

— Olha, só te interrompendo um instante, você disse que se sente bonita, interessante! Por que você não acha que é bonita? Tem diferença aí! — questionou a psicóloga.

— Engraçado, né? Eu nunca gostei de dizer que sou bonita, eu acho que dizendo assim estou sendo exibida, convencida, sabe? E me sinto mal!

— Humm, entendo! Mas se você se sente bonita, qual o problema em dizer? Por acaso você tem medo de desaprovação?

— É, a senhora traduziu bem, é por aí!

— Deixe as pessoas pensarem o que quiserem, o importante é o que você pensa de você! É só um conselho... Continue!

— Acho também que este bloqueio em não querer exibir ou me mostrar venha da religião. Fé é algo muito importante pra mim e pro Alex. Nós, desde jovem, estamos envolvidos com a Igreja. Participamos do Grupo de Jovens Católicos na nossa Paróquia e até hoje damos suporte nele. Eu sou catequista; o Alex, ministro da Comunhão.

— Sei, entendo! — E perguntou a psicóloga: — E o fato de vocês serem tão ligados à fé, ajudou na decisão de adotar?

— Sim, talvez tenha sido o que nos abriu a percepção para esse novo jeito de entendermos a maternidade e a paternidade, doutora... O Frei Carlos, que é o Pároco da nossa cidade, ele é muito amigo nosso. Quando eu ia iniciar o tratamento da endometriose, ele nos aconselhou a abrirmos nossa mente e coração para outras formas de exercermos esse querer ser mãe e pai. Mas ele não nos sugeriu, tipo: por que vocês não adotam? Não! Ele jogou a ideia nas entrelinhas. A princípio eu pensei em me dedicar mais às crianças no meu trabalho, estendendo minha atuação profissional até à creche, só depois que, numa conversa com o Alex, ele veio me contar sobre um conselho de minha sogra quando ele contou a ela sobre a ideia de se tornar um padrinho afetivo, e de repente, bum! Surgiu o termo adoção... Olha, foi algo assim, sem explicação. De repente chegamos no assunto.

— Que legal ouvir isso! Estou vendo que vocês quanto casal são muito coesos, até em pensamento, tanto que chegaram juntos no mesmo ponto. E pelo que entendi, por caminhos diferentes, baseados nos conselhos?

— Sim, Dra. Neide! A gente conversa muito. Eu não gosto e não consigo tomar decisões sem antes conversar com ele.

— Muito bom! Casal tem que conversar mesmo. Agora você teria mais coisas a acrescentar sobre você? — continuou a psicóloga.

— Bom, falei da fé, que sou religiosa... Ah, eu não gosto de mentiras, gosto das coisas claras; o preto no branco, como se diz, e não tolero falsidade, hipocrisia, tapinhas nas costas, essas coisas. Eu amo a minha profissão, sempre quis ser fonoaudióloga, e também amo trabalhar com crianças.

— E sobre o casamento de vocês, como se conheceram? Conta um pouco sobre isso.

— Nos conhecemos bem dizer por conta do meu irmão. O Giuliano era amigo dele de um grupo de jovens. Um dia fizeram a reunião lá em casa, e ele nos apresentou. Eu gostei dele logo que vi. Ele sempre chamou a atenção, tem um sorriso lindo, um corpo forte... ah, tem borogodó, como falavam antes... — E riram as duas. — Mas foi a conversa mesmo, o idealismo dele, a maneira com que pautou suas ideias na reunião me deixou impressionada. E depois a gente sempre se encontrava nas reuniões, nas missas, nos bailinhos, discotecas, churrascos, sempre estava a turma toda, e ele se destacava no grupo. Desde aquele dia senti que ele me passava força, apoio, proteção mesmo.

— E a fase de namoro?

— Isso custou um pouco a acontecer. Nos tornamos

muito amigos, e aquilo foi aumentando a ponto de eu necessitar ver o Alex todos os dias. Mas ele também. Se acaso não nos encontrávamos em algum lugar, ele dava um jeito e ia lá em casa. Disfarçava, chamava o Giuliano, mas falava com meu irmão um pouquinho e de repente estávamos nós dois conversando. Lógico que meu irmão sacava e deixava a gente à vontade... Por fim, até meu pai sentia falta quando ele não aparecia. Mas quando a coisa foi ficando mais séria, eu sentia o Alex meio relutante em firmar compromisso. Não sei, nunca descobri o porquê. Depois que a gente se casou, eu também não toquei no assunto mais. A gente estava ficando bem dizer todos os dias, saíamos juntos pra todos os lugares, eu passei a frequentar a casa dele, mas quando falávamos em namoro, eu sentia ele esguio; parecia ficar reflexivo, sei lá. Até que surgiu uma oportunidade deu ir pra Dublin, e seria por dois anos. Fui procurar ele pra acertarmos, porque tive medo. Pensa... Ele aqui, eu lá... E se ele se desinteressasse de vez? Foi quando ele se declarou de vez e na mesma noite foi na minha casa falar com meus pais. E tudo aconteceu! Namoramos por correspondência, celular e chamadas de vídeo naqueles 2 anos. Quando voltei, namoramos por mais um tempo e após 2 anos de noivado nos casamos. Eu fui terminar a faculdade.

— Mas que história, hein? E o intercâmbio foi o empurrão que faltava? Acho que sim. Certamente ele ficou com medo de te perder também!

— Sem dúvida! — Mas ele é maravilhoso, é carinhoso, companheiro. Tem suas horas de estresse, mas quem não tem? Ele sempre foi muito exigido pelo meu sogro, tanto que assumiu os negócios da família desde muito jovem. Sabe aquele cara preocupado com todo mundo? É o Alex!

— Não há dúvidas que você o ama muito, hein? Você fala dele e seus olhos brilham — expressou isso com verdade Dra. Neide, captando todo o sentimento de Giovana. — Você disse que tratou de uma endometriose? Que chato... Isso é terrível para as mulheres!

— Nossa Dra. Neide, foi um período muito difícil pra mim! Eu não sentia nada; dor, algumas vezes, e meus exames não apontavam o problema. Tanto que fiquei iludida, pensando que não engravidava por vontade de Deus. Ficamos esperando acontecer. Por fim, pedi ao Alex que fizesse exames pra ver se o problema era com ele. A senhora pode imaginar, não?

— Ô, se posso! E como ele reagiu na época?

— Foi uma reação rápida, de cultura de macho ultrapassado...

Agora a psicóloga cobriu o rosto com uma das mãos e riu.

— Olha, como que homem é complicado pra médico, não? — exclamou ela.

— Sim, mas ele reconheceu meu desespero e no outro dia foi fazer. E não deu nada!

— E você, como se sentiu?

— Pressionada. A gente queria muito. O Alex falava em filho sempre, eu me cobrava sozinha, comigo mesma. Por fim, nossos pais também perguntavam. A mãe do Alex, achava que nós estávamos evitando por algum motivo, e como católica fervorosa falava na nossa cabeça, e mais ainda na dele... E lógico, por fim confirmamos que estávamos evitando pra ganharmos tempo. Mas eu me sentia cansada e sem saber o que fazer.

— O Alex te pressionava?

— Não, pressionar com cobranças ou indiretas, não. Ele falava sempre "quando vier nosso filho...", "quando você estiver grávida...", essas coisas; fazendo planos. E eu sabia que ele queria muito ser pai. No fundo eu sabia que ele também sofria ao me ver sofrer. E quando atrasava demais minha menstruação? Ave Maria! Ele mesmo comprava o teste de gravidez. Daí eu fazia e dava negativo. Eu chorava sozinha, escondida no banheiro ou depois que ele saía pra trabalhar.

— Meu Deus, que difícil é para nós mulheres, passar por tudo isso! Você contava pra alguém?

— Sim, pra minha mãe. Ela era a minha confidente nessas horas. Devo muito a ela. Na última vez que fiz o teste, Alex me flagrou chorando. Ele ficou muito mal, me consolou, me abraçou e chorou também. Ficamos nós dois um tempo em prantos. Depois ele me disse que não era pra fazer mais testes, deixar rolar e me pediu desculpas.

— Que bom que ele se colocou no seu lugar. Não são todos os maridos que têm essa sensibilidade. Agora, como você descobriu e tratou o problema?

— O médico do Alex nos deu um cartão com o contato de uma ginecologista lá de Ribeirão Preto. Ela que diagnosticou e tratou o problema. Olha, eu enjoava com a ingestão de hormônios e tomei antibióticos, mas em cinco meses eu estava bem.

— Então hoje você consegue engravidar, Giovana?

— Sim, sim, já faz 4 meses que estou de alta.

— E vocês querem seguir mesmo assim com o processo de adoção? Geralmente a mulher ou o casal desistem, esperam engravidar.

— É, pensamos nisso, mas chegamos à conclusão que não devíamos esperar. Se queremos um filho e podemos realizar esse sonho também pela adoção, então que seja.

— Você se sente apoiada pelo Alex nessa decisão ou é algo mais unilateral da sua parte?

— Eu me sinto totalmente apoiada pelo meu marido. Tomamos essa decisão juntos. E também, doutora, nós temos total confiança em Deus, mesmo que eu engravide agora, vamos seguir, e ter os dois filhos ao mesmo tempo, por que não?

— Parabéns! Nunca vi tanta fé. Isso é bom! Eu nem devia te perguntar, porque está muito claro pra mim; mas é protocolar: Você se sente preparada pra ser mãe e mãe adotiva?

Giovana então respirou fundo, controlando a comoção, pois a pergunta aflorava nela muitas significâncias, e respondeu:

— Eu sempre estive pronta, desde que me casei espero por esse momento. E compreendo hoje que talvez Deus ainda me quisesse preparar para algo mais especial, sendo assim, eu posso dizer hoje que estou pronta.

Dra. Neide olhava com admiração e curiosidade para aquela mulher ali, dando uma resposta madura, e compreendeu que essa seria a única resposta que ela poderia dar.

— Ótimo, Giovana! Desejo que seja pra você toda realização possível de uma maternidade! — Sorrindo e terminando de anotar em seu relatório, disse à Giovana. — É isso, finalizamos contigo. Agora vou conversar com seu marido.

A porta se abriu, e Alex estava sentado, com a perna direita pulando, tique de quem está mais que nervoso.

— Obrigada, Giovana! Vamos lá, Sr. Alex, sua vez!

Alex viu os olhos lacrimosos de sua mulher contrastando com um terno sorriso. Entendeu que rolou emoção. Ai, Senhor Jesus, me ajude!

Sentou de frente com a psicóloga e agora, pediu um pouco de água:

— Claro, seu Alex! — Encheu um copo descartável com água e serviu ao rapaz.

— Acredite, doutora, já estou com a boca seca. — E bebeu...

— Seu Alex, se tranquiliza; é só uma conversa. Já te adianto que adorei conversar com a Giovana, ela esqueceu de me dizer uma outra qualidade dela: espontaneidade. E me falou muito bem do senhor! — completou ela com feição acolhedora.

— Opa, que bom saber! Mas, Dra. Neide, pode me chamar de Alex somente.

— Obrigada, melhor assim, né? Vamos lá... — E fez a psicóloga a mesma introdução feita para Giovana; afinal, também era protocolar.

— Comecei com a Giovana assim e vou repetir contigo; me fale um pouco de você, Alex! Esteja à vontade para falar o que quiser.

— Humm, falar de mim mesmo é algo que eu não curto muito. — E sorriu, completamente deslocado. — Mas vamos tentar!

A psicóloga apenas sinalizou positivo com a cabeça e

dava-lhe total atenção.

— Eu sou um cara comum, de hábitos comuns. Aprecio as coisas simples e quanto mais simplicidade, melhor! Sou de muita oração, minha fé é meu norte, como costumo dizer pros mais chegados. Procuro analisar as circunstâncias com criticidade, mas de modo alinhado aos meus valores cristãos. Gosto de praticidade, me sinto uma pessoa prática. Sou leitor compulsivo, tento me manter informado, sou um homem politizado também. E tenho mania de filosofar principalmente com a Giovana e com os meus amigos, vira e mexe eu lanço uma discussão sobre um tema qualquer. — Agora se divertiu lembrando rapidamente de algumas passagens engraçadas. — Eu sou muito ligado à família, até porque desde adolescente assumi responsabilidades. Gosto do meu trabalho, gosto do que faço, mas teria feito Psicologia se tivesse tido chance.

— Desculpa te interromper, mas por que você não teve chance? Você tem formação superior, eu li!

— Sim, mas foi uma luta, eu fiz administração porque era a vontade do meu pai, por conta da loja, do sítio, fazenda. Mas se eu tivesse que escolher seria, psicólogo, como a senhora. Acho que casa muito com meu lado espiritual e no lidar com pessoas. É algo latente em mim também, instinto de liderança. Sempre tive. Tudo que me envolvo, naturalmente acabo tomando à frente.

— Interessante, mas quanto à profissão, você não pensa em fazer Psicologia? Você é jovem ainda, dá muito tempo! — aconselhou a psicóloga.

— É, talvez, atualmente me sinto com a cabeça muito

cheia de responsabilidades pra assumir e aguentar a rotina de estudo, tipo: faculdade. Mas concordo, sempre há tempo — justificou Alex.

— Percebi na sua descrição que você usou o termo comum, "sou um cara comum", por quê? Você não se enxerga como um cara único, talvez até especial? — Não sei realmente se foi isso que você quis dizer.

— Ah, não, quando eu disse comum, quis dizer que me sinto parte da humanidade como indivíduo, porém dentro da massa. Me fiz entender?

— Ah, sim, mas você não se sente especial? — Apertou a psicóloga, querendo arrancar algo mais profundo.

— Espiritualmente, sim, humanamente, não. Eu sei que meu jeito de ser, até no que concerne a liderar, acaba sempre me colocando em evidência e eu não lido muito bem com isso, por conta da minha fé.

— Olha que coincidência, se é que coincidências existem, a Giovana falou a mesma sobre ela, apenas em um ponto diferente, porém argumentou um motivo igual, não ficar em evidência devido a fé.

— É mesmo?

— Sim, é mesmo, mas depois você pergunta pra ela, tá? Eu não posso falar. — E sorriram. — Eu sinto que a religiosidade em vocês conta bastante, tem muito peso em vocês.

— E isso é algo ruim, doutora?

— Depende, se isso fizer vocês trocarem a felicidade por frustração, sim. Mas não é o caso aqui. Na verdade, a história de vocês está entrelaçada com a vivência da fé, dentro da comunidade, da Igreja, não é? A Giovana me contou como se conheceram. Particularmente, eu achei linda a história de amizade inicial de vocês, mas queria saber de você, um pouco mais sobre essa época de namoro.

— Ah, então, ela deve ter te contado que ficamos enrolando por um tempo, não?

— É, na verdade ela foi um pouco mais descritiva... Ela disse que vocês ficavam, tinham um relacionamento de muita proximidade, um ia na casa do outro, saiam juntos, mas namorar sério foi depois que ela disse que ia pra Europa. Foi assim?

Alex julgou não ser o momento de contar sobre seu passado e os reais motivos, então simplesmente declarou:

— Eu sempre fui muito atribulado com as responsabilidades do trabalho e não queria que isso resvalasse na Giovana, mas depois percebi que isso era coisa da minha cabeça e desencanei.

— Você sempre quis ser pai? A Giovana indiretamente me disse isso...

— Exato, eu sempre quis ter filho, a Giovana e eu fizemos tudo direitinho, e eu fiz questão que fosse assim. É claro, e com ela, que é a pessoa que eu amo. Dra. Neide, eu penso que casamento pede filhos, e é também para filhos, não consigo separar isso. Não consigo entender casais que podem e não querem. Vez ou outra em reportagens vejo crianças, bebês sendo abandonados em latas de lixo, em beira de rio. Daí eu entro em conflito comigo e até com Deus, e digo: "Senhor! Tanta gente tendo filhos de qualquer jeito, às vezes apenas por um acidente, numa transa de carnaval; outros por serem vítimas de falta de educação e exclusão social que os levam à marginalidade total, e nós que fizemos tudo certinho e queremos, e estamos prontos aqui, não conseguimos".

A profissional apenas o ouvia, tinha total compreensão dos questionamentos daquele homem. E seus argumentos eram justos.

Alex se embargou nas palavras, mantinha-se agora, com os olhos fixos no crucifixo pequeno acima da porta.

— Está tudo bem, Alex? É possível continuarmos? senão, remarcamos...

— Não, não... Tá tudo bem! — Deu mais uma pequena parada e continuou: — Sabe, doutora, talvez essa vontade de adotar veio também dessa vontade de curar o mundo. Eu sei que é uma utopia, mas quero fazer a minha parte — disse, finalizando seus motivos.

— Oxalá, todos fizessem isso... O mundo ainda não seria perfeito, porque somos imperfeitos em muitas dimensões; mas certamente haveria muito mais motivação. Porque atos de amor e generosidade inspiram... — ponderou ela. — Você bem dizer já me respondeu, mas quero saber por que a adoção, Alex, se como eu soube pela sua mulher, vocês podem ter filhos naturalmente.

— Pois é, Dra. Neide! Quando a Gio foi diagnosticada com endometriose e começou o tratamento, ficamos aflitos, e o Frei Carlos foi lá em casa nos dar uma força. Mas ele fez de uma maneira tão inteligente, que hoje penso que foi um golpe de mestre...

— É? Me conta! — pediu a psicóloga.

— Ele veio com uma conversa que tínhamos que nos interrogar ou interrogar os acontecimentos pelo lado positivo, e que havia outras vertentes de paternidade e tal... Eu entendi uma coisa; a Giovana outra, mas não pensamos em adoção. De repente eu me vi buscando na internet por métodos mais modernos, inseminação e congelamento de óvulos, e blá-blá-blá... de repente, me deparei com uma propaganda do Ministério da Justiça sobre apadrinhamento afetivo, me interessei. Mas foi minha mãe que me abriu os olhos para a adoção e quando pensei em falar com a Giovana, ela veio contar da menina Vitória. Pronto, chegamos juntos na palavra adotar. Fomos rapidamente saber sobre o assunto, mas daí veio a notícia que a Giovana estava curada e agora podemos ter filhos. Mas veja só, quando eu pensava na adoção, eu sentia uma alegria, o coração quente, sei lá. Ela também, então seja o que Deus quiser de nós!

— Beleza! Foi um despertar bonito e consistente! O que você me diz sobre a sua mulher?

— A Giovana é a fôrma que Deus fez pro meu pãozinho! Somos plenos. Ela é o motivo de eu querer ser melhor, levantar, trabalhar e ser feliz todos os dias. É minha motivação, minha companheira de todas as horas.

— Você a vê como uma boa mãe?

— Cem por cento, e mais um pouco! Não é um sonho só meu, é dela também. Se a senhora visse o carinho que as crianças têm com ela na creche. Ela tem a vocação pra ser mãe!

— E você hoje, como seria o papai Alex?

— Ah, o homem mais feliz do mundo. Eu tenho tanta coisa pra ensinar, tanto carinho pra dar a esse filho ou filha. Eu gosto muito de ver um amigo meu, o Marco, com o filhinho dele o Michel, há uma cumplicidade invejável entre os dois: eles se entendem, vão ao futebol, jogam futebol juntos, vão pescar, é o grudinho do Marco... Se for menina, vou me permitir ser o melhor amigo dela e levar pra passear, sabe aqueles pais que se deixam até maquiar? — E riu, descontraído. — É assim que tenho vontade de ser. Outra coisa, a gente vive uma vida somente de trabalho, uma criança vai ser a alegria da nossa casa.

— Como pai adotivo, você sabe que vai acolher como seu, uma criança que virá com trauma de abandono e talvez de uma situação até mais difícil. Você se sente apto?

— Muito, estou ciente de que é um ato real de amor e pensando nas palavras do Frei Carlos: nós, a Giovana e eu, temos essa capacidade de ir um pouco mais além, no amor, no carinho, no acolhimento. É claro, eu penso que essa criança vai precisar de acompanhamento psicológico e nós também para ajudá-la.

— Maravilha, é isso mesmo! Fico tranquila de vocês terem essa consciência... Olha aí, tá vendo? Você sabe muito bem o que quer, Alex! Bom é isso aí por hoje... Vou chamar a Giovana para as considerações finais. — E assim procedeu, chamando a moça, que entrou de certa forma curiosa nas respostas do marido.

— Bom, minha gente! — Eu não posso revelar assim o que cada um disse; e claro, não é esse o propósito. Vocês se sintam à vontade para conversar em casa... Pondero aqui que vocês estão, sim, muito integrados, juntos mesmo, na decisão de adotar e me passaram confiança disso. Agradeço a veracidade das respostas, senti que falavam realmente com a razão e o coração. Não duvido da capacidade de ambos para receberem a guarda de uma criança ou adolescente.

— Nossa, é maravilhoso escutar suas palavras, Dra. Neide! — disse Giovana, vibrando por dentro de alegria.

— Obrigado à senhora pelo profissionalismo e o respeito na aplicação desta entrevista. Eu me emocionei, vi que a Gio se emocionou, isso quer dizer que nos sentimos à vontade para trazer a nossa verdade à tona! Obrigado!

— Não, eu que agradeço a confiança de vocês e a atitude corajosa, porque ela é! Isso aqui não é brincadeira, estamos escolhendo perfis verdadeiros para formar um lar com crianças de verdade. Obrigado por entenderem isso! Bom, agora é esperar... Não posso precisar para vocês quando será marcado o treinamento de capacitação, é um quarto e último passo até o deferimento, pós-análise do processo pelo juiz de direito, autorizando a colocação do nome de vocês no Cadastro Nacional de Adoção.

— Pode falar um pouquinho sobre esse treinamento? — pediu Alex.

— Claro, na verdade muito do que será passado no treinamento vocês já foram instruídos, mas nele vocês vão entender mais sobre os passos após a entrada de vocês no Cadastro Nacional de Adoção: prazos, como é feito o contato com os pretendentes quando uma criança ou adolescente é disponibilizado para adoção, como se dá a fase de convivência, e também tudo sobre o Poder Familiar. Esse ano já aconteceu, teremos outro treinamento para esse semestre, e o mais certo é que seja no final de novembro. Mas nós entraremos em contato com vocês. Então, para vocês, obrigado! — finalizou Dra. Neide.

— Obrigado então! Aguardamos! — disse Alex, conduzindo Giovana, que se despedia, também agradecendo.

E com a entrada da primavera, as expectativas para o agendamento do treinamento e finalização dos procedimentos antes de, enfim, entrarem no Cadastro de Adoção aumentavam e aguçavam as orações do casal, dos pais de Giovana e de dona Mariana, que colecionava insucessos em conseguir mudar a cabeça de Euzébio. Procurava ela sempre tocar no assunto com Alessandro, ou outro conhecido, mas ele se mantinha indiferente, distante, nunca perguntava, e isso machucava Alex.

No dia de Nossa Senhora Aparecida, o almoço de família era tradição. Alex e Giovana pensaram em declinar do convite de dona Mariana, e isso desagradou Euzébio, que se ligava aos costumes, mesmo que não fosse por religião. Inqueriu a mulher várias vezes nos dias que antecederam o feriado, querendo saber o que motivou, mas ele bem o sabia que o filho queria evitar desgostos com ele se alguém surgisse com o assunto da adoção.

Mariana dizia:

— Você é difícil, homem! É claro que eles não querem vir aqui pra se sentirem julgados pela sua cara zangada e comportamento intolerante, quando eles contarem da adoção se alguém mencionar o assunto... Eles estão felizes com isso e querem falar disso. E você, Zébio, com essa cara de merda pra eles... Não entende que isso é a mesma coisa de estar discriminando, fazendo pouco caso do filho deles. Tem noção do quanto isso dói?

— É, eu sei que tudo é culpa minha! Sempre foi, sempre é! — Vitimizando-se Euzébio — Se não querem vir, tudo bem, não venham, mas também não vou lá na casa deles mais... Mariana, outro dia eu estava conversando com o Eudes e o cumpade Aristides. Sabia que às vezes as crianças herdam problemas mentais, tendências até de virar assassinos ou de manifestarem doenças here... here...

— Hereditárias — gritou, zangada, Mariana. — Tá vendo, ainda fica ouvindo esses velhos ignorantes iguais a você, que nem sabem falar o nome dos termos, e em vez de estudarem o assunto e entender, interpretam as coisas de maneira completamente errada e preconceituosa. Abre a cabeça, Zébio! Doenças todos nós podemos desenvolver, adquirir, ou passar pros filhos. E você, em vez de ouvir seus amigos burros, que você mesmo vive rotulando de invejosos do teu trabalho e dinheiro; devia conversar e se instruir com seu filho, que te ama e sempre te amou, para entender como é o processo. Se existe um processo, é para explicar e instruir os pais sobre todos os problemas possíveis e circunstanciais.

Ouvindo a esposa, Euzébio cessou o assunto e saiu para o quarto se sentindo, desta vez, mexido com a bronca da mulher. De fato, Alex era o grande parceiro de vida, amigo, trabalhador, sócio, filho fiel. Nunca conhecera alguém tão comprometido com a família e com o trabalho. Por que não dar crédito a uma decisão do filho ao invés dos amigos, todos velhos e estacionados nas mesmices da vida? Talvez sua mulher tivesse mesmo razão. Ele estava se comportando como um inculto, tosco e de certa forma, ingrato. Então, pensou consigo: Na primeira oportunidade que tiver, eu quebro o gelo e converso com o Lex. E assim o fez naquele mesmo dia, quando o filho passou de sua casa para conversar sobre a venda do café.

— Lex, filho, vamos conversar ali na sala um pouco! — disse Euzébio. Alex estranhou a atitude do pai, porque pareceu pormenorizar as negociações do café, mas, interessado, o seguiu. E se sentaram próximos. Euzébio mantinha a mão esquerda segurando forte o braço do filho, que estava diligente, tentando compreender melhor o pai.

— Lex, eu estive conversando com sua mãe, e cê sabe, o jeito que ela tem de fazer a gente refletir nas coisas... E eu pensei muito e acho que estou sendo injusto contigo e com a Giovana sobre o processo de adoção do filho de vocês.

Uma chama esquentou o estômago de Alex; não estava crendo no que ouvia. Parecia sério, o pai não era dado a teatros, e sua feição fomentava a fé. Permaneceu calado, apenas queria escutar mais um pouco do que o velho tinha a dizer. E seu pai continuou:

— Eu tive uma criação dura, filho, e muito preconceituosa, eu confesso! Mas não posso te negar meu voto de confiança quando você decidiu por ser tão generoso com a vida. Talvez seja até um pouco de ciúmes por você conseguir ser tão superior assim... Me perdoe!

O jovem homem se sentiu confuso, foi pego de supetão pelo pai. No entanto, queria falar algo, mas não sabia escolher as palavras. E num impulso incalculado, puxou Euzébio em um abraço forte, que foi correspondido de imediato. Ficaram os dois abraçados no centro da sala. Mariana passava por ali e não conteve o espanto e a comoção. Louvado seja Deus! Eles se acertaram!, pensou e seguiu na ponta dos pés para não se fazer notar.

— Ah, pai, o que eu posso te dizer senão que essa é a maior prova de amor que eu poderia receber do senhor?! O teu apoio me faz mais forte e me tranquiliza.

— Óia, fio, você é bem dizer os meus braços direito e esquerdo. Eu quero que confie em mim e me conte mais sobre o processo, pra eu matar aqui dentro do peito e da cabeça as ideias ruins. Cê me ajuda?

— É claro, pai! Está com tempo agora? Porque é um pouco demorado.

— Manda brasa!

— Então, o processo de adoção consiste...

E lhe contou tudo, com todos os detalhes possíveis, incluindo as perguntas dos questionários. Euzébio sofreu também ali nos altos e baixos emocionais. Não deixou de palpitar em alguns pontos, mas foi amplamente cortês. Ao final, estavam os dois entrosados e fazendo planos para a criança. Foi um final de tarde feliz para ambos. Alex chegou radiante em sua casa, contando tudo para Giovana, que obviamente se alegrou e se aliviou também.

Se acertar com o pai fez com que o tempo passasse menos tenso e alegre para Alex. No final de novembro ele recebeu o telefonema da psicóloga e uma carta também chegou os convocando para a capacitação, dia 12/12. Contaram os dias.

Era uma quinta-feira, estavam novamente no fórum,

desta vez foram direcionados para uma sala no próprio térreo, a mesma que a assistente social os recebera da primeira vez. Havia outros casais, três na verdade, sendo um casal conhecido, de Alto dos Montes mesmo, e dois de Tapiratiba, a cidade vizinha. A Dra. Neide não se demorou, logo veio ao encontro dos casais com a mesma simpatia anterior. Sentaram-se em semicírculo, em volta de uma mesa. Havia lá preparado uma projeção, slides, afinal, era um treinamento, uma capacitação.

Dra. Neide tomou a palavra e os instruiu a perguntar em qualquer ponto de dúvida, apresentou novamente Kátia, a assistente social, e um jovenzinho esbelto, todo trajado no social, aparentando menos de 20 anos.

— Pessoal, este é o Gustavo, ele está fazendo estágio aqui no fórum. Ele vai acompanhar a capacitação, se vocês não se importarem.

Todos consentiram, o jovem então cumprimentou a todos com um bom-dia e sorriu. Alex sentiu-o familiar, mas logo o ignorou com o início da palestra.

— Bem, senhores, vocês foram chamados aqui para participarem deste curso que é muito importante na caminhada de vocês rumo à adoção. É lógico que vocês, Ana Alice e Antônio, que estão na segunda adoção, vieram participar e vão dar um testemunho aos outros no final.

Giovana então, apertou a mão de Alex, ouvindo que haveria um testemunho. Estava ansiosa por tudo, como se necessitasse ouvir boas notícias.

— A Kátia dará o treinamento junto comigo. Ela ficará na apresentação dos slides. Então, vocês já passaram pela maior parte do processo e certamente estão aí, eu acredito que ansiosos para concluir tudo. Este curso é aplicado para que possam em especial entenderem como será daqui pra frente, logo após vocês serem incluídos no cadastro de adoção. Então vou começar explicando como funciona esse cadastro... O Cadastro Nacional de Adoção foi criado em 2008 e se trata de uma ferramenta poderosa para ajudar os juízes das Varas de Infância e Juventude a cruzar dados e localizar pretendentes e, assim, adotar crianças e adolescentes aptas para adoção. Porque até então era uma dificuldade imensa fazer esse chaveamento de dados de um estado para o outro, dificultando o processo de adoção; outro fato importante também era a abrangência; apenas pretendentes brasileiros estavam contemplados para a adoção.

Ele fez uma curta pausa, olhando a reação dos presentes.

— Em 24/03/2013 o Conselho Nacional de Justiça autorizou que os estrangeiros e os brasileiros residentes no exterior também participassem do cadastro. O objetivo é aumentar a adoção de crianças mais velhas e adolescentes, que estão fora do perfil desejado pelos brasileiros. É, vamos falar mais sobre adoção tardia depois. Os estrangeiros são agora autorizados por lei para adotar, e para isso devem procurar a Justiça estadual de qualquer estado da federação e se candidatar. O juiz, então, localiza alguma criança daquela comarca que não foi adotada após entrar no cadastro; geralmente crianças mais velhas, fora do perfil pretendido por brasileiros. Agora, os residentes no exterior entrarão no cadastro, o que facilitará para os estrangeiros a localização das crianças em qualquer região do país. Retornando para nós, vamos entender agora quando uma criança está apta para a adoção. Quando ela é abandonada, seja qual for o motivo, não vai direto para adoção, e nem deve. São várias questões que a Vara de Infância e Juventude, alinhada aos Conselhos Tutelares, a serviço da Justiça, devem apurar, e um deles é se a criança tem algum familiar natural. É uma busca metódica e ampla. Só assim, terminada a busca e garantida a ausência de familiares, que o juiz definirá o início do processo de destituição do Poder Familiar. Sem essa destituição, a criança não estará apta para adoção. Entenderam? Alguma dúvida?

Alex, foi o primeiro:

— Então a criança permanecerá sob a guarda da justiça em um abrigo, até a destituição do Poder Familiar?

— Sim, Alex! É isso mesmo. No entanto, sendo nossa comarca pequena, e havendo encontrado um casal pretendente devidamente incluso no Cadastro Nacional de Adoção onde as características batem com o histórico daquela criança, o juiz pode conceder a guarda provisória para estes até a finalização do processo de destituição do Poder Familiar. Mas isso, atenção, com a ciência do casal de que o processo ainda corre, ou seja, numa eventual descoberta de um parente longínquo, a justiça vai consultar esse parente e se ele se interessar, o casal deverá entregar a criança. É como se eles se oferecessem para cuidar dessa criança, porém sabendo que não são ainda os pais adotivos. Para consentir isso, e o juiz só o fará, se a Vara de Infância garantir que as chances de um parente ser encontrado for quase nula.

— Nossa, então essa pesquisa de vocês tem que ser

muito abrangente mesmo. Seria uma temeridade para a criança e pro casal, mesmo eles estando cientes que há chance de acontecer algum problema — ponderou Rogério, um dos pretendentes presentes ali.

— Sim, sim! É muito sério isso, portanto é até raro que algum juiz o faça — respondeu Kátia.

— Seguindo então, pessoal — retomou a psicóloga —, o Poder Familiar é o fator chave neste processo, então vamos agora entender no que ele consiste: Poder Familiar ou Pátrio Poder, como se diziam até pouco tempo, segundo o Código Civil 2002, "consiste no conjunto de direitos e deveres atribuídos aos pais, no tocante à pessoa e aos bens dos filhos menores". No que tange a lei: o Poder familiar é instituído no interesse dos filhos e da família, não em proveito dos pais, em especial, em atenção ao princípio constitucional da paternidade responsável, estabelecido no artigo 226, § 7º[1] , da Constituição Federal .

O Código Civil nos diz que "Durante o casamento e a união estável, compete o poder familiar aos pais; na falta ou impedimento de um deles, o outro exercerá com exclusividade. Parágrafo único. Divergindo os pais quanto ao exercício do poder familiar é assegurada a qualquer deles recorrer ao juiz para solução do desacordo"[2] . Deu pra compreender, pessoal?

Todos responderam ou gesticularam que sim.

— Linguagem jurídica é sempre dolorosa pra maioria das pessoas porque não falamos nesses termos em nosso dia a dia — justificou Dra. Neide. — Deixando todos descontraídos.

— Pois bem! Alguma dúvida? — Gesticularam que não. — Se

1 Artigo: Poder familiar — Conceito — Site: diretinet.com.br
2 Código Civil 2022, Artigo 1631

lembrarem, perguntem...

— Tenho sim — disse Giovana, às pressas: — Quanto tempo dura essa fase do processo?

— Íamos falar disso agora: o prazo de destituição do Poder Familiar é de até 1 ano, mas pode durar mais, isso condizente com a realidade do processo de cada um de vocês, ou seja, tem casais aqui que foram mais específicos quanto ao perfil da criança; para esses eu adianto que pode durar mais.

Esse comentário gerou burburinho entre os casais, logo, uma das pretendentes chamada, Cláudia, contrariada com a resposta, argumentou:

— Então podemos ficar anos na fila desse cadastro?

— Olha, Cláudia, sim! Não me recordo direito do que vocês colocaram no pré-cadastro, mas se vocês foram muito exigentes, compreenda que as chances de aparecer logo de cara uma criança portadora desse perfil é mais remota. Lógico, tudo pode acontecer, às vezes não!

A mulher então pôs-se a cochichar com o marido alterada em humor.

Alex e Giovana, permaneciam tranquilos, pois tinham ciência que foram fidedignos ao responderem o pré-cadastro; dentro dos seus limites e possibilidades.

— Mas alguma dúvida ou comentário? — indagou a psicóloga, havendo silêncio.

— Pessoal, um conselho nosso, volto a lembrar que recém-nascidos é muito difícil aparecer, já explicamos isso a vocês e os motivos. Tentem pensar também na adoção de crianças maiores. Vocês podem alterar o cadastro anualmente. Sei que a maioria tem medo, preferem dar a sua educação desde bebezinho, mas mesmo assim, é uma questão apenas de conhecimento da história de cada criança e adolescente. Vamos falar ainda sobre isso, calma... — disse a assistente social, auxiliando a psicóloga.

— Continuando... Agora vamos falar de quando for localizada a criança para o perfil de vocês. Lembrando que, na verdade, são vocês que são localizados para o perfil da criança. Quando acontecer, nós entraremos em contato com vocês e os convidaremos a conhecer o histórico desta criança, ok?

— Ah, eu pensava que nós iríamos ser chamados no abrigo, por exemplo, e já conheceríamos a criança — declarou a esposa de Rogério, que também se ajeitou na cadeira ao ouvir a notícia.

— Não, de maneira nenhuma! Tudo é feito com o máximo cuidado, para o bem-estar da criança. Se vocês disserem que tem o interesse em conhecer, então nós agendaremos uma data, e vocês virão aqui no fórum. Se não concordarem, vocês justificam, é direito de vocês, daí vocês continuam no cadastro esperando...

— Se concordarem na data agendada, um histórico detalhado da criança, com todas as informações necessárias para que vocês conheçam a realidade dela, suas origens, onde nasceu, o que aconteceu, se sofreu maus tratos, tudo, tudo será passado e explicado. É um momento importante, apresentaremos uma foto da criança também.

Havia agora apreensão em todos os rostos, em completa singularidade de sentimentos.

— Ouviram o histórico, aceitaram conhecer a criança, então será uma nova fase. Tudo será preparado para o primeiro encontro de vocês com a criança. Pode ser num parquinho, numa pracinha, num lugar que ela possa se sentir bem, e vocês vão lá para conversar com ela, brincar, interagir. Lógico, esse encontro é supervisionado por nós.

Giovana e Alex se emocionaram imaginando aquela cena, os outros casais também.

— Emocionaram, né? Nós também!

— São vocês que trazem a criança, a gente não pode buscar no abrigo? — perguntou Rogério.

— Olha, é sempre melhor assim. Aqui nós já fizemos vários encontros no parquinho da praça aqui ao lado. Dá sempre muito certo. Lembrem-se que é um primeiro contato, um primeiro olhar — explicou Kátia, sorrindo emocionada.

— Vai ser um dia lindo, especial — completou Alex.

— Estou tremendo, olha aqui! — disse Giovana, mostrando as mãos para Alex e tirando sorriso de todos.

— Digo mais para vocês; têm muitos casos de amor à primeira vista. Encantamento, sabe? Outros demoram um pouquinho, o casal às vezes fica nervoso e isso é natural, mas no fim tudo dá certo.

— E se a criança não interagir com a gente? — perguntou o marido de Cláudia.

— Tem casos e casos, Sr. Amauri. Depende da idade da criança, da maneira com que os pretendentes reagem. Cabe ao casal se preparar, ter paciência, ir no tempo da criança. Porque vocês conhecerão a história dela, se vocês se preparam com as informações que tem, tudo acaba dando certo.

— E se a gente não interagir com a criança. Se na hora cair a ficha que não é a criança certa pra nós? — disparou Cláudia, com certo mau humor.

Giovana então opinou:

— Mas eu acho difícil isso acontecer num primeiro encontro. É como a Dra. Neide expôs, já conheceremos a situação psicológica da criança, se levarmos isso em conta, caberá boa vontade da nossa parte, alguma coisa boa vai sair dali.

— Isso mesmo, Giovana! É por aí, tem sempre que pensar positivo. Digo mais uma vez, ninguém é obrigado a seguir pra fazer o primeiro contato, vocês podem desistir na hora que a gente apresentar o histórico, falar sobre o psicológico e emocional da criança, se sentirem que não é pra vocês. Melhor que seja nesse momento.

Cláudia olhou com repreensão para Giovana, não gostando do pitaco dado por ela em sua pergunta. Giovana, segura de si, ignorou.

Alex então perguntou, destilando bom-humor:

— E se deu tudo certo, doutora, podemos pegar e correr com ele ou ela pra casa?

E houve gargalhadas, Rogério e sua esposa principalmente.

— Não, não... Seria bom se pudesse né, Alex? Mas ainda não. Vocês poderão ir se aproximando aos poucos, aumentando a frequência de visitas, poderão levá-la para passeios. Com o Poder Familiar destituído e apresentados os relatórios de avaliação ao juiz, vocês entrarão com o pedido de guarda provisória e ele então deferirá a favor ou contra. Dando a favor, aí sim, a criança poderá ser recebida na casa de vocês e começará outra e última fase, que será a fase de convivência. É a fase que haverá a introdução da criança no seio da família, uma aclimatação. Olha, nessa fase é onde ocorrem geralmente as grandes descobertas dela em vocês e vocês com ela e também as frustrações. É onde deve entrar a paciência, a observação, o tato, o carinho. Vocês estão cientes que não será um mar de rosas, com poucas exceções. Nós continuaremos a acompanhar vocês e a criança. Se tudo evoluir bem, o juiz transferirá o Poder Familiar, a guarda definitiva para vocês.

— Mas existem desistências? Casais que chegam a devolver? — perguntou Giovana, com apreensão no olhar.

— Infelizmente sim, e acontece viu! Mesmo o havendo todos esses recursos de informação durante o processo, muitos casais idealizam um filho à sua maneira, de tal maneira que não se abrem realmente para conhecê-lo, sabê-lo. Nossa obrigação é avaliar se a criança não está se adaptando, se está sofrendo. Neste caso, constatando a incompatibilidade, temos que intervir e agir e isso leva a desistências ao ponto da criança ser devolvida.

Todos se entreolharam com grande pesar e um certo ar de inconformidade. E um receio de algum problema futuro acontecer; afinal, todos com exceção do casal que já havia adotado, eram marinheiros de primeira viagem. Ficava absurdamente claro que era preciso, mais que tudo, ter autoconhecimento e dedicação.

— Pessoal! — chamou Dra. Neide. — Alguém de vocês havia me perguntado na entrevista sobre o nome da criança, se quando adotar poderá dar o nome que escolheu e deseja para o filho. — Olha, depende do contexto da adoção; se a criança é recém-nascida, foi abandonada sem qualquer documentação, se não conseguimos contato nenhum com a mãe e tal, certamente, o juiz poderá dar a guarda provisória para os pretendentes e os mesmos poderão dar um nome. E tem outros casos possíveis também que poderíamos usar de exemplo aqui, mas percebam que neste caso a criança é bebezinha, ainda não tem condições de se perceber por um nome. Agora quando a criança é maior, possivelmente ela já terá um nome, e nome é algo muito próprio, de foro íntimo mesmo; é tudo que a criança tem de seu. Ela já se identifica, percebem? Então, eis a pergunta, pode mudar? Pode, mas aconselhamos que não o façam, porque vai causar estranheza para a criança, ela se sentirá confusa. Me fiz entender?

— Ué, podemos colocar o nome escolhido como segundo nome. Isto é, se ornar? — argumentou Rogério.

— É uma ótima ideia, por que não? — concordou Alex.

— Por fim, queremos falar com vocês sobre a Adoção Tardia — disse a Dra. Neide, solicitando ajuda de Kátia.

— Pois é, pessoal, é uma grande chaga no nosso país o pouco interesse dos casais pretendentes à adoção em adotar crianças maiores que 9 anos, pré-adolescentes e adolescentes. A demanda para a adoção é grande, mas a seletividade praticada pela maioria dos pretendentes e a falta de informação que gera preconceitos, faz com que muitas crianças passem a vida toda em abrigos e orfanatos até a maioridade completada aos 18 anos, sem chance de terem um lar.

— Mas o que leva o nosso povo ser tão específico e

seletivo, Kátia?

— É um paradoxo cultural, Giovana. Falo aqui sem julgamentos, porque é uma realidade: somos um país mestiço, porém as pessoas ainda têm uma visão preconceituosa muito arraigada, que muitas vezes leva a buscas por crianças com um padrão de cor de pele e olhos mais claros, cabelos lisos etc.

— Às vezes é puro padrão estético, nem chega a ser preconceito racial — argumentou Rogério.

— Mas é muito difícil separar uma coisa da outra, meu chapa! Concorda? — rebateu Alex de maneira ponderada.

— E têm as crianças que têm problemas físicos, mentais ou qualquer outra doença, não é? — perguntou Giovana

— Exato, temos uma bagatela de crianças que, infelizmente, serão adotadas somente por um milagre. E por isso são as mais fáceis de serem adotadas.

— À primeira vista eu me encantei pelo slogan de uma propaganda na internet sobre apadrinhamento afetivo. Ali nasceu o germe da adoção em mim, pode se dizer. Pelo que estudei disso, a campanha era vinculada ao Tribunal de Justiça do Estado, exatamente para fomentar o interesse na adoção tardia — revelou Alex.

— O outro ponto mais massivo é o medo de que uma criança mais velha ou adolescente não consiga mais absorver valores, ou se ajustar a uma vida familiar, por existir neles uma personalidade formada e traumas consolidados. Tenho certeza que isso passou pela cabeça de vocês, em algum momento do processo.

— É a pura verdade! — disse Cristina.

— A gente sempre idealiza os pequenos, porque se sente mais seguro em moldar o caráter e realmente transmitir os valores importantes pra gente — disse Alex.

— O que acontece com aqueles que não conseguem ser adotados? — perguntou a mulher de Rogério.

— Eles são amparados pelo Estado e permanecem nos abrigos e orfanatos até completarem 18 anos, que é a maioridade civil. Depois eles saem e tem que caminhar com as próprias pernas.

— Mas ninguém mais dá suporte a eles? Tipo, casa, trabalho e tal?

— Enquanto estão conosco eles estudam normalmente e também aprendem ofícios de trabalho, e conseguimos padrinhos afetivos que continuam dando suporte pra vida deles. Não é porque são maiores que os padrinhos e benfeitores têm que se afastar. Esse é um vínculo que pode durar a vida toda, a não ser que um dos lados não queira mais. O Estado deve manter suporte até que eles consigam se sustentar e se manter sozinhos. Há casos aqui na comarca de jovens que possuem padrinhos até hoje, não se desligaram, ok? Isso é muito importante — esclareceu a psicóloga. — Eu peço a vocês que pensem, reflitam sobre a hipótese de adoção tardia. Deem um voto de confiança também aos maiores, porque quando acolhidos e compreendidos, são eles muito amorosos e trarão muitas alegrias. Vejam que a maioria hoje são adotados por estrangeiros, temos histórias lindas, testemunhadas pelos pais e pelos filhos adotivos. Se quiserem saber mais, nos procurem, ok? Bom, minha gente, eu quero agora convidar o casal Ana Alice e Antônio… Como disse no começo, eles já são pais adotivos e gostaram tanto que vão adotar de novo. Então, obrigado a vocês por este testemunho, por esta ajuda aos seus colegas aqui presentes.

O casal se levantou sob aplausos. Era possível observar apreensão nos olhos de Antônio, certamente por falta de costume em falar em público. Já sua esposa, transbordava satisfação e serenidade no amplo sorriso ao se levantar.

A história daquele casal fora de muita luta, ele não podia ter filhos. Ficou estéril devido a uma caxumba mal curada na adolescência. Descobriram somente depois do casamento. Havia comido o pão que o diabo amassou com pressões de ambos os lados e de colegas, por não terem filhos, e no caso de Antônio, constantemente fora vítima de piadas e esculhambações na família, em especial do pai e do irmão mais velho. Como pode isso? As pessoas que deveriam dar amor e compreensão, muitas vezes são as causadoras de maior desrespeito, incompreensão e dor, refletia Alex enquanto ouvia o relato de Antônio, revivendo também as armações do tio, do primo, e as cobranças de seu pai Euzébio.

Felizmente quanto à adoção para eles tudo tinha acontecido da melhor maneira possível. Uma menina linda, mostrada em fotos com os dois, chegara com 5 aninhos para remediar todos os males. Quem poderia resistir ao relato de Ana Alice ao descrever a sensação de segurar a menina pela primeira vez, de sentir o abraço dado inesperadamente pela menina, da primeira vez que a chamou de mãe. Giovana estava extasiada se colocando no lugar.

Alex compreendia que tudo acontece na hora exata,

bastaria confiar.

Saíram do fórum de alma lavada, confiantes que seria apenas questão de tempo. E Deus é o senhor do tempo e da história.

O SUBLIME PODER DA CONFIANÇA

No segundo dia de fevereiro, uma carta foi entregue em mãos na loja Ribeiro França Insumos e Sementes Ltda. O oficial de justiça não encontrou o casal em sua residência e se assuntou onde encontrá-los. Alex a recebeu em estado de graça, com mãos trêmulas e boca seca. O oficial de justiça solicitou sua assinatura e a mesma custava a sair. Marco via a alegria do amigo e o cercava com bendições e curiosidade.

— Abre logo, Lex, é a notícia que vocês esperavam! — E só podia ser, pensava ele, agora se embaraçando para conseguir abrir. Por fim, abriu e leu. As lágrimas saltaram os olhos, e num abraço, soltou em gritos:

— Saiu, Marcão, saiu! O juiz deferiu, estamos no cadastro!

— Oh, Deus é bom, meu amigo, vocês merecem! — disse Marco, contagiando-se de alegria. — Logo vai chegar!

— Ó Marco, só Deus sabe o que estou sentindo, louvado seja Seu Nome no mais alto dos céus! — E tomado de euforia, saiu correndo como um menino que ganhara um presente:
— Vou contar pra Gio!

E foi em saltos buscar o carro. Estava tão inebriado de felicidade que não achava o buraco da chave, mas nada lhe poderia roubar aquele momento.

— Nosso filho tá chegando! Tá chegando!!

De seu consultório, Giovana, e obviamente todos que por lá estavam, ouviram uma buzina se aproximando. Espantada e curiosa, engendrava qual louco estaria surtando no trânsito, até que ouviu em grito seu nome:

— Gio! Gio! Giovana!

Em completo desbrio, comentou com seu paciente, em consulta:

— Misericórdia, parece que estão gritando meu nome? Você ouviu?

O paciente, em riso, respondeu:

— Sim, estão chamando a senhora!

— Meu Pai amado, é o meu marido! — Reconhecendo a voz. E a buzina comia solta.

— Gente, ele enlouqueceu! — E saiu às pressas ao encontro dele. Saíram todos da clínica, gente parada na rua observando curiosos, outros nas janelas.

— Alex, que isso? Cê tá doido? — Foi ela ao encontro dele e o viu descendo do carro, tomado de energia e puro sorriso.

— Bem, desculpa por essa loucura, mas só no coração não cabia.

E tirando o comunicado do bolso, segurou-o na não, chacoalhando como a um bilhete premiado. Giovana foi entendendo e ao mesmo tempo suas pernas foram arqueando. Levou as duas mãos à boca que se armava para um grito.

— Você já entendeu, né, bem? O que é essa carta!

Ela foi se achegando nele, como em câmera lenta, e gesticulando com a cabeça em sinal de sim.

— Ai, meu amor, estamos no cadastro... É isso?

Ele apenas assentiu com a cabeça em concordância e Giovana deflagrou-se em gritos, pulando no pescoço do marido e o abraçando forte!

— Deus é grande, Deus é bom!! Ah, que maravilha, amor! — E chorou, mantendo-se agarrada ao marido. Os que observavam a cena, intrigavam-se e se perguntavam o que estava acontecendo. Os que sabiam, como os amigos e colegas da clínica, foram se aproximando para cumprimentá-los. Todos estavam plenos de um espírito de apoio e compreensão.

E Giovana se virando para eles apregoou:

— Gente, agora tá tudo certo! Nosso filho está mais perto!

E houve aplausos e felicitações. E como conter a notícia em cidade pequena? Impossível. Muitos souberam e tentavam absorver, pois não sabiam, tampouco entendiam o que era um processo de adoção.

Mariana logo resolveu que um jantar era necessário, e as famílias se regozijaram, até Nando foi com a mulher, o filho e seu pai, que havia melhorado muito, mas precisava ainda de auxílio para se locomover.

— Mano, quanto tempo agora para vir a criança? Imagino que seja breve! — perguntou Alessandro.

— Sandrinho, isso não conseguimos prever. Tudo depende do perfil que demos da criança em nosso cadastro e da vontade de Deus. Aprendemos nesse processo que o importante é a confiança e quando for o momento exato, acontecerá.

— Fio, vocês têm que se preparar quanto a quarto, roupas e tudo mais...

— Nossa que vovô preocupado! Quem te viu, quem te vê! — gracejou Alessandro.

— É uai, eles têm que pensar nessas coisas — disse, resmungando, Euzébio.

— Claro, pai! Mas se o pai visitasse mais nossa casa, saberia que o quarto está pronto. Só vamos ter que trocar algumas coisas se for uma menininha. Deixar mais feminino nas cores, né? — disse Alex, feliz por ver o envolvimento de seu pai.

— Ai, filho, se for um menininha, vou me derreter comprando vestidinhos. Menina tem como a gente abusar quanto a roupas! Vai ser uma princesinha! — disse Mariana, destilando mimos. — Você tem preferência, Giovana?

— Olha, dona Mariana, uma menina vai ser mais companhia pra mim, mas eu realmente não tenho preferência, o que tiver que ser para nós, será bem acolhido e amado! Olha, enfim, parece que estou sentindo o gostinho do sonho.

— E que Deus abençoe esta criança tão amada e tão desejada! — declarou Honório, levantando a taça e convidando todos para um brinde. E em coro todos brindaram:

— Amém!

Um dia memorável deixaria um rastro de perfume de esperança por vários dias que se seguiram, perfazendo os primeiros meses. Alex era todo oração, e se aplicava mais nos domingos nas missas e naqueles que, exercendo o seu serviço como Ministro da Sagrada Comunhão, visitava o seu grupo de idosos e doentes em suas casas, levando-lhes a Santíssima Eucaristia e uma palavra amiga de conforto. Seguia uma escala organizada anualmente pelo coordenador do ministério conjuntamente com o Frei Carlos. Nos seus domingos de visita, ele chegava quase 1 hora antes da primeira missa da manhã, e permanecia em Adoração Eucarística sentado num banco lateral dentro da Capela do Santíssimo. Quietinho ali, Alex rezava por sua vida. Agradecia, adorava em pensamento e com orações lidas, lia sempre algum trecho do Evangelho e meditava depois sobre os versículos lidos. Pedia por si, por Giovana, por seus pais, familiares e amigos; pedia por seu grupo de visitas, mentalizando em luz os rostos e as dificuldades de cada um; pedia por seu filho ou filha que iria chegar. Implorava a Jesus Eucarístico que o capacitasse na paternidade e à Giovana também, na maternidade. E que fossem felizes. As visitas se davam após a missa.

Certa manhã, um de seus amigos e colegas de ministério passou pela capela e pôs-se a observá-lo. Ele orava tão introspectivo que não percebia o movimento dentro da Capela. Reinaldo o admirava e sentia vontade de se aproximar mais de Alex. Ele era filho adotivo e sabia que Alex estava para adotar.

Ao vê-lo sair da Capela, minutos depois foi ter com ele.

— Alex, me dá um minutinho?

— Pois não, Reinaldo! Tá tudo bem contigo e com a família?

— Opa, tá tudo nos conformes, graças a Deus! Desculpe, se você não se importa, queria conversar um instante contigo. Falta ainda alguns minutos para o início da missa. Tudo bem?

— Claro, vamos nos sentar num dos bancos mais atrás.

E foram.

— Sabe o que é, rapaz! Nós todos aqui estamos acompanhando seu processo de adoção, e estamos orando por vocês...

— Poxa, Reinaldo, eu agradeço esse carinho. Obrigado! Estamos segurando a ansiedade, agora que já passou alguns meses, eu sinto que ela tá aumentando, mas confio em Deus!

— Eu, mais que ninguém, entendo o que é estar do outro lado, meu irmão.

— Como assim, você foi...

— Sim, sim — interrompeu Reinaldo, esboçando um sorriso —, eu sou filho adotivo. Meus pais me adotaram quando eu tinha 13 anos.

— Verdade, irmão? Eu já te vi várias vezes com seu pai na loja comprando sementes; mas como? Você é a cara do seu pai! Desculpe por falar isso, mas é verdade. Jamais desconfiaria.

— Eita, num é que todo mundo quando descobre me fala a mesma coisa. Eu acho que é o amor, a cumplicidade, faz até a semelhança se alinhar — argumentou, garboso, Reinaldo.

— Rapaz, que fantástico isso! Ficamos a Giovana e eu conversando sobre isso: será que vai parecer com a gente? Se fosse, seria tão legal! E assim ficamos em pleno devaneios...

— Olha, Alex, eu queria compartilhar com você minhas lembranças da época de orfanato. Eu cresci num abrigo de São João da Boa Vista, cheguei lá bem pequeno, quase não lembro direito. Lembro de uma senhora negra me levando no colo, ela me dizia que era pra eu ficar bonzinho com as tias da escola. Me disseram que era minha avó! Me lembro dela ter ido lá ainda algumas vezes me visitar. Eu chorava, sabe? Quando ela ia embora e me deixava pra trás, mas eu era tão doentinho que não tinha nem força pra chorar direito. Tive uma bronquite severa desde noivinho, fui hospitalizado várias vezes. Resumindo: depois essa senhora parou de me visitar, somente quando fiquei maior é que a psicóloga do orfanato me informou que ela tinha morrido. De meus pais nunca soube.

— Eu posso imaginar sua dor, Reinaldo. Sinceramente, sinto muito!

— Nada, eu de fato era tão frágil que volta e meia estava no hospital, acabei me acostumando a ficar sozinho. O pessoal do orfanato era muito carinhoso comigo, as irmãs também, eu tinha um grande apego nelas. Me faziam sentir especial. E como eu era magrinho, franzino, todos me defendiam e bajulavam um pouquinho, sabe? Mas eu fui crescendo e vendo as crianças se despedindo, meus amiguinhos, colegas de quarto, todos indo embora. Na época, sempre tinha casais querendo conhecer as crianças e eu, tadinho de mim! Escurinho, franzino, quase não falava, acabava passando batido aos olhares aguçados das madames, que brilhavam quando viam os lourinhos, branquinhos. Uns até falavam que eram bonitas demais pra terem sido abandonadas...

— Vocês ouviam essas conversas absurdas? — indagou Alex, completamente solidário e comovido com a história do colega.

— O pessoal do orfanato e as irmãs procuravam nos blindar disso, mas algumas vezes escapava algo assim. Daí de mansinho a irmã Lenita me pegava e levava para brincar noutro lugar.

— Deve ter sido arrasador, meu caro! Por isso que a assistente social nos contou durante o período de formação que antes acontecia isso; era como um outro abandono. E Graças a Deus que hoje não é mais assim!

— Pois é, mas na minha época era! Vixe, deixa eu me apressar porque a missa daqui a pouco começa. Faltam 10 minutos...

— Nossa, é verdade... Mas me responde apenas uma coisa: como você conseguiu ser adotado?

— Eu já estava sem esperança de ser adotado. Queria um lar, uma casa, uma família, mas estava velho pra adoção, já estava com 13 anos. Um dia meu pai adotivo foi até o orfanato levar de carona um amigo que procurava notícias do sobrinho e, diz ele, que me viu no alambrado, olhando pra fora, segurando as telas como se quisesse passar através delas. Notou que os outros meninos jogavam futebol no campinho atrás de mim, outras crianças corriam e foliavam, mas eu estava ali, imóvel; segundo ele, com olhar perdido ao longe, solitário. Ele sentiu que eu pedia socorro para alguém e captou. De fato, me lembro da cena, eu me perguntava onde estaria minha família... Mas só dei conta quando ele me chamou pela grade.

"— Opa, oi garoto, por que não está brincando com os outros?"

E eu me assustei e não sabia o que responder. Estava tão acostumado das pessoas me ignorarem. Mas ele insistiu:

"Por que está tão triste aí, filho?"

Olha, eu sei que ele usou a palavra filho por força de expressão, mas pra mim, foi tudo! Ninguém havia me chamado de filho antes. Eu até hoje não sei o que me deu, só sei que saiu:

"— Eu quero ir pra casa!

— Mas onde é sua casa?

— Em algum lugar por aí, moço!

— Você quer que eu te leve pra sua casa?"

— Minha resposta ficou engasgada, então lembro que chorei, e ele me consolou:

"— Olha, meu nome é Geraldo, me diz o seu!

— Reinaldo!

— Que nome bonito, Reinaldo! Mas não precisa chorar. Seguinte, hoje não vai ter como, mas eu volto aqui e vou ver se posso te levar pra passear na minha casa, você quer?"

— Ouvir aquilo me deu alento, me animou; afinal, ele estava mostrando preocupação comigo. Mas eu disse:

"— Moço, o senhor vai mesmo voltar aqui?

— É uma promessa, e homem de verdade não descumpre suas promessas!"

— Eu nunca vou esquecer. Ele se esticou na parede até me alcançar, pegou na minha mão com força e falou:

"— Toca aqui, meu chapa! É palavra de homem! Agora, se anime, vai... Vai jogar bola com seus amigos e faz um gol bonito pro seu amigo Geraldo!"

—E eu sorri e fiz um tchau confiando na palavra dele. Ele então me fez um sinal de joia. Nisso o amigo dele saiu e foram pro carro.

A Igreja, agora, se enchia e se recolhia em silêncio para o início da missa e Alex estava imóvel e imerso na história de Reinaldo.

— E ele cumpriu? — perguntou Alex.

— Não só cumpriu, como voltou no outro dia e me levou uma bola e uma camisa do Palmeiras, que é o time dele. Passou uns 15 dias e eu fui autorizado a sair pra passear com ele e conheci minha mãe. Ela me tratou com muito carinho. Foi o dia mais especial da minha vida. Lembro-me do dia em que eles foram me buscar em definitivo. Eu estava radiante, de banho tomado, roupa nova, que eles me deram e uma mochila com minhas poucas roupas. Ah, e minha bola. Foi triste me despedir da Irmã Lenita, das outras irmãs, funcionários e dos amigos ali. Todos emocionados e eu mais ainda; mas minha vida começava novamente; e da melhor forma, tendo uma família. Ganhei um almoço, toda a minha nova família estava lá, e eu já os amava. Pouco tenho a reclamar, dos meus pais. Tenho outros irmãos, filhos deles que nasceram depois, mas nunca, nunca fui tratado de modo diferente. Até mesmo nas broncas e puxões de orelha. Eu os amo muito por isso!

— Reinaldo, que história linda é a sua! Obrigado por vir dividir comigo.

— Sabe, queria te falar, Alex, meu pai e minha mãe me conheceram e não perguntaram nada pra mim, eu era uma menino doente e meu pai me amou naquele alambrado. Não perca tempo, sei que todos querem os pequeninos, mas se tiver oportunidade, olhe para os maiores também. Eles podem te contar por si, suas histórias.

Alex se levantou e abraçou Reinaldo, depois disse:

— Obrigado mesmo por tirar o medo que ainda restava em meu coração. Vou me lembrar do que você acabou de me dizer, é uma promessa.

Naquele domingo, Alex se sentiu pesado, remoía o conteúdo de suas orações e lembrava da história de Reinaldo. Seria eles capazes de adotar um adolescente? Mas seria um novo choque na família. Ele mesmo nutria um medo de que um adolescente, com opinião e mentalidade formados, fosse mais complicado de se educar, de se transmitir valores. Enquanto fazia sua ronda de visitas, ele martelava com seus pensamentos. Jesus, ainda cabe mais oração nisso! Seis meses já foram, convém aguardar mais para pensar em adoção tardia? Responde-me, Senhor! Esse moço mal falava comigo e veio ter comigo do nada. O que o Senhor quer me mostrar nesse fato? Mas decidiu guardar tudo que ouvira para si.

Findava o ano, as casas, ruas, praças e comércios começavam a se pintar de luzes natalinas. A cidade tinha uma panca de alpina, muitas montanhas e serras ao redor. A entrada do verão intensificava o turismo pelas pousadas e cachoeiras. E os familiares que vinham de fora começavam a chegar, quanto mais se aproximavam as festividades de Natal e Ano-Novo. E o desejo descomunal de passar as festas com o filhinho no seio da família parecia cada dia mais distante. Giovana estava cética quanto a isso e Alex começava a desanimar também.

— Quem sabe agora em janeiro, Alex! — dizia seu amigo Mário, fazendo caminhada com o amigo ao crepúsculo.

— Ah, meu amigo, esperávamos que antes de 1 ano aconteceria, mas sabe quando começa a brotar aquela duvidazinha? Poxa, não fomos tão seletivos. Eu quis ligar no fórum, falar com a Dra. Neide, mas a Gio acha errado; afinal, tudo foi explicado para nós, temos que esperar.

— É, acho que ela está certa, Lex! E quanto a adotar uma criança mais velha, outro dia você me contou que andou pensando nisso?

— Pensei, pensei; aliás, continuo pensando. Fiquei atribulado com aquela história do Reinaldo. Sei lá! O problema mesmo é que eu sinto que a Giovana necessita de um pequeno ou pequena, ela quer isso, sabe? Vou esperar mais um tempo!

— Sabe aquela conversa nossa, ano passado, no cruzeiro? Quando te falei de eu querer ser pai e tal?

— Ah, não brinca, a Vivi tá grávida?

Sorrindo, Mário interrompeu a marcha e respondeu:

— Ainda não! Mas segui seu conselho e fui trazendo o assunto devagarzinho. Ela também tá firme com o psicólogo, esses dias atrás ela chegou em mim daquele jeitinho, nos carinhos e tal e me falou que tá mudando de ideia.

— Eu não te disse? Me deve uma! — zombou o amigo ao mesmo tempo em que festejou a notícia.

— Te devo duas, na verdade... Ela me contou que tem se sentido muito inspirada pela Giovana e por você, meu amigo! Falou que a vontade e a luta de vocês pra serem pais curou 50% do trauma dela.

— Ótimo, se já serviu pra isso, então nada está sendo em vão!

Falavam ainda quando o celular de Alex tocou. Era Melissa, mulher de Nando. Alex atendeu sem saber quem era, desconhecia aquele número. E tal foi sua surpresa, afobada e puxando o ar, a moça pediu que ele fosse urgente até a sua casa, porque seu pai e seu tio estavam em ferrenha discussão. Incrédulo quanto à situação, tomou rapidamente o carro, junto com o amigo, e rumaram para a casa do seu tio Ernesto.

Abusando da sorte, em ao menos duas esquinas, contornou subindo na guia. Mário apenas pedia calma. Quando chegaram na porta da casa, viram Melissa atônita, de pé em frente a porta da sala. Da soleira da casa se ouviam os xingamentos. Seu pai desatara a repreender o tio, por ter destratado o enfermeiro, a ponto do mesmo abandonar o emprego. Ernesto, mesmo com dificuldade em falar devido ao AVC, rebatia as acusações do irmão com vocabulário acintoso e chulo.

— Você só me dá trabalho, Ernesto! Até doente e entrevado você continua a mesma besta de sempre! Tá achando que a gente acha profissional como aquele em qualquer esquina? — gritava Euzébio.

— Não quero sua ajuda, seu muquirana, safado! Você dá com uma mão e cobra com a outra — respondia Ernesto.

— Miserável, mal agradecido! O Alex devia ter deixado você morrer nesse hospital daqui...

Foi quando Ernesto, num resquício súbito de força no braço esquerdo, atirou a bengala, encostada na beira da cama em Euzébio. Alex a pegou no ar, enquanto Mário puxou Euzébio, desviando-o para a esquerda.

— Cachorro, ordinário, eu vou te matar de uma vez! — urgiu Euzébio, sendo segurado por Mário.

Alex então, gritou:

— Basta! Chega!!

Pois foi esse o tempo de Ernesto se enfurecer de vez e

gritar pro irmão, na frente do filho e do amigo.

— Conta pra ele, seu velho safado, conta a verdade! Agora você me paga essa vida de humilhação que o cê me impôs.

— Que isso, tio Ernesto! Pare com a discussão besta!

— Não, agora eu vou até o fim!

Euzébio, entendendo o recado, desvencilhou-se de Mário e numa girada de corpo partiu para calar o irmão, tropeçando na borda do pequeno tapete, caindo de joelhos no chão.

— Pai! Pai, que isso?

— Presta atenção, Alex, aquela moça, aquela que se deitou com você no mato! — Foi falando Ernesto, engasgando e com dificuldade pela paralisia.

— Cale a boca, Ernesto! Filho não escuta esse maldito!

— Peraí, o que tem isso a ver? Que assunto é esse? — inquiriu Alex, totalmente confuso tentando acalmar os ânimos. E de repente surgi Nando, passando por Mário, gritando para o pai:

— Para com isso pai! Cê tá doido? Vai passar mal!

— Tô doido de raiva! — E continuou: — Cê pensa que foi por tua culpa que aquela moça fugiu? Não, foi não... Foi culpa desse aí que tá no chão.

Euzébio fechou os olhos, apertando o peito suado com as mãos, enquanto Nando o ajudava a se levantar

— Dá bola, não, Lex! Isso é mentira, é loucura do pai! — interveio Nando, tentando desmoralizar o pai.

— Cala boca, Fernando! — grunhiu Ernesto com a língua quase que enrolada, mas se fazendo entender.

— O que tem meu pai a ver com essa história?

— Tudo! Antes dela falar ocê, ela me procurou e pediu pra falar com o seu pai. — E tossindo com a baba saindo da boca torta, continuou: — Eu levei ela lá no sítio um dia que ocê não tava e ela contou que tinha se deitado contigo e que o sangue dela estava atrasado...

Alex ouviu e aquilo parecia a materialização da maldição que sempre temeu...

— Pelo amor de Deus, tio, não brinca com isso! Se é uma mentira pra atingir o pai eu te adianto que...

— Não sô mentiroso, seu muleque! Tô te dizendo a verdade, guardei esses anos todos por ordem desse homi aí!

Alex olhou para o pai, ofegante, cansado, de pupilas ouriçadas de ódio, no entanto uma lágrima correu de seu olho direito. Era verdade, o pai não se permitiria uma lágrima sequer se fosse mentira. Mário se posicionou próximo ao amigo e disse:

— Coisas ditas com raiva não devem ser levadas em conta!

— Quem é ocê pra dizer que não tem verdade no que eu tô contando? — bradou Ernesto.

— Continua... CONTINUA, caralho! — esbravejou Alex,

— Seu pai perdeu a cabeça com a moça... Pensou logo que ela quisesse dinheiro, já que tinha recusado o valor que o Nando levou. Ela não aceitou, disse que só queria ajuda pra ter o filho, caso desse positivo no exame. Contou que o pai iria por ela pra fora de casa.

— Você me traiu Ernesto! — disse Euzébio. — Conseguiu o que sempre quis: vai pôr o meu filho contra mim.

— Pai! — chamou Alex, mirando-o com rigor. — Por que não me contou a verdade? Por que tirou de mim o direito de salvar o meu filho?

— Lex, foi uma única deitada com essa moça, e eu sabia que ela tinha feito programas com outros homens; você era um menino, não tive dúvidas, entendi que ela estava dando um golpe em você, em nossa família.

— Ai, pai, sempre o dinheiro e o nome em primeiro lugar! — declarou Alex com o psicológico em frangalhos.

— Salvar seu filho, Lex? De quê? Nem sabemos se ela realmente estava grávida!

— Nando, e se ela abortou meu filho por querer ou por desespero?

Agora todos entendiam o pavor e a culpa que Alex carregava. Sua fé era o seu norte, ele sempre dizia isso. E o que seria mais importante dentro de uma fé cristã é a vida de alguém, em especial de uma criança.

Ernesto então, baixando o tom e mais calmo, completou:

— Me desculpa, você não merecia passar por isso. Eu fiz parte disso tudo, no entanto, você pagou a conta do hospital e me ajudou. Sinto vergonha de você!

Agora um silêncio estarrecedor pairava naquele modesto quarto. Todos de cabeça baixa.

— Fio, eu dei dinheiro pra ela, uma quantia boa pra nunca mais te procurar... Me arrependi? Sim, quando vi seu desespero e quando percebi que você e a Giovana não conseguia ter filhos. Ah se eu tivesse conseguido encontrar ela, eu mesmo teria ido tirar essa história a limpo, e quem sabe trazido seu filho; meu neto, pra perto de nós. — E então, Euzébio caiu em pranto.

Alex estava pálido e atordoado, ouvindo o lamento de seu pai, referindo-se a um neto; cruel demais! Lágrimas não vieram para aliviá-lo. Aquela cena o sufocava, o quarto parecia girar, precisava respirar. Virou-se rumo à porta e saiu.

Mário o seguiu. Não sabia como consolar o amigo.

— Vem, Alex! Vou te levar pra tomar um ar. — E entrando no carro, seguiram sem rumo.

Ainda no quarto, permaneciam os três.

— Que desgraceira o senhor foi fazer, pai? Coitado do Alex! — disse Nando.

Ernesto se mantinha sentado na cama, com olhos dispersos como se meditasse.

— Culpa dele, veio aqui me tirar do sério, me falar desaforo debaixo do meu teto!

Euzébio não mais sentia raiva do irmão. Não queria mais pensar nele, só tinha Alex na cabeça. Mesmo assim respondeu:

— Você matou nosso pai de desgosto com os teus vícios, mas não vai fazer o mesmo comigo... E tudo que fiz ainda pra te ajudar foi em consideração à sua falecida mulher, que era uma pessoa muito boa e não merecia ir pra debaixo da ponte... — E finalizou: — Não pense que destruiu minha vida com o que você fez hoje, porque no fundo você sabe que tem nas mãos a desgraça da sua própria família. E isso deve ser insuportável de se carregar! — Colocando de volta o chapéu na cabeça, foi embora.

Ernesto apenas ouviu e, vendo o irmão partir, chorou.

Era quase noite, Mário então decidiu levar Alex para sua casa. Viviane era professora e já deveria ter saído para lecionar, pois o fazia no período noturno. Estava agoniado pelo amigo que se mantinha introspectivo e deprimido. Pensou em Giovana. O que digo pra ela? Ela não vai entender o que aconteceu?, pensava Mário, sabendo que Alex nunca contara nada sobre esse fato. Chegaram em casa. Alex olhava pro amigo pedindo amparo.

— Vamos lá pra dentro, vou te fazer um chazinho pra acalmar... Ou melhor, tem umas cervejas na geladeira. Sei que você bebe umas de vez em quando. Aceita? — Alex não respondeu, mas assentiu com a cabeça.

Sentaram os dois, abriram uma latinha de cerveja cada um. Após alguns instantes Alex falou:

— Mário, como vou chegar em casa hoje sem transparecer essa angústia pra Giovana? Me fala?

— Vamos pensar em algo. Se aquiete! Como está sua cabeça?

— Não sei mensurar o que tô pensando ou o que tô sentindo! O que me enche de raiva é saber que tudo isso foi engendrado e manipulado pelo meu tio e meu primo, por conta daquilo que você presenciou agorinha pouco: contendas passadas entre meu tio e meu pai. Eu te contei como foi! São pessoas mesquinhas que não conseguem pensar em quem está do lado. Arquitetaram isso sem se preocupar comigo, que não tinha nada a ver com a história. Acabaram envolvendo essa moça também e olha que desgraceira?!

— Eu não sei nem o que te falar! Mas compreendo que isso é terrível. Você tem que digerir com inteligência e com fé, Alex!

— E meu pai?! Às vezes eu desconheço ele em suas atitudes. Jamais me passou pela cabeça que ele tivesse conversado com a Daniela. E quanto mais eu desvendo, quanto mais eu descubro a respeito dessa história, mais eu desabono o caráter dela. Onde essa moça estava com a cabeça para procurar meu pai? Por mais que eu me esforce, não consigo imaginar a cena deles conversando.

— Deve ter sido muito embaraçoso e constrangedor pro seu pai. Ele agiu mal em não te contar e tentar resolver às claras a situação, mas entendo os motivos dele. Alex, não foi só por pensar em patrimônio e moral familiar que seu pai fez isso, ele fez pra te proteger. Eu mesmo, não saberia o que fazer com 15 anos, e de repente uma menina procurar meu pai ou minha mãe e dizer que acha que está grávida de um filho meu... — E acrescentou: — Será mesmo que seu tio não tá aumentando essa história, não? Eles estavam no ardor de uma briga.

— Na hora eu também comecei a pensar assim, mas quando vi meu pai chorando, impossível! O pai se entregou ali.

— É, se você tá dizendo! Mas ele ficou arrasado mesmo. Nunca vi seu pai tão desolado.

— E agora? Me diz, Mário! E se essa moça fugiu e fez besteira? E se ela estava realmente grávida?

— Alex, não consigo entender essa sua apreensão. Tá certo, nós somos cristãos, católicos... Somos contra o aborto e isso eu sei que é o que tá te alfinetando na alma, mas pare, veja, têm várias hipóteses que você racionalmente tem que considerar e parar de sofrer: primeiro, será que esse filho era seu? Seu pai mesmo disse que ela estava se prostituindo. Segundo: e se ela mentiu realmente pra tirar dinheiro seu? Não seria surpresa alguma, você mesmo acabou de revelar que duvida do caráter dela e agora você sabe que ela foi procurar seu pai pra pedir ajuda se caso ela estivesse grávida. Terceiro: Se ela realmente engravidou e tinha certeza que o filho era seu; convenhamos, ela teria aparecido ou mandado notícias. Você estaria há muito tempo sabendo que era pai. Alex, pensa, seu filho teria hoje uns 19 anos! Talvez ele mesmo teria te procurado.

Alex pôs-se a refletir em cada hipótese elencada por Mário e renovou o ânimo. Havia razão e lucidez em tudo que o amigo acabava de ponderar.

— Sabe que você tem razão, meu irmão!? Esses anos todos eu pensava se ela estava mesmo grávida e pensava somente no meu filho, se ele existia ou se ele teria sido tirado, por covardia e inconsequência juvenil da minha parte, mas esqueci de alimentar minha mente com possibilidades positivas. Não estou sendo inteligente, nem usando do meu pragmatismo... Tá na hora de crescer, de amadurecer, quanto a esse fato. Você tem toda a razão! — exclamou Alex, despertando para uma análise ampla e real.

Neste instante o celular de Mário tocou, era Giovana querendo notícias do paradeiro de Alex. Ambos trocaram caretas de aflição, sem saber o que dizer e Mário respondeu:

— Ó Gio, se preocupa não ele tá aqui na minha casa.

Está no banheiro agora. Sabe, eu dei um trabalhinho pra ele, minha pressão caiu quando terminamos a caminhada e ele veio me trazer. Conhece seu marido? Sempre cuidando da gente!

— Nossa, estou preocupada, liguei várias vezes pro celular dele, mas está na caixa postal — reclamou a esposa de Alex, agora mais tranquila pelas explicação de Mário. E você, melhorou? Passou do Hospital? É bom aferir a pressão! — aconselhou ela.

— Então, eu tenho aparelho aqui, o Alex aferiu, realmente a danada estava baixa. É que fazia tempo que eu não caminhava, deve ter sido isso! Mas eu já estou melhorando. Vou tomar um sorinho caseiro. Obrigado por se preocupar!

— A gente se preocupa sim! Por favor, pede pro Alex me ligar. Tchau!

— Pode deixar, ele foi no banheiro, mas já estava de saída. Tchau, abraços!

Alex espremia as sobrancelhas em cada palavra que o amigo inventava para sua mulher. Detestava mentir para Giovana.

O amigo agora perdera a paciência e disse:

— Sei que agora você está com pressa, mas me esclareça, por favor, uma coisa em definitivo. Há tempos quero saber e você não me conta. Afinal, o que rolou nesse último encontro entre você e a tal Daniela.

— Hoje, meu amigo, eu necessito contar. Chega de guardar isso! Então, passado um mês e pouco daquele sábado que a Daniela e eu transamos, ela me mandou recado pelo Nando que precisava muito falar comigo. Como o recado veio pelo ardiloso do Nando, eu aceitei, mas fui preparado para outra armação. Eu não confiava nele e o que rolou com ela tinha sido maravilhoso, mas ela ainda era uma estranha pra mim. Cheguei antes dela, naquela mesma clareira onde aconteceu tudo. Sondei no meio da mata, no rio e até nos galhos das árvores pra ver se via alguém; ou quem sabe uma câmera, sei lá! Nada encontrei. Foi quando ela veio, nos cumprimentamos, ela em instantes percebeu minha cisma.

"— O que você tem? Parece que tá com medo de mim.

— Nada, estou bem, impressão sua... Então, o que quer me falar?"

— Fui logo no assunto, porque pressentia coisa mal feita. Ela se pôs nervosa, um tanto desassossegada, mantinha as mãos no bolso traseiro da calça e foi me dizendo nesses termos:

"— Olha, Alex, eu não sei o que você pensa de mim, e quero que entenda que você não teve culpa de nada e eu também não..."

— Ah, pra que que ela disse isso, rapaz? Meu sangue gelou e na hora só pude pensar em armação dela com o Nando e aquela outra moça que ficara com ele. Os pensamentos ficaram turvos e o coração acelerado. Então já descasquei o verbo:

"— Olha aqui, Daniela, eu não penso nada a seu respeito porque não te conheço direito. Foi muito bom aquele dia, mas quer saber, aquilo foi um erro, um descuido meu. Seja lá o que te trouxe aqui, mas já esclareço que eu não gosto de ser envolvido em brincadeiras e armações..."

— Poxa, foi um tapa sua resposta! E aí o que ela te respondeu? — perguntou Mário.

— Cara, daí ela respirou, me olhou um tanto desconcertada e frustrada e respondeu:

"— Eu só vim esclarecer um lance, que é do seu interesse e que você agora vai acabar sabendo por outro de forma equivocada se eu não te contar. Eu imaginei o Nando, sempre o Nando.

— Fala, fala de uma vez!

— Não quero que me entenda mal, ou pense que foi de propósito, mas desde aquela vez contigo aqui que minha menstruação não desceu. Eu tô morrendo de vergonha de te dizer isso, estou na verdade desesperada, mas..."

— Rapaz eu a interrompi, me enchi de raiva, de medo, parecia que eu estava enxergando tudo vermelho. Pra mim, tudo aquilo era mesmo uma armadilha, então eu já vomitei em palavras:

"— Quem você pensa que eu sou? Um palhaço? Um idiota? Tá querendo rir da minha cara, moça? Nem te conheço direito e pelo que tô ouvindo nem quero conhecer."

— Eu vi que ela se tomou de espanto e decepção e tentou me dizer ainda alguma coisa:

"— Calma, por favor, calma, não me trate assim! Deixa eu falar..."

— Implorou ela, mas eu não queria ouvir nada. Estava bravo, assustado e me veio o rosto do meu pai me agredindo verbalmente por ter permitido aquilo acontece comigo. Só conseguia falar para ela ir embora. E não deixei que falasse mais. E ela, em pânico, saiu correndo.

Agora todo aquele sentimento voltara e tomara Alex em

taquicardia.

— Você está bem, meu amigo?

— Ah, Mário, Mário, que covarde eu fui! Isso me enoja até hoje. Como pude ser tão inconsequente, tão machista e covarde? Isso não cabe em mim!

— Alex, respira! Se acalme... O medo faz coisas que a gente não consegue imaginar. Eu conheço você e o jugo da sua família sempre foi grande, a autoridade de seu pai ainda mais... Você era um adolescente de 15 anos, uma reação até natural eu diria a que você teve. Acho até que faria o mesmo no seu lugar. O que aconteceu depois?

— Eu voltei pra casa desesperado, sem ter lugar pra ficar. Nem consegui dormir naquela noite. Só pensava no rosto dela chorando, me pedindo pra ter calma e não tratá-la daquele jeito. E quando me vinha na cabeça se ela estaria querendo me dizer que estava esperando um filho? Daí eu suava gelado. Olha, lembrar daquela aflição me tira a paz até hoje.

— E ela então fugiu, sumiu e você soube da verdade?

— Aí que tá... No outro dia eu liguei pro meu primo e perguntei dela. Ele queria saber o que tinha acontecido, então intuí que ele também não sabia o que ela queria comigo. Fiquei na minha e fomos procurá-la, mas a casa dela naquele ranchinho estava vazia, a amiga dela, a Carla, também não sabia de nada. Desesperado, eu contei pro meu pai que ela tinha vindo me procurar, inventei que briguei com ela e ela ameaçou fugir. Meu pai, agora sei que sabia de tudo e talvez fingiu que se mobilizou junto com meu primo e meu tio para procurar. Ficamos semanas vigiando a casa e nunca mais ninguém voltou. Nem o pai dela que vivia bêbado. Procuramos nas cidades vizinhas e nada.

— Alex, que história! Eu te confesso que te entendo profundamente. Mas vou te falar de novo. Se ela estivesse mesmo grávida e dado à luz, depois de tanto tempo, ela já teria te procurado, e me desculpe dizer assim, teria exigido pensão e tudo mais. Ainda mais você sendo de família de posses.

— Minha mãe e meu pai me dizem isso sempre, até o Nando meu primo. Mas eu daí comecei a pensar no pior, e se ela abortou? Isso é o que me enche de mais culpa, pela minha fé eu não podia ter permitido isso! E sabe, nesses 5 anos que esperamos uma gravidez, nunca deixei de me atormentar, porque se por minha covardia e estupidez eu permiti alguém de matar meu filho, como posso querer que Deus me abençoe com um outro?

Mário se sensibilizou ainda mais. Não podia imaginar que aquele homem tão decidido e tão respaldado nas ideias se atormentasse com pensamentos e imaginações tão funestos.

Alex finalizou:

— Foi isso, meu amigo! Este foi o meu passado sórdido!

— Pare com isso agora! Nós não podemos controlar o tempo ou as pessoas, podemos nos controlar, nos arrepender; podemos fazer de novo, então pense em você!

— Ainda bem que isso não te impediu de amar e optar pela Giovana. Que bom! Você nunca contou pra Giovana sobre essa moça?

— Não, é um assunto que só o pessoal de casa e você, sabem!

— Vou te dar um conselho, conte. Porque no fundo ela sabe que algo te perturba, hoje não tanto, mas na época que vocês se aproximaram, ela sentia algo diferente em você, me lembro do Giuliano me contar sobre isso.

— Sim, ela tentava de toda forma me fazer contar. Eu vou tentar, meu amigo! Afinal, detesto mentir pra ela. Tenho evitado nesses 6 anos de casamento ser claro com ela, tirando esse fato do passado. Agora que a bomba veio à tona, alguém vai acabar soltando esse assunto sem querer. Hoje não consigo, mas vou propiciar um momento adequando em breve.

Ligou então seu celular e viu várias chamadas e mensagens de voz de Giovana. Teve medo de encará-la, mas era preciso ir embora urgente. Assim, despediu-se de Mário dando garantias de que estava melhor e foi-se embora.

Ao chegar, viu sua mãe descer do carro com Nando. Chegara junto com eles, e nem precisaria perguntar, seu pai já havia contado todo o ocorrido na casa de seu tio Ernesto. Oh, meu Pai, agora a Giovana desconfia de vez!, pensou ele, e os interpelou antes que chegassem ao portão e sem ressalvas pediu:

— Mãe, Sandrinho, pelo amor de Nossa Senhora, não é uma boa hora! A Giovana não sabe dessa história de gravidez e filho com outra.

— Meu filho, nós sabemos, fica tranquilo, não viemos pra isso, mas eu precisava ver como você estava.

— Mano, não precisa carregar isso sozinho; vimos te dizer que tem o nosso apoio.

Alex esticou o braço esquerdo e se encostou na grade de seu portão, cansado e acabrunhado, e com olhos doloridos agradeceu a mãe e o irmão com um inesperado abraço.

— Ah, meus anjos da guarda, que bom que tenho vocês ao meu lado! O que faltou de misericórdia no pai, Deus mandou em vocês! — sussurrou ao ouvido dos seus. Mas sua mãe na hora rebateu:

— Filho, seu pai está destruído! Disse que perdeu pra sempre o seu respeito e o seu carinho... Sei que ele agiu muito mal, e se eu estivesse presente no dia do acontecido tudo teria sido diferente. Mas ele julgou te proteger.

Alex não podia responder ali, Giovana poderia escutar as conversas, então apenas disse:

— Eu vou repensar tudo isso de cabeça fresca e com um novo olhar; me dê um tempo! Vamos entrar?

— Não, filho, voltamos daqui. Já te dissemos o que queríamos e você já me respondeu o que precisava. Boa sorte com a sua mulher! Seja generoso e misericordioso com ela também.

— Alex pôs as mãos sobre a boca e lhes enviou um beijo. E dali mesmo retornaram.

Foi entrando em sua casa, viu que Giovana mexia com a louça na cozinha. Pensou passar direto rumo ao banheiro, mas sentiu-se acovardado demais. Então seguiu até ela.

— Boa noite, amor?

— Poxa, Lê, custava ligar o celular ou mandar uma mensagem falando que estava na casa do Mário?

— Nossa, Gio, foi tudo muito rápido, e depois ficamos de prosa... Eu queria sentir que ele realmente estava bem e não precisaria ir pro hospital. Desculpe!

— Desculpo, mas você não é dessas coisas. Não é de

sumir assim sem me dar notícia. E... ai, hummm... — gemeu, dobrando-se para frente e levando as mãos ao ventre.

— Giovana, o que foi? Que isso? — Desesperando-se outra vez Alex. Segurou a esposa com força e a fez sentar.

— Nossa, que pontada forte na barriga... Hummm, forte mesmo! Mas acho que é a minha menstruação, está dois dias atrasada.

— E você não me contou nada?

— Bem, é normal a minha atrasar, lembra?

— Quer ir no hospital? Aproveita que tô chegando e vamos!

— Não, não tem necessidade, vai descer com certeza ainda hoje. É normal! É normal! Aliás, tenho retorno na Dra. Letícia nesta próxima semana.

E ficaram os dois perturbados. Giovana tentava acalmar o marido, mas sabia que era uma dor diferente, mas já passara e estava bem. Alex, não tinha nem mesmo psicológico para usar quanto a isso, porém se manteve atento à sua mulher o resto da noite. Que dia tinha sido esse, meu Deus! Por favor, olhe pela Gio e por mim, Senhor!

Na manhã seguinte, Giovana acordou e se sentiu com fluxo, pelo fato de estar aguardando a menstruação, já havia colocado absorvente e nada sentiu ou viu de anormal. Quando o marido se sentou para tomar café, ela novamente o tranquilizou contando tudo.

— Ah, louvado seja Deus! Fiquei preocupado ontem com você, amor!

Entretanto, o ocorrido viera a calhar, pois despistara

Giovana de sua expressão sofrível na noite anterior. Mesmo assim, ainda não conseguia estar tranquilo, teria que conversar com o seu pai e reviver tudo de novo. Resolveu, então, dar uns dias sem ir na casa dos pais, e rezou para que o pai não lhe procurasse também. Tinha uma missão mais descoroada: contar a história para Giovana. Pensou tanto que não viu o café esfriar na xícara, franzindo a testa ao levá-lo à boca e bebê-lo.

Lê, está muito pensativo, parecia até uma estátua sem mastigar o pão e com a xícara na mão.

— O café esfriou mesmo! — disse Giovana, julgando a ausência mental do marido ser por sua causa. E de certa forma o era!

Alex deteve-se aos compromissos da loja e aos da Igreja. Não visitou a casa do pai. Sua mãe ligava e teimava com ele, mas ele se mantinha intransigente.

Chegou o dia da consulta com a Dra. Letícia e Giovana a participou sobre a pontada e a dor que sentira na semana passada. A médica a ouviu com atenção e depois a examinou.

— É, Giovana eu diria que pode ser da menstruação, mas temos que pensar que você estava com o útero em descanso após o tratamento e isso pode causar, sim, alguma dor perto da menstruação ou você pode ter tido o início de uma gravidez e talvez pela proximidade do fim do tratamento você pode ter sofrido um aborto espontâneo.

Ao revelar essa possibilidade, o casal se abalou no extremo. Para Alex era como se levasse uma paulada na moleira, e somava tudo isso ao peso que já estava enfrentando. Giovana chorou e desta vez não se dava a consolos, mesmo com a explicação da médica dizendo que aborto espontâneo nada estava no diagnóstico, era somente uma ocorrência hipotética.

As semanas que se seguiram foram de um certo luto. Todos na família e os poucos amigos que souberam, juntaram-se às orações por eles. Frei Carlos foi o primeiro a saber e muito os consolou e tentou animá-los. O fato é que o casal estava no limite da exaustão psicoemocional. Não cabia argumentação, filosofias ou teologia.

— É, fico pensando se o destino da nossa filha é não ter mesmo filhos. Será que essa é a vontade de Deus! — disse Leila, mãe da moça, ao seu marido Honório ao se deitaram. Estavam resignados e queixosos a Deus pela sorte da filha. — Senhor, minha filha é tão boa, nunca se fez desviar do teu caminho. Por que pra ela e pro Alex, que também é tão prestativo na fé, um filho parece impossível?

Honório respondeu na oração:

— Queremos tanto nossos netos, meu Senhor! O nosso filho já entregamos ao teu serviço. Tem piedade da Giovana e do Alex! O que falta eles fazerem?

O clima entre o casal era de cumplicidade e silêncio, conversaram muito depois daquela consulta. Eram tantos os questionamentos que decidiram não falar, e sim aguardar, o tempo certamente explicaria e colocaria tudo no lugar. Assim, evitavam se revoltar e culpar alguém, entre todos, o destino e Deus.

Três meses depois, estavam próximos da Páscoa. Alex sentia-se deixar levar pela vida. A possibilidade de ter perdido outro filho, outra vez sem poder fazer nada, deixava-o penoso e se sentindo quase também um abortivo diante de Deus. Mantinha-se forte para não deixar que Giovana entrasse numa depressão. Para ela tudo isso se dimensionava maior e Alex sabia. Ele a amava mais que a própria vida. Ela fora a única preciosidade que a vida me deu sem exigir dor e pesar em troca, pensava ele, admirando os pais brincando com seus filhos nas pracinhas e no parque. Levando-os para a escola, na missa, nos eventos esportivos. Vendo-os postar lindas fotos nas redes sociais. Giovana se licenciou do trabalho e se afastou um pouco da creche, era impossível não lembrar de sua sorte.

Com seu pai, Alex o mantivera sob sentença de silêncio e poucas visitas, desde aquele dia maldito. Não o ignorava, porque lhe tinha o dever da prestação dos negócios e do financeiro da família. No entanto, reduzia-se a respostas diretas e sem total alegria ou vontade. Na Semana Santa daquele ano, Euzébio o procurou na loja e recebeu a informação de Marco, que o amigo fora ao cemitério. Rumou às pressas para lá sem entender o que Alex faria naquele lugar. Não recordava de seu primogênito ter essa faceta de lembrar dos mortos.

Inesperadamente, avistou-o depois de correr as ruas do cemitério em busca do filho. Estava Alex sentado sobre o ataúde de sua avó materna, Maria Lázara. Cabeça segura pela mão esquerda, com o braço armado sobre a perna esquerda. Expressão desolada. Chorava, mas de forma contida. Às vezes olhava para o céu, como se buscasse respostas em algo invisível.

Euzébio temeu interrompê-lo, mas sentiu vontade de afagar o filho. Foi se lembrando dele pequenino, altaneiro, fazendo-se sentar no colo do pai ao dirigir o carro e os tratores na roça; correndo livre pelo sítio, amolando os empregados com perguntas e mais perguntas, inventando brinquedos com sagacidade e inteligência, porém sempre orante. A mãe o ensinara a orar em todas as horas e principalmente nas mais complicadas. Quantas vezes ouvira a mulher Mariana dizer pro filho "quando não tiver mais solução ou saída, reze! Nunca deixe de rezar. Ela, a oração, é a chave que destrava as portas das possibilidades e toca o coração de Deus".

Por fim, não aguentou mais ver o filho naquela situação, firmou-se em coragem e amor e foi até ele.

— Lex, eu sei por essa luz que me alumia que você mesmo mais moço, é muito mais sábio que eu.

E Alex se assustou ao ver seu pai chegando por trás dele. Enxugou as lágrimas e se levantou.

— Eu não sou nada, pai... O que realmente eu quero ser, parece não ser feito pra mim. Talvez eu seja um homem no fundo ruim, ou orgulhoso demais quando me refero à minha fé, então Deus fechou os ouvidos para minhas súplicas. Acho que comecei a entender a sua marra e descrédito quanto à fé, religião e...

— Não! Não termine a frase! Não diga isso de Deus, porque Ele foi um pai muito mais competente que eu, com relação a você, meu filho! E se não fosse Deus, eu não teria um filho tão digno em caráter, honestidade, generosidade e amor, como você é e sempre foi.

Alex somente ouvia...

— Eu queria um homem de cabeça e afinado para os negócios, pra levar o meu sobrenome e o do seus avós rumo ao sucesso, mas você foi muito além disse, você foi meu companheiro, os meus braços e hoje aqui, vendo você sofrer, vejo que você é na verdade o meu próprio coração.

E Alex não se deteve, correu aos braços de Euzébio, e sentindo veracidade em tudo aquilo que seu pai disse pelo pranto rasgado que retumbava em seu peito, perdoou-o.

— Ah, filho, me perdoa! Se te ofendi, se te trouxe problemas, me perdoa! — bradava com a alma o velho Euzébio, envolvido nos braços do filho.

— Pai, eu te amo! Me ajuda a não sentir mais, me ajuda a não sentir mais!

E Euzébio tomou o rosto de Alex entre as mãos, fazendo o filho olhar direto nos seus olhos e falou:

— Força, filho! Eu estou contigo... O que aconteceu foi pra te deixar ainda mais forte e você é um França, é um homem da terra, é um homem abençoado por Deus.

Abraçaram-se longamente e permaneceram juntos até o final do dia. Foram para o sítio e Euzébio lhe abriu o coração enquanto cavalgavam juntos aos cavalos, e ele compreendia agora, o amor de seu pai em cada fase de sua vida. E se sentiu pleno.

Devagar, a vida do casal foi se enchendo novamente de esperança. Giovana não titubeou ao perceber que Alex se revigorava e a puxava para cima todos os dias. Retomou seu trabalho e sua participação no serviço social voluntário. Não fraquejou na oração, nem esmoreceu o ânimo.

Alex contou para ela a conta-gotas o testemunho de seu colega e agora amigo de ministério, Reinaldo. E captou que sua esposa começava a se interessar também por uma possível adoção tardia. Surpreendeu-se uma noite com ela dizendo:

— Amor, estive pensando, por que você não convida esse seu amigo Reinaldo para vir jantar conosco qualquer dia desses? Aposto que ele tem mais coisas boas pra contar pra gente. Como foram os primeiros meses de convívio com os pais e como ele se sentiu com o nascimento dos irmãos...

Alex sentiu uma forte alegria e combinou em convidá-lo durante a semana da família em agosto, que já estava se aproximando, tanto para jantar quanto para dar um testemunho em uma das noites do evento paroquial realizado todos os anos no mês da família. Seria primoroso começar a falar de adoção na Igreja.

E assim fizeram. Frei Carlos deu um grande apoio e ênfase, convidando todos para as quatro noites com apresentações de música, teatro e testemunhos. Alex e Giovana deram também seus testemunhos como casal à espera da adoção e contaram com grande entusiasmo sua experiência do processo até então, convidaram o casal da cidade de Tapiratiba que testemunhara no dia da capacitação, Antônio e Ana Alice, claro, Reinaldo terminou os testemunhos. Foi uma noite de grande aprendizado e compartilhamento de informações. A comunidade saiu animada e envolvida com o tema da adoção, nunca antes apresentado. Logo após, fizeram um jantar para eles, Frei Carlos também foi convidado. Naquela gostosa reunião, muitas feridas foram curadas, esperanças renovadas, dúvidas respondidas.

— Devíamos ter feito isso antes — declarou Giovana —, certamente é muito mais produtivo trocarmos experiências assim, juntos, com quem já vivenciou tudo, do que ficarmos controlando os telefones. Cada vez que toca, eu penso que é nosso filho — disse ela, compartilhando os pontos de angústia e expectativa.

Naquela mesma semana, Giovana encontrou Kátia na sede da APAE. Estava ali para informar que a menina Vitória se ausentaria 1 mês de sessão, pois estava sendo adotada por um casal de Água Bela.

— Vim pessoalmente, Giovana, porque sei que você se apegou muito à nossa pequena.

— Eu já esperava, tenho me preparado desde as nossas entrevistas para receber essa notícia. E como é a família adotiva?

— São formidáveis também, já conheceram ela, ela gostou deles e terá uma irmãzinha mais velha. O casal tem uma filha de 7 anos que já se apaixonou pela já apelidada irmãzinha do coração. A Vitória está feliz e graças ao seu generoso trabalho, tagarela sem parar. A mulher é da sua idade também, professora, e tem demonstrado muito carinho e segurança pra Vitorinha.

— Eu fico plenamente feliz pela Vitória e por eles. Que eles sejam muito felizes! — desejou, emocionada, Giovana.

— Os processos no interior andam um pouco mais devagar mesmo. Vocês logo vão receber nosso telefonema, acredite!

— Eu acredito! É como se eu estivesse grávida há muitos meses, sabe? É sempre um renovar de esperança. — E sorriu

— Sim, e isso é bom! Fiquem tranquilos, vai dar tudo certo!

Chegara novamente o tempo do Natal, e diferentemente do ano anterior, o casal não queria ficar alimentando expectativas, então programaram uma viagem. Desta vez, quiseram ir para a Serra Gaúcha, hospedaram-se em Gramado e de lá foram conhecer a região. Estava tudo maravilhoso, a cidade era belíssima, como um grande jardim. E os desfiles de Natal e as luzes os transportavam para a Europa. Nesta época do ano os turistas fervilham na serra, em especial famílias de várias partes do país e do mundo. Emocionaram-se na visita a matriz de Nossa Senhora de Lourdes em Canela, imponente e única em estilo, a conhecida Catedral de Pedra. Foram de dia e voltaram à noite para ver o show de luzes e música em frente à Catedral. O passeio de Maria Fumaça, de Carlos Barbosa até Bento Gonçalves, passando por Garibaldi foi um sonho. Muitos conheceram sobre a colonização ítalo-germânica de cada cidade; sem contar as deliciosas vinícolas, onde se provava vários e saborosos vinhos. A comida era um caso à parte. Como não amar a culinária italiana e gaúcha.

Programaram de passar o Natal na Serra Gaúcha e voltarem no dia 30/12 para o Réveillon, e assim acontecia conforme a programação dos dois. Assistiram à missa do galo na Matriz de São Pedro, no centro de Gramado, muito próxima ao Palácio dos Festivais. Do lado direito da Igreja Matriz, na praça, tem uma linda fonte, e nela se informaram que havia uma tradição ou lenda, os casais de namorados e casados colocavam no entorno do beiral da fonte cadeados com fitas constando seus nomes — rezava a lenda que era ali a fonte do amor e por isso os casais faziam votos perpétuos e colocavam um cadeado com seus nomes para que amor fosse eterno. Não pela lenda, nem pela tradição, mas por diversão, Alex quis fazer também, mas deixaram para fazê-lo no último dia deles naquele paraíso. Era então 29/12, quase três horas da tarde. Estavam na loja para adquirirem seu cadeado do amor quando o telefone de Alex tocou. Ele acabou não ouvindo pelo barulho do lugar. Logo tocou o celular de Giovana e ela não conheceu o número, quando atendeu a ligação caiu. Ela então comentou com Alex, que olhou no seu e viu 3 chamadas perdidas.

— Amor deve ser algo importante, me ligaram 3 vezes.

Os corações já palpitaram mais forte. Esqueceram do cadeado e entraram na Igreja pela lateral, colocando-se no átrio central onde havia mais silêncio, foi quando tocou o celular de Alex novamente. Ele trêmulo atendeu.

— Alô, é Alex França? — uma voz feminina perguntou, numa ligação ruim e baixa. Ele não reconhecia a voz. Giovana gesticulava, apreensiva, perguntando quem era.

— Alô, pode falar, é ele mesmo!

— Alex, sou eu, a Kátia, assistente social.

— É a assistente, amor! — falou num sorriso só pra esposa, que arregalou os olhos e sorriu segurando a mão de Alex.

— Fala, Kátia, tudo bem? Que bom te ouvir!

— Estou bem, maravilha, e estou ligando pra dizer que enfim chegou a vez de vocês... Temos aqui um menininho de 3 anos e 6 meses, está apto para adoção e nós gostaríamos de saber se é do interesse de vocês vir conhecê-lo.

Alex, tirou o telefone do ouvido e pôs no coração, olhou já em lágrimas para Giovana, que começou a se emocionar também.

— Chegou, amor! Chegou! É um menininho e chegou pra nós!

Kátia ouvia tudo do outro lado da linha, um pouco chiado, mas entendia e começou a sorrir também e se emocionar.

— Ó Kátia, que presente de Natal e Ano-Novo! Deus é grande! Deus seja louvado!

— Então vocês aceitam, né?

— Mas é claro que aceitamos! — disse eufórico. Giovana não sabia se sorria ou se chorava de emoção. Era mágico aquele momento e estavam dentro da Igreja de Gramado. Olhou para o lindo crucifixo em cima do altar central e fez uma prece:

— Ó, Senhor Jesus! Obrigado por ouvir nossas preces! Obrigado por ter enviado nosso menino! Estamos muito felizes!! Amém!

— Escuta, Kátia, estamos em Gramado, aqui no Rio Grande do Sul. Amanhã tomaremos o voo de volta, como fazemos? Que dia temos que estar aí?

— Olha, calma, tranquilo! Eu quis informar vocês antes do Ano-Novo porque acompanho vocês mais de perto e sabia que vocês iriam reagir assim, mas temos o recesso agora, na segunda semana de janeiro, que tal dia 10? Às 08h30 estejam aqui no fórum.

— Kátia, muito obrigado mesmo! Estaremos aí sem falta.

— Então tá! Até logo e Feliz, Feliz Ano-Novo, hein, papais!

— Feliz Ano-Novo pra você também, meu e da Giovana! — E desligaram.

O grito engasgado de felicidade que soltaram os dois ecoou feito um estrondo dentro da Igreja. Apenas alguns turistas estavam fotografando o interior do local naquele momento e voltaram assustados para os dois, sem compreender nada.

— Desculpe gente! Desculpe, é felicidade demais! — avisou Alex para todos ali. E foram em direção à Capela do Santíssimo. Ajoelharam e sem conseguir conter os sorrisos de júbilo, rezaram: Bem dissentes meu Senhor Jesus:

— "Pedi e recebeis, batei e a porta se abrirá, pois todo aquele que pede recebe, e para quem bate, a porta lhe será aberta". Recebe a nossa felicidade como gratidão, Jesus! E desde já, abençoe o nosso filhinho que está chegando, agora de verdade! — Estavam somente os dois na Capela neste momento, para eles excelso, então Alex não se importou de rezar em voz alta. Entoaram um Pai Nosso e três Ave Marias, terminando com um Glória.

Saíram da Igreja como se flutuassem, embalados nos braços da vitória, abraçavam-se em pura exaltação se sentindo abençoados como família, como filhos atendidos por Deus Pai.

— Você, meu amor, quem eu escolhi como meu marido, me ajudou, trilhou comigo essa longa e dura jornada pra que eu me fizesse mãe. Eu te amo, Alex!

— Giovana, contigo tudo vale a pena, e esse sonho você sonhou comigo, com coragem, com fé, e por amor a mim e à nossa família. Você é o meu grande presente e o esse pequeno que está vindo é o nosso presente juntos.

O ano novo começava para eles naquele momento. Renovação de votos, palavras doces e concretização dos sonhos, tudo que envolvia o universo do filho que estava por chegar em suas vidas, desanuviando antigas frustrações cultivadas por ambos.

Retornaram no voo de Porto Alegre à Campinas. Seu Honório e Dona Leila, lá estavam no setor de desembarque, à espera da filha que seria em breve mãe. Estavam tão felizes quanto o casal, e o abraço de reencontro foi dessa forma especial.

— Ah, minha filha! Que graça alcançada! Vocês estão luzindo felicidade! — Contemplou dona Leila, abraçando a filha e experimentando da emoção dela.

— Viu, mãe, que presente ganhamos? Não vejo a hora de conhecer nosso pimpolho! Essa noite estávamos tão cheios de alegria e ansiosos que mal conseguimos dormir. Ficamos imaginando como é seu rostinho, se é pretinho ou branquinho e o cabelinho, se for enroladinho, que belezinha?! — E se abraçaram com mais força, confabulando o enxoval.

— É o nosso príncipe, quero que vocês cerquem muito ele de carinho de avós! — designou Alex, retumbante de orgulho do filho, abraçando seu sogro, que respondeu triunfante

— Vou ensinar tudo de horta e de plantas pra ele. Vai ser meu pequeno fazendeiro.

— Isso mesmo, terra não vai faltar pra ele treinar, seu Honório!

E a festa estava armada na casa dos França. Quando chegaram, seu Honório os levou de surpresa direto para lá. Estavam todos: os anfitriões, Euzébio e Mariana com Alessandro com sua namorada; os amigos Mário e Viviane, Marco e Cristina e Tavinho, Berto e a esposa, as amigas de Giovana, Cláudia e Maria Lúcia com os maridos; Frei Carlos e Nando e mais a criançada. Aguardavam-nos com taças nas mãos, servidas com o melhor vinho do porto, garimpado a dedo na adega da casa por Euzébio. Ao verem o carro contornar a esquina que dava para a frente da casa, Nando, Alessandro e Marco se apressaram nos fogos. E todos se agitaram em grande fervor de risos e vivas, levantando as taças para o alto, da varanda da casa. A vizinhança se agitava também em curiosidade. Quando viram a magnitude daquela honraria se sentiram amados. Não havia falsidade ali, somente carinho, e sentiram que seu pequeno filho também estava sendo acolhido e festejado como um igual. A festa durou até a noite. Quando enfim chegaram em casa, desmaiaram no sono dos justos após um romântico e relaxante banho.

Era, enfim, chegado o glorioso dia. Não sabiam mensurar mais o quanto haviam implorado a Deus que relógio do tempo se acertasse, por fim, com suas vidas. Mas se acertou.

Levantaram-se bem cedo, fizeram uma longa oração de agradecimento e louvor no oratório da casa. O café tinha gosto de novidade e pão, de curiosidade. Alex tirou o carro da garagem marcando 08h00 em ponto. Falta meia hora pro nosso filho ser revelado diante de nós! E a cabeça ia para frente do tempo: Tomara que logo eu possa, sim, tirar o carro, mas para ir buscá-lo!

Giovana desceu a pequena inclinação da garagem com

presteza, queria chegar no fórum o quanto antes. Deram um beijo de sorte e foram conhecer seu filho. Em quinze minutos, estavam subindo a escadaria que dava para a porta do Palácio da Justiça. Dra. Neide os aguardava no hall com aquele sorriso elástico de felicitação. Subiram para a sala da Vara de Infância onde Kátia já os esperava. Tudo, o lugar, as pessoas, as palavras e os gestos agora estavam carregados de uma intensidade que agigantavam os sentimentos. Nada era como antes, tudo estava prestes a mudar para sempre.

— Eu te disse há 2 meses que logo chegaria a vez de vocês; então, chegou! Parabéns pela decisão de virem conhecer o pequeno Artur — iniciou com voz um tanto quanto emotiva, a assistente social, olhando nos olhos do casal.

— Artur?! Ele se chama Artur?! — indagou com carinho Giovana ao ouvir o nome do futuro filho.

— É Giovana, é o nome dele. O que achou? — perguntou a psicóloga.

— Eu estou tremendo, olha! — E mostrou as mãos trêmulas e suadas. — Se é o nome do nosso filho, então eu já adorei!

— Eu estou muito curioso pra ver o rostinho dele, e desde que ligaram eu tento imaginá-lo, moldá-lo em pensamento. E confesso, que ao ouvir vocês dizerem o nome Artur, parece que há tempos nós mesmos tínhamos escolhido esse nome pra ele! — revelou, emocionado, Alex. — Não tendo dúvida que ele é o Artur mesmo! — E todos ali sorriram ao verem a expressão de certeza e contentamento de Alex.

— Eu sabia, vocês têm a vocação para serem pais adotivos! Tudo parece adequado pra vocês! — Analisava a psicóloga para Kátia.

— Vamos lá, querido casal, abriram o notebook e, virando para eles, eis a foto do Artur.

Giovana e Alex o contemplaram. Era um momento forte e pessoal para eles. Naquele rostinho residia toda a capacidade de amar daqueles dois e eles desfrutaram daquele semblante doce. Havia nele um sorriso que transcendia todas as expectativas e libertava, que parecia se desculpar pela tristeza transmitida de seus olhinhos negros tão inocentes. Giovana, olhou agora para Alex, de seus olhos as lágrimas transbordavam ternura. Alex chorava, soluçando. Não conseguia falar.

— Gente, eu posso imaginar o que vocês estão sentindo, parece que não preciso ler o histórico do nosso pequenino. Acertei? — perguntou Kátia, entendendo pela reação dos dois ali em sua frente que eles tinham amado de cara o pequeno Artur.

Alex abraçou sua esposa, respondendo sim com a cabeça e pedindo um tempo.

— Vou buscar água pra vocês dois, ok? — disse a psicóloga.

Com muita dificuldade, necessitando enxugar o rosto e se recompor, Alex respondeu:

— Ele é lindo, é nosso mesmo! Olha as bochechinhas dele? Que sorriso mais doce dentro dessa carinha redonda! Mas o olhar dele tá conversando comigo ainda!

Giovana acrescentou, recuperando-se:

— Eu sofria tanto com medo de olhar pra ele e não

sentir que era meu filho! Nossa, como sofri! Passa tanta coisa incomum pela cabeça, mas a sensação de ver ele agora foi indescritível. Sinto que era o Artur quem eu esperava. Meu Deus, como pode ser? Eu já quero ver ele pessoalmente, escutar sua vozinha, sentir seu cheirinho, pegar ele no colo. Nossa, não sei descrever o que tô sentindo!

E entregando os copos de água aos dois, Dra. Neide foi abrindo o histórico de Artur:

— Que bom que vocês tiveram esse amor revelado logo no primeiro olhar. É muito bom quando isso acontece, contudo, é preciso agora que conheçam toda a história do Artur. E adianto que tem pontos bem sensíveis a revelar.

— Então vamos lá, Dra. Neide!

— Estamos ouvindo...

— O Artur tem hoje 3 anos e 8 meses. Faz 1 ano e meio que ele está sob a guarda do Estado, no Abrigo de São João da Vista, cidade próxima.

— Olha, que coincidência! O mesmo abrigo que o Reinaldo amigo meu viveu... — interrompendo Alex por surpresa.

— Ah, vocês conhecem? Ele é bem dizer o abrigo regional; o maior... O Artur nasceu em Tapiratiba, outra cidade vizinha à nossa, mas foi levado para o abrigo de São João devido à ausência de vagas lá e aqui. Sua mãe embora jovem, 23 anos apenas, infelizmente era dependente química em cocaína e crack, e outro agravante: estava em fase terminal devido a um câncer nos pulmões diagnosticado ao procurar ajuda da assistência social da cidade. Acabou sendo hospitalizada na Santa Casa daqui para tentar uma transferência, mas os médicos entenderam que era questão de poucos meses. Realmente, é uma situação complicada e muito difícil. Não tinha família. Segundo ela, sua mãe morava em Campanha, Minas Gerais, mas pelo que investigamos, ela faleceu há 6 anos em situação de quase indigência. E ela revelou também que tinha uma irmã em Portugal. Contou que as duas caíram no mundo já na adolescência, conforme relatado pela assistência social de Tapiratiba. Na época, elas começaram a se prostituir e ficaram vagando de prostíbulo em prostíbulo, de cidade em cidade, no sul de Minas e depois vieram para nossa região. Contou também que elas se desentenderam porque a irmã aceitou um trabalho no exterior arranjado por um carinha cheio da grana, mas ela se negou a acompanhar a irmã, que na verdade fugia, deixando dívida de drogas que ela teve que pagar no lugar da irmã, sendo forçada a se prostituir numa casa de tráfico. Parece que depois de meses, a tal irmã ligou no celular de uma amiga em comum e na mensagem pedia perdão. Deixou um número de contato telefônico e o endereço do trabalho em Portugal. Naturalmente, tentamos contato nesse telefone, enviamos carta, e alguém do consulado brasileiro a procurou para informar da morte da irmã e da existência do pequeno Artur. Isso para que não haja futura contestação, mas não obtivemos sucesso. Houve quem informou que ela se desligou do trabalho dizendo que voltaria para o Brasil, mas até agora nenhum rastro.

— Virgem Santa, que judiação, doutora! Então nosso pequeno foi gestado num bordel? Ou na rua? — perguntou Alex, contorcendo-se em compaixão pelo filho e pela situação de sua mãe. E ao mesmo tempo pensava que era a segunda vez que uma mulher desaparecida, sem deixar rastro, cruzava o seu destino. E não se sentiu bem com aquilo.

— Sim, Alex! Eu ia chegar nesse ponto. O Artur, de certa forma, é um sobrevivente e um pequeno guerreiro. A mãe fez uso de drogas até o 3° mês de gestação, quando deu entrada no hospital e confirmou-se o diagnóstico de câncer terminal. Os médicos pensaram em antecipar o parto, mas foi possível levar até o início do 9° mês com a mãe se mantendo hospitalizada. Ela veio a óbito quatro meses depois. Ele ficou por 1 mês e meio na incubadora e quase não resistiu. Nasceu com pouco peso e muito fragilizado. Graças a Deus, o fato da mãe se drogar não deixou sequelas, mas pode ser que ainda se manifeste algo com o passar do tempo, portanto temos que informar a vocês que há esse risco. Neurologicamente ele está bem, sendo feito todos os exames indicados para isso. Por um milagre, não teve nenhuma má formação congênita. Ele é um menino esperto, ativo, porém introspectivo. Está tendo um desenvolvimento motor dentro da média e na fala também. O pessoal do abrigo o chamam de Grande Artur, porque ele veio quase recém-nascido, pequetito, mas sobreviveu.

— E ele não podia ter vindo recém-nascido pra nós, doutora? Teria sido a antecipação dessa realização? — interpelou Giovana.

— Então, Giovana, é o que informamos durante a capacitação; enquanto havia possibilidades reais de se encontrar um ente próximo, o juiz dificilmente concede a guarda provisória, lembra?

— Mas Dra. Neide, mesmo tendo quase que certeza que

essa tia estaria em outro prostíbulo ou num trabalho um tanto quanto duvidoso? Ela se prostituía aqui, era usuária de drogas também, e convenhamos, que segurança ela passaria pra Justiça de que o Artur estaria em boas mãos? Eu penso que nenhuma! — argumentou Alex, dando sua opinião em forma de perguntas carregadas de indignação e crítica.

— Calma, calma! É óbvio que a justiça se munirá de todo e qualquer evidência para analisar as condições reais de vida dessa tia, pra depois traçar um perfil não adequado para ganhar a guarda do menino; mas primeiro temos que encontrá-la. As pessoas podem mudar de vida, mesmo tendo em seu passado históricos facilmente condenáveis.

— É, amor, estamos sendo preconceituosos, se não levarmos isso em consideração — acrescentou Giovana, entendendo o lado do marido e da justiça.

— Mea culpa! Porém, como pai adotivo do Artur, fico preocupado que de repente vocês encontrem essa mulher e nossa vida com o menino seja ameaçada de alguma forma.

— Esse é outro fato a ser tratado com vocês — disse a assistente social, com toda seriedade cabível à questão. — Entendam, que foram muitos esforços para encontrarmos essa tia do Artur. Todos sem sucesso; isso em um prazo de quase 1 ano, então o juiz entendeu que manter o menino em um abrigo por mais tempo não era o ideal; sendo assim, ele destituiu o Poder Familiar e solicitou que o pequeno Artur fosse entregue para uma família em adoção. Então, se futuramente houver um interesse dessa tia, ela pode até entrar na justiça, porém vocês já terão obtido o Poder Familiar e até mesmo a guarda definitiva sobre o pequeno, resguardado no processo.

— E o pai dele ou família paterna? Sabem quem são? — perguntou Alex

— A mãe não sabia dizer, conforme o relatório, ela chegou a ter relações com 3 homens de uma vez só e com vários em um único dia. Nem se lembrava dos rostos — respondeu a psicóloga, vendo a consternação no rosto de Alex e Giovana.

O casal se entreolhou confuso, havia um detalhe crucial a ser resolvido.

— Podem pensar se quiserem, vocês têm tempo e foram chamados aqui para isso! — expôs tranquilamente a psicóloga.

— Amor, eu não consigo mais deixá-lo para trás; eu quero ele conosco! — respondeu sem titubear Giovana, olhando decidida para Alex.

— Pra mim, isso está mais que certo e definido! Já conhecemos nosso príncipe, não vou abrir mão dele. Eu também não consigo mais pensar diferente disso.

— Excelente, gente! Estou, aliás, estamos orgulhosas de vocês, pela decisão e pelo amor demonstrado aqui pelo Grande Artur. Parabéns e que Deus os ilumine!

O casal respondeu um sonoro Amém e se abraçaram, cumprimentaram as duas profissionais com afeto e gratidão.

— Mais uma vez obrigado por tudo!

— Agora então, vamos combinar o primeiro encontro com o Artur... Vocês querem isso agora, não é? — disse Kátia.

— Opa, meu Deus! É tudo o que mais queremos, né, Gio?

— Eu estou aqui imaginando exatamente a hora de

olhar pra ele, se pudesse ser hoje já!

— Vou pedir que vocês aguardem só mais um pouquinho, vamos marcar para amanhã um pouco antes do almoço. Podemos ir no carro com vocês, se não se importarem. Tem um jardim com uma pracinha gostosa bem pertinho do abrigo que ele está. Vamos cuidar para que ele esteja lá com uma das cuidadoras. — E eles concordaram. — Que tal sairmos daqui às 08h30, chegamos com tempo lá.

— Perfeito! Podemos levar um brinquedinho pra ele? — perguntou Alex, não se aguentando de vontade de se jogar na brincadeira com seu filho.

— Claro que pode! Fiquem à vontade quanto a isso! Te adianto que ele adora caminhões de bombeiros e patrulhas; imita até o barulhinho das sirenes. Ele é um encanto! — contou Kátia. — Ele não fala de tudo ainda, mas se envolvendo e entrando no mundo dele, vão se comunicar bem no início. Como disse, ele tem momentos de se fechar, fica quietinho brincando na dele, mas depois que se ganha o seu carinho, ele se solta bastante.

— E ele come de tudo já? Do que ele gosta? — perguntou a nova mamãe, preocupada com a alimentação.

— Sim, come bem, ele tem apetite, viu?! E não dá trabalho quanto à alimentação. Tanto que ele está ficando um troquinho . Gosta mais de salgado que doces! Curiosamente...

— Eu vou preparar algo bem gostoso pra ele, para comermos juntos. Oh, meu Deus, quem diria que iria cozinhar pro meu filhinho pela primeira vez! — declarou Giovana.

— Vai ser nossa primeira refeição juntinhos. Deus nos

abençoe! — E puseram a se preparar. Pensaram que a noite anterior àquele momento tivesse sido tensa e ansiosa, mas naquela noite, sim, aquela que antecedeu o encontro de verdade, foi uma consumição de ansiedade, felicidade e conjecturas que nem o chazinho mata leão de Giovana os puseram em sono profundo. Mas estavam como que embalados pela euforia de um bem tão grande como ter o filho fisicamente aos seus alcances e tudo aquilo valia a pena.

O BEM QUE PERMANECE É A FLOR QUE NUNCA FENECE

Rostinho rechonchudo, com bochechas que se faziam notar ainda mais de perfil. Olhos, que olhos! Negros e grandes, como duas jabuticabas madurinhas do pomar do sítio, que se harmonizavam à curvatura das negras e finas sobrancelhas, bem separadas e apertadas pela claridade do dia. Narizinho pequeno e levemente achatado, como se moldado por mãos artesanais. Mãozinhas delicadas, com dedinhos longos e roliços, redondinhos como cotonetes nas pontas. Lábio superior mais acentuado, que permitia uma linda covinha entre boca e o narizinho. Vinha abrindo um tímido sorriso gestado no cantinho esquerdo da boca. Orelhinhas bem desenhadas adornavam seu rostinho maroto. Cabelos negros, curtos e macios que tendiam a se enrolar em pequenos e estreitos cachos volumosos. E lá vinha ele! O pequeno Grande Artur, trazendo um carrinho de plástico, o que tudo indicava ser o seu favorito, na mãozinha esquerda e com a direita, segurava na mão da cuidadora, que o conduzia com cuidado.

A certa distância, estavam Alex e Giovana, esperavam--no de mãos dadas e com os corações acelerados como dois corcéis em disparada. Ambos não conseguiam desviar o olhar daquele serzinho elegante, vestindo bermudinha jeans e camiseta azul de estampas, contendo pequenos carrinhos. Calçava uma linda sandalinha, onde puderam observar seus pezinhos gordinhos, parecendo dois pães de bisnaguinha.

Como sonharam e oraram por aquele momento. Quanto mais o viam se aproximar, mais se afastavam as frustrações, os medos, as incertezas, as humilhações e cobranças do ego e das pessoas. Ele era a cura! Seus passinhos curtos traziam consigo um amor incondicional e puro.

Artur os observava, mantendo o mesmo sorriso. Giovana e Alex sorriam de volta como uma troca de amizade inevitável.

Conduzidos por Kátia e Neide, o casal caminhou de encontro e ambos foram se agachando para conversar com o pequeno. Giovana, não podendo conter-se, levou sua mão direita em direção ao seu rostinho e o acariciou:

— Olá, Artur! — disse ela, quase sem conseguir pôr a voz para fora. — Tudo bem, meu príncipe? Que meninão mais lindo você é! Nós viemos aqui hoje só pra conhecer você.

Artur aceitou o carinho, sentindo cócegas na papada, porém os estudava fixamente com o olhar. Repentinamente, deu alguns passos à frente sem a cuidadora, mostrando interesse nos dois desconhecidos. Giovana, chamando Alex com a outra mão, disse ao menino:

— Este aqui é o Alex, ele também quer muito te conhecer. E eu me chamo Giovana.

Alex mostrando joia com o dedo direito, foi falando e entrando no mundo do menino:

— Olá, então você é o bombeiro Artur? — O menino fez uma carinha de encabulado, porém, envolvido com a pergunta, disse à sua maneira, comendo algumas letras:

— Sô bombelo! Ó meu camião! — E mostrando o caminhãozinho que segurava, entregou-o para Alex, que elogiou:

— Que grandão que ele é! — continuou Alex, segurando o brinquedo na mão e as lágrimas para não chorar, e perguntou: — Quantos caminhões você tem?

Ele respondeu:

— Tenho um tantão assim... Ó! — E mostrou os 10 dedos das mãos, abrindo um dedo de cada vez, como se os contasse.

— Nossa, você tem uma frota de caminhões? Você deve ser o capitão dos bombeiros então? — falou Giovana, impressionada com a fácil interação do menino. Ele então balançou o corpinho de um lado para o outro, gesticulando ter ficado envergonhado com a pergunta, mas não deixou de sorrir e respondeu alto e forte:

— Sim, sim, sô o capitão! — Fazendo um biquinho no "ão" final, e pondo as mãos atrás da cabeça.

— Que lindo esse capitão! Eu posso te dar um abraço de amigos? — suplicou, não pediu, Giovana. E para surpresa de todos, com a cabecinha ágil, para cima e para baixo, ele consentiu e esticou os bracinhos. Giovana o abraçou e o levantou no colo, ele a agarrou forte no pescoço, ela então não conteve as lágrimas, sentia seu cheiro, sua pele, seu calor, tinha seu filho nos braços pela primeira vez.

Alex, não conseguiu esperar, amou sua mulher e seu filho e os abraçou por fora, colocando sua mão esquerda na cabecinha de Artur lhe fazendo um cafuné.

— O papai trouxe um presentinho pra você, Artur!

Quando de repente, num susto, caiu em si que havia deixado escapar a palavra papai. O menininho o olhou expressivamente e todos no momento voltaram a atenção para Alex, que se virou e foi até um banco de madeira próximo aos balanços e pegou uma grande caixa, embrulhada para presente com um laço vermelho, por certo, demais chamativo, e o trouxe sorrindo.

Artur arregalou os olhinhos e o sorriso aderiu ao encanto. Ainda no colo de Giovana, recebeu de Alex aquela grande caixa e se agitou de alegria.

— Abre, é pra você, meu anjo! — disse Giovana, comovida.

Era um caminhão de bombeiros enorme, portando tanque e mangueira que lançava água por pressão e uma sirene automática acionada pelo giroflex, que também se iluminava todo. Vendo Alex ajudá-lo a abrir a caixa, Artur projetou o corpinho para descer e, colocando o brinquedo no chão, foi repetindo o que Alex ensinava. Parecia ele também uma criança. Era parte de seu sonho se realizando. Giovana também se sentou no chão e juntos se soltaram na brincadeira.

E fizeram um piquenique embaixo das árvores. Giovana caprichou nos sanduíches, e nos salgadinhos. Trouxeram chocolate e suco também. Convidaram, por fim, Kátia, Neide e a cuidadora para se ajuntarem a eles. No final, os três estavam conectados e se reconheciam grandes amigos. Foi quando Giovana, em momento de carinho com Artur, disse:

— Artur, agora somos grandes amigos, né? — Ele respondeu que sim.

— Eu gostaria muito de ser sua mamãe do coração, sabia? — Ele escutou, mas manteve os olhos para baixo, mexendo nos dedinhos dos pés.

— Você ouviu, meu anjo? — Ele acenou um sim com a cabeça. Alex aproveitou o momento e disse:

— Eu gostei muito de ser seu papai do coração também, e quero continuar sendo, você me deixa?

Artur num vislumbre se levantou, sentou no colo de Giovana sem dizer nada e voltou a brincar com seu caminhão novo.

— É gostoso o colo desta mamãe aqui, né? — Ele virou o rostinho para ela e disse:

— Eu goto do seu colinho, mamãe!

Foi o momento sublime de reconhecimento instantâneo. Giovana apenas o abraçou, dando-lhe um beijo apertado na bochecha, e respondeu:

— Ó meu amor, agora esse colinho é só seu, tá bom?

Alex, quis somente contemplar e registrar aquela cena. Graças a Deus, estava indo tudo bem.

E chegou a hora da despedida. Ainda não poderiam levá-lo. Foi melancólico para não dizer cruel. Artur não queria que eles fossem, segurava as mãos de Alex e Giovana.

Alex se abaixou e, segurando-o pelos bracinhos, disse:

— Da próxima vez o papai e a mamãe vão te levar pra passear, tudo bem? Mas é preciso que você fique aqui só mais um pouquinho, tá certo?

Aqueles olhos grandes penetravam suas almas. Giovana se fortalecendo disse:

— Anjinho, mamãe e papai vão embora preparar seu quarto, sua caminha, seus brinquedinhos, tá bem? Pra você ir dormir na nossa casa. E se você gostar, poderá ficar lá pra sempre... É o que nós queremos, tá bom?

Ele, em sua inocência, fez-se entender, então a cuidadora o animou com os outros brinquedos; estava na hora do soninho e o levou.

— Fiquem tranquilos vocês dois — disse Kátia. — O que presenciamos foi o bastante, vamos agilizar para que vocês possam levá-lo pra casa.

E os dois ali ficaram, olhando seu filho entrar novamente para o abrigo. Sentimentos contraditórios se estenderam pelo resto do dia. À noite cada um contou para a sua família como tudo seguiu bem.

Antes da hora do almoço do dia seguinte, Kátia ligava para Alex dando a tão esperada notícia.

— Alex, escuta, tá tudo certo, vocês conseguiram; podem ir buscar o Artur.

— Louvado seja Deus! Ele vem pra casa! — gritava ele eufórico, abraçado ao amigo Marco. Então, não foi só ele que saiu em buzinaço rumo ao trabalho de Giovana, foram todos; ele, Marco, Mário, Tavinho, Nando, todos que ele conseguiu convocar por celular e lá foram em grande algazarra pela cidade afora, em fila indiana. Quando Giovana ouviu de longe, entendeu tudo. Olhou no seu celular e havia uma mensagem no Whatsapp com um imenso coração e dentro escrito: "Mamãe, tô indo pra casa!". Quando chegaram na porta da clínica, Giovana estava à espera, sob os abraços e felicitações dos amigos e colegas de trabalho e alguns pacientes também. Alex saltou do carro e correu até ela. De surpresa, sacou por detrás do corpo três lindas rosas vermelhas e as entregou à esposa:

— Vamos, amor, vamos buscar nosso filho!

— Vamos, vamos, amor! — respondeu ela, chorando, e se beijaram, atiçando as palmas e o estardalhaço de todos em volta.

O relógio marcava três horas da tarde de uma quinta-feira ensolarada e quente de janeiro. Ansiosos, Alex e Giovana aguardavam na sala de espera do Abrigo Infantil Nossa Senhora do Perpétuo Socorro, quando Kátia apareceu na porta com Artur no colo. As cuidadoras e algumas irmãs religiosas os acompanhavam, algumas emocionadas e chorando.

— Vai com Deus, Grande Artur! Que sua vida seja maravilhosa! Você será sempre grande em nossos corações! — desejou uma delas, aquela que tinha cuidado dele desde recém-nascido, irmã Naná. Giovana foi até ela e a agradeceu em voz alta, referindo-se a todos ali:

— Muito obrigada por cuidarem dele, do nosso filho! As portas da nossa casa estarão sempre abertas pra todos vocês sempre que quiserem ver o Artur!

Artur estava tristonho, sentia um desligamento acontecendo. Desde que começava a se perceber, havia vivido naquele lugar com aquelas pessoas. Alex e Giovana compreendiam perfeitamente tudo aquilo, então se inundaram de força e agradaram bastante ele naquele momento. Sabiam que seria dessa forma, porque tanto para eles quanto para Artur tudo seria novidade e diferente. A casa estava toda preparada, puseram o berço no quarto deles, porque a primeira noite poderia ser conturbada. O pequeno certamente estranharia a cama, o quarto, até mesmo a presença de seus novos pais.

O pequeno, aos poucos, animou-se e foi se permitindo confiar neles. Saíram com ele então, aquele momento era de cura interior para eles. Coroava toda uma luta, uma caminhada.

Em outro carro estavam os pais de Giovana e a mãe de Alex. Vieram conhecer e receber pessoalmente o neto, tão desejado. Já o conheciam pela foto. Foi um momento inolvidável. Artur os olhava com olhinhos confusos ainda, mas todos o agradavam muito e lhe fizeram carinhos.

Não houve dessa vez festejos e fogos porque uma chegada assim poderia assustar o Artur. Haveria tempo para tudo.

Quando chegaram em casa, Alex foi explicando para Artur de maneira didática que ali era a nova casa dele, que todos estavam muito felizes com a sua chegada, levou-o diretamente ao quarto de hóspedes que havia se transformado no quarto de brincar. Artur logo se encantou com a quantidade de carrinhos e bichos de pelúcia, presentes dos amigos do casal, dos avós e tios.

Ainda estavam reunidos no quarto com o filho, Euzébio foi chegando com Alessandro e chamando. Alex foi até eles. Seu pai parou de frente com ele, olhou-o de maneira orgulhosa, e Alex entendeu como por telepatia.

— Me dá um abraço aqui, papai? — E se lançaram em um abraço caloroso. Giovana então veio conduzindo pelo meio da sala o filho pelas mãos.

— Olha quem veio te conhecer também, filho, o vovô

Zébio!

Euzébio pôs-se enlevado, saindo do abraço de Alex, olhava para o filho e para o neto e foi até o pequeno. Tomou-o nos braços, sentindo que o menino estava curioso com seu chapéu, e não demorou para que levasse a mãozinha para tocá-lo.

— Deus te abençoe, meu neto! Como você é forte!!

E tirando o chapéu, deixou que Artur o pegasse. O menino olhava para o chapéu e para o rosto do avô, e sem ressalvas passou também a mão na cabeça de Euzébio. Todos acompanhavam a cena um tanto quanto hilária.

— Você tá medindo a careca do vô? — perguntou Euzébio com ternura na voz. E o menino ergueu o chapéu e o encaixou na cabeça dele, o que provocou gargalhadas em todos.
— É melhor assim, né, fio? O vô fica mais bonito!

E permaneceram lá até que Artur bocejou, mostrando ter sono e Giovana se recolheu com ele para o quarto, na companhia de Leila, sua mãe. Os outros se despediram enviando bênçãos ao pequeno Artur e ao casal.

As primeiras noites, como se esperava, foram as mais difíceis. Artur estranhava tudo e não gostava de escuro. Naquela primeira semana, revezaram os dois na tutela da noite, acalmando-o a cada ressonar seguido de um susto e um choro. Na segunda noite, Artur pediu pela irmã Nana e irmã Dete.

Gioviana quase se desesperou, mas conseguiu distraí-lo com um desenho infantil na TV e pôs se rezar o terço baixinho, com o filho nos braços, até que ele se acalmou e dormiu. Necessitou muita conversa dos dois naqueles dias. Tudo superado até o primeiro fim de semana.

E devagar, como por instinto, foram entrando na rotina de família com criança pequena. Os desafios um a um foram se apresentando e era natural: o jeito de preparar o leite e a comida, os primeiros banhos, o trocar de fraldas e o fazer as higienes no banheiro, pois Artur estava em plena fase de desfraldar, muita correria e testes de paciência até estabelecerem uma rotina; e as primeiras birras, que desafio! Era preciso amor, atenção e tempo para ouvir e aprender. Dona Leila e dona Mariana iam de dia dar uma ajudinha, tinham ambas a experiência, mas Giovana fazia questão de estar à frente de tudo e se sentia cada dia mais realizada e mais mãe.

Alex se mantinha junto e fazia tudo ficar mais divertido, estava curtindo demais tudo aquilo. Era um pai babão, inventava histórias e personagens junto com o filho, que se entregava com ele na imaginação. Os banhos agora ele mesmo assumiu. Faziam a maior folia na água do chuveiro. Era assíduo para pajear o pequeno à tardinha, assim que chegava do trabalho. Então saia para passear: levava no campinho ou na praça, levava no sítio e na casa dos avós.

A presença do neto ganhou o coração de Euzébio, se Alex não o trazia no fim da tarde, ele fazia questão de dar uma passadinha rápida na casa do filho.

— Quem diria, hein? Olha lá seu pai, Sandrinho! Esbravejou, brigou, ficou planejando coisas pelos cantos, agora não sai da aba do Arturzinho — comentava Mariana, feliz pela atitude do marido, mas não deixando de ironizar suas costumeiras rabugices.

Quando houve a oportunidade, Alex retornou ao abrigo. Para eles, era muito importante saber se o filho recebeu o sacramento do batismo quando foi acolhido; e somente as irmãs religiosas saberiam informá-lo. Com muita alegria e satisfação, irmã Naná, que era uma senhora de 56 anos, revelou que sim, Artur fora batizado pelo Padre que celebrava as missas na capela do abrigo. E as religiosas mantinham uma ata com a data dos batismos de todas as crianças a quem foi possível ministrar o sacramento. Contudo, Alex sabia que deveria haver um registro em um livro de batistério, e por feliz surpresa, Irmã Naná revelou que todos os batismos realizados ali eram reportados e inscritos no batistério da Paróquia Nossa Senhora do Perpétuo Socorro, e que Alex deveria ir até a secretaria dessa Paróquia e solicitar a certidão de batismo.

— Irmã, Deus lhe pague a abençoe por ter esse zelo espiritual com as crianças aqui! Muito obrigado!

— Meu irmão, é a nossa missão, não precisa agradecer. Agora eu te digo que nesses 20 anos de trabalho meu aqui, nunca nenhum pai ou mãe adotivo católico se interessou em saber sobre o batismo de seus filhos. Então, eu dou graças ao coração de Jesus por essa sua atitude e que Ele acompanhe você, sua esposa e o Artur.

— Amém, irmã! Fique a senhora com Ele também! — respondeu Alex, surpreso pela revelação que acabara de ouvir.

— Ninguém, Senhor? Por que isso não é importante para os pais católicos?

Na hora do almoço, Alex voltava com a certidão de batismo do filho em mãos, com as bênçãos de Deus, tudo tinha dado certo. E ficou feliz por descobrir pelo batistério que a madrinha de seu filho tinha sido a própria Irmã Naná, mais um motivo para que ela viesse a participar da vida nova de seu filho. À tarde, procurou pessoalmente Frei Carlos, que louvou a atitude do homem da mesma forma que a irmã Naná.

— Meu filho, você sempre pensando em Deus e na Igreja. Fico até sem palavras, porque infelizmente é incomum. Fico muito feliz de ver que vocês sempre prezam por manter Deus participando de tudo na vida de vocês; e com o seu filho não poderia eu esperar outra coisa! — Alex então contou então sobre a revelação da irmã Naná. — É assim, Alex! Os homens deveriam começar tudo em Deus, mas o reservam somente para as horas de desesperança e sofrimento. Mas creiamos Nele! O Espírito Santo está agindo e vocês são o exemplo disso!

Na missa do domingo da frente, Frei Carlos apresentou Artur para a comunidade. Os pais o levaram até o altar numa demonstração de entrega e gratidão a Deus. De todas as recepções que se seguiram desde que o filho chegou, talvez aquela para eles era a mais especial e significativa. Frei Carlos fez questão de ministrar uma bênção especial para Artur junto aos seus pais, e seguiu com o rito de consagração do menino à Nossa Senhora, tradicional às crianças católicas. A madrinha foi a avó paterna, dona Mariana, pelo motivo mais óbvio: foi ela quem despertou Alex para o ato da adoção e trabalhou com orações e palavras o coração de seu marido Euzébio. E houve festa, um delicioso jantar servido no sítio da família. Estavam todos em júbilo pela felicidade dos três: Alex, Giovana e Artur.

O pequeno a cada dia que passava se afeiçoava mais aos pais e à família. Era muito inteligente e curioso. Os momentos passados no sítio, na convivência entre a lida com os bichos e a roça, o pequeno se divertia com o pai, que se derramava em paciência e encantamento com a esperteza do filho.

— O nosso curió até parece, que nasceu para as coisas do campo — contava orgulhoso aos amigos, Mário e Marco.

Giovana se sentia abençoada pela rápida adaptação do filho e se derretia de amor ao contar para Kátia, em visita de acompanhamento, sobre a fascinação que o filho começava a demonstrar pelo pai.

— O Alex conseguiu se conectar com o Artur de uma forma tão especial que ele fica grudado o tempo todo com ele, depois que ele chega do trabalho e nos fins de semana. Dá até para eu descansar! Sabia que o Alex queria ser pai, mas hoje vejo que ele nasceu pra isso.

— E você, ficando enciumada, Gio? — indagou Kátia, brincando com a situação.

— Não, não fico! Entre eu e o Artur é aquela coisa de mãe mesmo, o colo, o afago, a atenção. Ele me chama o tempo todo, e eu acho um barato! Com o Alex, é a diversão, a história, o ser parceiro. Ah, ele só toma banho com o Alex. Durante o banho eles brincam de que o chuveiro é um lava-jato, levam um monte de carrinho pra lavar e daí vai. O Alex entra no mundo dele e cria as histórias. Ele é muito bom nisso!

— Valeu a pena, Kátia, passar por todo aquele sofrimento. Nunca imaginei ser tão feliz, e foi o Artur que trouxe essa realização plena na minha, na nossa vida!

— Pra nós que trabalhamos com crianças e vemos a realidade que eles passam é gratificante ouvir isso, Giovana. E claro, também por vocês! E a obediência, como que está caminhando?

— Olha, é a pura verdade, quanto a isso não estamos tendo problemas com ele. Ele faz umas manhas, é mais quanto à roupa. Gosta de ficar só de shortinho, ranheta pra vestir blusa. Algumas, ele teima que não quer vestir; quer escolher, sabe? Dá trabalho pra parar meia nos pés e usar calçado, viu? Mas com jeito a gente consegue. Em duas oportunidades que ele fez uma birrinha, nas duas queria comer chocolate e doce antes da janta, e como não damos, não queria jantar; mas eu fui firme e o Alex também, então ele cedeu. A gente deixa ele fazer a queixa. Escutamos, depois conversamos e explicamos, então a gente propõe algo pra fazer depois e ele colabora. Tá sendo assim!

Kátia terminou a visita satisfeita por tudo que ouviu e viu. Sentiu que Artur estava bem e se desenvolvendo rápido, até mesmo na fala. Era uma das melhores adaptações que acompanhava.

E os meses foram passando, de certa forma, mais veloz.

— Impressionante como o tempo voa quando esquecemos dele, parece que a felicidade faz o tempo urgir; tem ela um jeito enigmático de nos distrair do relógio e do calendário — filosofava Mário novamente no alto do cruzeiro junto de Alex e Giuliano.

— Às vezes acho que era você quem deveria estar no seminário cursando filosofia e teologia, Mário. Tá superando o Alex!

— Você não sabe ainda, Giuliani, ele vai ser papai também!

— Ah, cê tá brincando?! — E num aperto de mão forte, Giuliano puxou Mário num abraço. — Cara, parabéns! E a Vivi, como está?

— Ficamos sabendo semana passada. A Vivi está um pouco assustada. Faz pouco tempo que ela mudou de ideia quanto a engravidar. Não queria antes, mas a chegada do Arturzinho, fez o coração dela amolecer de vez. Ah, mexeu com todos nós, né? — respondeu Mário, com olhos de gratidão para Alex.

— Nossa, ela é fã de carteirinha do Artur; cê precisa ver o chamego dela com o menino — disse Alex, envaidecido. — A Giovana adora isso! Gente, nem parece que já foram 8 meses desde que buscamos o Arturzinho. Já até comemoramos o aniversário dele. E como ele estava feliz no dia da festinha! O pessoal do abrigo não queria vir, mas eu insisti e o meu filhote amou.

— Ficou até meio perdidinho no meio de tanta criança! — elencou Mário — E é rápido pra fazer amizade, o bichinho! — E Alex concordou.

— Lex, nunca vi minha irmã tão feliz. Quero te dizer que quando vocês engataram o namoro mesmo, eu fiquei preocupado. Você sempre foi um cara bom, mas te achava ocupado demais pra ter tempo de fazer a Gio feliz. E não é que você foi lá e me fez quebrar a cara? Felizmente. — E riram. — Obrigado por dar essa família tão especial pra minha irmã! Eu tô te falando porque minha ordenação tá chegando, e claro, vou ficar mais longe de vocês.

— Oh, meu amigo! Obrigado pelas suas palavras, sempre claras e sem hipocrisia alguma. Eu sei quem é você! E saiba que eu amo muito a Giovana; você e seus pais são a minha família também. Onde quer que você seja enviado, fica tranquilo que eu cuido deles pra você.

— Obrigado, cunhado! Eu já esperava isso de você. Estarei talvez longe, mas sempre perto na oração e na eucaristia.

E por aqueles dias, o juiz deferiu a guarda definitiva. Artur pode ser registrado como filho de Alex e Giovana.

Euzébio fez questão de acompanhar seu filho Alex ao cartório.

— Quero estar junto contigo, Lex, pra testemunhar o Artur recebendo nosso nome. Ele é um França! — E assim se retificou: Artur Rafael Di Fiori França. Escolheram Rafael por segundo nome em homenagem ao Arcanjo São Rafael, que vem do hebraico Raph (cura) + El (referente a Deus), ou seja, "Deus curou" ou "a cura de Deus". Sabiam bem o significado dessa cura em suas vidas.

Chegou dezembro e um Natal mágico em família, enfim, pôde acontecer para eles. Tinham o presente mais bonito, o bem mais precioso. Artur estava feliz e tudo era aprendizado com ele e por ele. Já não se lembravam da rotina a dois, pois o que era próprio dessa fase se modificou para algo maior. E como é próprio da vida, depois que os filhos vem, a rotina não se demora, tampouco se acomoda, está sempre em transformação. Sempre há o que se aprender e o que se adequar.

Mas o que é mais provável após os dias quentes de verão são as tempestades. E os homens que semeiam a fé devem guardá-la com prudência para armá-la como abrigo.

O tempo seguiu seu curso, e desastrosas novidades vieram nos idos de abril daquele ano, quando um oficial de justiça entregou uma carta de citação, em mãos, para Giovana.

Ela, tomada de assombro, abriu, mal começou a ler e sentiu-se mal.

— O que é isso, Senhor? O que está acontecendo?

Foi primeiramente até a cozinha e tomou um copo d'água. Sentou-se. Chamou pelo menino Artur, que veio correndo do quarto. Tomou o filho nos braços e o abraçou forte, mas percebeu que estava zonza. Por sorte, o celular estava no bolso. Trêmula, ligou para Alex, que de imediato atendeu:

— Lê... Lê! Vem pra casa, por favor! —

Aquilo o acendeu em alerta:

— Gio, Giovana, o que aconteceu? — Percebia a esposa ofegante e ouvia a vozinha do filho chamando a mãe, atribulou-se. Ela respondeu:

— Lê, chegou uma carta aqui do fórum e não tô entendendo. Estou passando mal, vem correndo!

Alex guardou o celular e deu um salto por sobre o balcão da loja, assustando Marco e alguns clientes. Somente gritou:

— Marco, cuida de tudo, a Giovana não tá bem!

Em menos de 10 minutos ele parava o carro na porta de casa. Foi empurrando portão e porta, chamando por Giovana. Ao ver Alex, Giovana se levantou da cadeira na cozinha e veio atordoada com a carta na mão esquerda e segurando Arturzinho pela outra.

Alex, pegou a carta, depois o menino e o colocou no sofá, amparou a esposa que estava branca, pálida e a recostou junto ao filho.

— Que isso, amor?! O que tem nessa carta?!

— Amor, lê, lê e veja se entende melhor.

Ele posicionou firme a carta nas mãos, respirou fundo e tentou ler com atenção. Era uma citação da justiça, informando que uma tal Sra. Carolina dos Santos Ortega havia acionado o Ministério Público solicitando a revisão da guarda do Artur.

Conforme lia, sentia suas mãos formigarem e uma quentura lhe tomar as orelhas e o rosto por inteiro. Olhou para Giovana aflita à sua frente e para o filho, agora entretido, rabiscando uma folha em cima do sofá. Na mesma hora veio a história da tia desaparecida em sua mente. Dobrou a carta e a jogou na mesa de centro e disse:

— Estamos sendo informados que uma parente do Arturzinho está movendo uma ação de reconhecimento e revogação da guarda dele.

— Ah, Mãe Santíssima! Não, não pode ser! — Lamentou-se Giovana, colocando-se em agonia e tentando segurar o desassossego para não assustar o filho, que já a olhava cismado. Alex, sentou-se perto dela e a abraçou:

— Calma, calma, não vamos nos alarmar ainda. Vou ligar pra um advogado e também conversar com a Kátia pra entender se há risco de sermos prejudicados. — E se mantiveram abraçados. Artur percebeu o clima e se achegou entre as pernas da mãe perguntando:

— Que foi, mamãe? Cê tá triste?

— Não, filho, a mamãe só sentiu dor na cabeça, mas o papai já deu remedinho! Pode brincar quietinho, está tudo bem!

Alex tranquilizou a mulher e certificou-se que ela estava bem. Na sua mente, vinha a lembrança das instruções no curso de capacitação: depois que a guarda é consumada, mesmo que apareça alguém contestando, será muito difícil que um juiz volte atrás. E mais, havia se passado mais de um ano, e o menino estava mais do que adaptado, era parte deles agora. Que juiz não se comoveria com isso? Decidiu falar tudo aquilo que acabara de pensar para Giovana. E isso lhe trouxe mais alento.

— Vou até a casa do pai, não vou fazer alarde antes de entender tudo o que pode acontecer, mas o pai sempre teve bons advogados. Vou garantir um ótimo profissional e ninguém vai prejudicar a nossa felicidade por um capricho ou remorso — disse, assim se referindo à provável tia de Artur.

Chegando na casa dos pais, entrou esbaforido e nervoso.

— Ó meu filho, aqui em casa no meio da tarde? O que houve, parece atribulado? — disse sua mãe, como sempre com o instinto apurado.

— Mãe, tô com um probleminha de ordem jurídica e preciso dos contatos do antigo escritório do pai.

— É algo grave, filho? Tua cara não tá de boa conversa!

— É, e não é, a gente não entende muito dessas coisas, então quando acontece, a gente se aflige até achar alguém que explique, né? — E tentou esboçar um sorriso, em vão. Outra vez ele não queria fazer os pais sofrerem por antecipação.

— Era o doutor Henrique Amorim, lá de Ribeirão Preto. Me lembro bem das confusões com algumas vendas do café. Se não mudaram o telefone, está ali naquela agenda de capa dura, velha que dói!

— Nossa, mãe, obrigado!

— Liga aqui de casa, uai. Se é coisa séria e urgente, pode ligar.

— Não, que nada, eu ligo lá da loja mesmo. Obrigado, fica com Deus! E.. Bença? — E foi-se nas ventas.

— Deus te abençoe! Mas que será que aconteceu? Ele não me engana!

Tomou o rumo de sua casa. Entrou e foi direto ao telefone. Atendeu um homem de voz bem juvenil.

— Amorim e Sales Associação de Advogados, Lauro. Em que posso ajudar!

Alex se anunciou como filho de um antigo cliente de Alto dos Montes, porém o atendente lhe informou que Dr. Henrique estava no escritório novo em Caconde, cidade vizinha a Alto dos Montes, e gentilmente lhe passou o contato. Sem pestanejar, ligou, a chamada se alongou lhe causando impaciência. Giovana acompanhava do quarto de brinquedos onde Arturzinho brincava. Na segunda tentativa, atendeu uma voz masculina em extensão barítono, quase um baixo. Citou igualmente o nome do escritório, apresentando-se:

— Dr. Gustavo. Boa tarde!

— Boa tarde, Dr. Gustavo, me apresento, sou Alex França, filho de um antigo cliente do Dr. Henrique Amorim, Sr. Euzébio França, de Alto dos Montes, aqui perto.

— Tudo bem, Sr. Alex? Em que posso ajudar? — inquiriu o suposto advogado do escritório, porque se apresentava como doutor.

— Seguinte, eu gostaria de falar com o Dr. Henrique; liguei no escritório em Ribeirão e de lá informaram que ele está aí em Caconde. É caso de urgência, por favor!

— Um minuto, por favor. Ele está em reunião, mas estão terminando. Pode aguardar?

— Claro, posso sim. Obrigado! — E lá ficou esperando, tentando encontrar paciência. Passados quase uns 5 minutos, o velho advogado atendeu:

— Alô, aqui é Dr. Amorim. Quem é mesmo? — Alex tornou a repetir e ao pronunciar o nome do pai, o ânimo do advogado se converteu em pompas. — Oh, Sr. Alex, me lembro do senhor bem jovem no comércio de seu pai, no sítio. E ele como está?

— Meu pai está ótimo! Não fica à frente dos negócios como antes, mas está lá, firme e forte, graças ao bom Deus! Obrigado por perguntar! E o senhor? Sua família?

— Estamos todos bem! Mas me diga, o que precisa? O Dr. Gustavo me disse que era urgente?

— E é, Dr. Amorim... — E explicou o problema de forma resumida.

Enquanto isso, Giovana se adiantou e ligou para a assistente social. Kátia logo respondeu por áudio no Whatsapp.

— Boa tarde, Giovana! Então, acabamos sendo surpreendidas também aqui na Vara da Infância... O advogado desta senhora me parece ser um figurão e veio com tudo pronto. A promotora é nova no cargo; uma pessoa metrosa, metódica e uma caixinha de surpresas, sabe? Me chamou com urgência em sua sala, logo após o protocolo da ação. Estranhamos ela ter acatado a petição, pois o processo da destituição do Poder Familiar do Artur foi longo e preciso. Estamos estudando o contexto passado pela promotoria pra entender o conteúdo da alegação e poder esclarecer e informar vocês em detalhes. Isso é algo muito difícil de acontecer. Estamos aqui aborrecidas.

— Meu Deus do céu! Só pode ser um pesadelo! Estava tudo caminhando tão bem que jamais imaginaria um revés absurdo assim. Essa mulher é a tia do Arturzinho mesmo? — indagou Giovana.

— Tudo indica que sim! Mas isso tudo será apurado, estamos confiantes que será apenas um contratempo. E o mais importante: não se desesperem! O processo de vocês foi declarado trânsito em julgado, ou seja, está finalizado. E temos relatórios precisos constando a excelente adaptação do Artur com vocês em todas as fases. Já existe um vínculo afetivo. São muitas provas a favor de vocês. Logo chamaremos vocês pra esclarecer tudo... Vocês têm advogado?

— Olha que coincidência, o Alex está falando com o Dr. Amorim neste momento. Mesmo assim, obrigada pelas instruções e pelo esclarecimento, Kátia!

— Imagina! Muita calma agora, hein! Eu retorno em breve.

Alex finalizava com Dr. Amorim.

— Estarei aí então, Dr. Amorim, logo pela manhã em seu escritório, com toda a documentação já relacionada. — E desligou. Giovana veio lhe mostrar os áudios da conversa com a assistente social. O que muito agradou a Alex.

— Amor, vamos dar seguimento com o Dr. Amorim

amanhã, aguardar notícias de Kátia e... rezar!

Giovana o contemplou com certo desalento:

— É o que mais temos feito nesses últimos 3 anos, né, amor? Acho que essa é nossa sina, rezar!

Alex vivenciava nos seus olhos e na sua respiração o furacão que assolava o íntimo de sua esposa, e este se fundia com o seu, somado à absurda sensação de impotência sobre o desenrolar dos fatos. Ele era prático demais para ficar aguardando advogados e outros resolverem seus problemas. Começou em seu íntimo avaliar se poderia procurar a suposta tia de seu filho e resolver no cara a cara. No entanto, por hora, nada contaria à Giovana, mas diria para o seu amigo Mário.

De manhãzinha, ligou para o amigo e pediu que o acompanhasse até o advogado na cidade vizinha. Giovana quis ficar com Artur. Sabia que ficaria neurótica se fosse. No caminho, foi explicando para Mário suas ideias.

— Na minha concepção, você deve primeiro ouvir o que o advogado vai dizer e procurar saber onde esta mulher está residindo. Você não a conhece, como vai encontrá-la? — argumentou Mário, convencendo de cara Alex a mudar de ideia.

Ao chegarem no endereço, depararam-se com uma aconchegante sala de espera ainda desprovida de atendentes. Mas pouco demorou para que ouvissem se aproximando uma voz gentil. Alex a reconheceu, era Dr. Gustavo, falara com ele ao telefone, e qual foi a surpresa, sentiu que o rosto do jovem advogando lhe era conhecido.

— Bom dia, senhores, em que posso ajudar? Por acaso é o Sr. Alex, Alex França? — E este também, na hora, reconheceu o futuro cliente, pondo-se reticente e o fitou de maneira observadora.

— Bom dia! Parece que eu conheço o senhor? — disse Alex, curvando as sobrancelhas, tentando se lembrar. — Ah, claro, você estava no meu treinamento de capacitação há 2 anos! Nossa, você já está advogando? — indagou Alex, surpreso por ser o advogado tão jovem.

Dr. Gustavo emitiu novamente um sorriso e meio encabulado pela expressão de Alex, julgou que o mesmo o desabonasse pela tenra idade, mas confirmou:

— Sou eu mesmo! Muito bem, o senhor tem uma boa memória fotográfica, mas eu me recordei do senhor também logo que te vi... Prazer! Dr. Gustavo Arantes, é bom recebê-los aqui. — E estendendo a mão direita, cumprimentou-os com um forte aperto de mãos. Mário cumprimentou também o jovem paladino da lei, mas também se sentiu familiar aos seus modos. Diacho, acho que já vi esse carinha em algum lugar?, pensou o amigo consigo.

Falavam, quando entrou pelo pequeno corredor Dr. Henrique Amorim. Elegante como sempre, da mesma forma que o conhecera quando adolescente. Alex se alegrou ao vê-lo forte e empolado, apesar da longevidade. Deveria ter uns 75 anos e continuava nos tribunais. Veio sorrindo e fazendo piadas, em completa informalidade. Deu-lhe um abraço espremido como se abraçasse o próprio Euzébio, cliente de longa data.

— É uma honra pro meu escritório trabalhar com o filho do meu nobre e grande amigo, e cliente dos melhores, Euzébio Ribeiro França, o famoso Zébio! Como vai, Sr. Alex?

— Agora bem melhor, Dr. Amorim! Já me senti mais confiante de vê-lo tão bem, em tão calorosa recepção! — declarou Alex, apresentando também seu amigo Mário.

— Então já conheceram meu futuro sócio, o jovem Dr. Gustavo Arantes? — perguntou com orgulho de seu ex-pupilo o proeminente advogado.

— Opa, sim, claro! Ele é muito gentil, me atendeu muito bem ontem no telefone. E de fato, ele é bem moço, não? — Dr. Gustavo somente os observava com um ligeiro sorriso.

— Quem o vê tão jovem assim, corre o risco de não compreender sua capacidade. E eu gosto de contar pros meus clientes: este moço aqui se formou com as melhores notas da faculdade de direito em São Paulo, USP. Foi indicado por um professor, amigo meu de anos! Tanto que concederam estágio nos fóruns aqui da região quando ele estava no último ano de curso, a pedido meu.

Alex se tomou de grande ânimo, não pelo pupilo do Dr. Amorim, elogiado ali, mas por perceber o peso da influência e consideração que o velho advogado nutria em seus pares, no ramo do direito, tendo contato com professores e juízes, incluindo, o da comarca de Alto dos Montes a ponto de tutelar até mesmo, estágios. E que sorte desse moço, hein!?

— Certamente, Dr. Amorim! Eu o conheci há dois anos quando participou do treinamento de capacitação, dentro do meu processo de adoção. Fico feliz por ele!

— Obrigado, Sr. Alex! — respondeu Dr. Amorim rapidamente, desviando para o assunto principal. — Então, Sr. Alex, quando ouvi sua explanação ontem por telefone, fui impelido a iniciar o estudo da sua causa naquela hora e até já consultei algumas jurisprudências. Veja bem, em geral um casal em situação parecida a de vocês acaba tendo problemas e riscos de perder a guarda da criança adotada se, e tão somente se, em casos de adoções feitas de forma adversa, à margem da lei, são as chamadas Adoções à Brasileira. Você deve ter sido instruído neste tema, sim?

— Sim, doutor! Muito foi falado sobre situações de adoções feitas por arranjos, fora da legalidade...

— Exato! Tem acontecido revisões dando parecer favorável de guarda para casais ou familiares que entram na justiça pedindo revogação de sentença, mesmo com ação de adoção dada como trânsito em julgado em casos análogos a esta situação. Porque neles os pretendentes adotaram de forma consensual, porém ilegítima, por via de terceiros, ou conhecidos e até mesmo parentes, e quando foram tentar legalizar a adoção, foram impedidos pela justiça. Há casos que o juiz determinou que a Vara da Infância recolhesse as crianças em abrigos até que fossem encontrados outros casais que participaram corretamente do processo e estavam cadastrados no CNA para os adotar de forma legal; dando origem à disputas judiciais gravíssimas e demoradas e sofrimento para todos, em especial para as crianças em disputa.

— É disso que eu tenho medo, não só por nós, mas pelo Artur. Não consigo sequer imaginar ele retornando pro abrigo depois desse amplo tempo de convivência conosco. Isso não é justiça, ora bolas!

— Sr. Alex, entendo seu temor e lhe dou razão. Vejo que

o senhor ama seu filho, porque quer poupá-lo acima de tudo e de todos.

— Mas que pai eu seria se não entendesse ou sentisse assim, não é, doutor?

Dr. Gustavo sinalizou grande empatia ouvindo a resposta do cliente, e continuava a acompanhar.

— Conte-nos como foi o seu processo, até aqui. Necessitamos saber em detalhes. Se você não se importar, quero que meu colega aqui, Dr. Gustavo, acompanhe, e também formule as perguntas, argumentando o que achar procedente. Tudo bem?

— Sem problema, Dr. Amorim! Então estávamos casados há 5 anos e... — Sendo coeso e coerente na cronologia dos fatos, Alex elucidou todo o seu processo, da adoção até o dia anterior, em que receberam a malfadada citação. De maneira profissional e sensata, e configurando para o cliente a tradução do apelido conhecido na região de "o lobo da lei", Dr. Amorim tecia inteligentemente perguntas e situações cabíveis que bem dizer forçava Alex a ser plenamente fidedigno e preciso. Contudo, assombroso mesmo fora a entrada do jovem advogado na conversa. Era como num jogo de bate e volta entre o aprendiz e o mestre, na conjectura de ideias e possibilidades dentro do processo, deixando Alex e Mário boquiabertos.

— Eu estou sem palavras ante a transcorrência dos senhores. Realmente, para um jovem advogado o senhor, Dr. Gustavo, é uma pérola; achado mesmo! — disse Alex, vendo os dois profissionais se olharem em sorrisos.

— Eu te falei, meu amigo, que ele era bom! — ponderou com zelo, Dr. Amorim.

— Temos que entender o que de fato está sendo alegado pela parte processante, para chegarmos com uma base de argumentação e defesa montadas. Eu, por experiência e com conhecimento jurídico, acredito que será muito tranquilo descaracterizar essa reivindicação de revisão de guarda. A lei é bem específica e clara quanto a isso. Se for mesmo a irmã da mãe do menino, o endereço em posse da justiça foi checado, houve até mesmo participação do consulado brasileiro e isso temos que averiguar também. Foram quase 4 anos desde a morte da mãe e a destituição do poder familiar e transferência para vocês ocorreu dentro de um processo legitimado. Onde essa tia estava em 4 anos? Mas temos que entender o que foi realmente alegado para que o Ministério Público aceitasse a petição, porque há a questão do mérito do processo. Algum ponto a promotora se ateve para permitir o avanço dessa petição. Mas fique tranquilo e confie em nosso trabalho. De maneira alguma tente fazer nada sem nossa orientação. Sendo assim, esse pesadelo acabará rápido — garantiu Dr. Amorim.

— Até amanhã na hora do almoço, eu terei levantado todo o conteúdo do processo em questão junto ao Ministério Público — ponderou Dr. Gustavo, que recebeu a responsabilidade da causa.

— E o que acontece depois disso? — perguntou, curioso, Mário.

— Estudaremos o conteúdo para compreendermos tudo o que foi alegado, apresentado, ao Ministério Público, contra vocês ou contra o processo de vocês. Estarei hoje mesmo solicitando explicações também da Vara de Infância e Adolescência quanto ao processo de adoção do Artur. Será muito estranho que a parte processante não tenha entrado com ação também contra eles, ou seja, contra o próprio Poder Público. Afinal, vocês passaram por um rigoroso processo psicossocial e temos provas disso — explicou Dr. Gustavo.

— Eu fico tentando entender o que essa mulher realmente pretende. Ela não gastaria dinheiro com advogados se não visse chances em conseguir — argumentou seriamente Alex.

— Você está certo, Sr. Alex! Mas lembre-se que às vezes as pessoas não veem a chance, são levadas ou manipuladas a ver. Neste caso, precisamos saber de tudo; até quem são seus advogados e estudar também o perfil dessa mulher. O que faz hoje? Como vive? Onde esteve esse tempo todo? Quais são seus reais interesses? Será somente o bem-estar do sobrinho? Temos muito trabalho — acrescentou com sabedoria Dr. Amorim.

— O próximo passo será entrarmos com uma contestação do mérito processual, rebatendo toda a alegação. O objetivo disso é diminuir, destituindo o fundamento e o valor da alegação. Temos muitas coisas a favor de vocês, mas temos sempre que contar com o fator surpresa — elencou Dr. Gustavo com propriedade. — Alex, faremos o nosso melhor e entraremos em contato contigo assim que avaliarmos a situação.

Estavam retornando para Alto dos Montes quando Alex recebeu uma chamada de Nando. Atendendo no viva voz do carro:

— Lex, bom dia! Advinha, quem eu e o pai vimos andando perto do mercado, agora pouco?

— Ó Nando, tô sem cabeça pra adivinhações hoje. Diz logo quem!

— Cê não vai acreditar, o João Cirilo! — Alex freou o carro num pisão e o jogou pro acostamento.

— Cê tá doido, meu irmão? — reclamou Mário.

— Nando, tem certeza que é ele?

— Absoluta! O pai conhece bem ele, ora! Mais até do que eu!

— Chegaram nele? Falaram com ele?

— Sim, tentamos... Ele tava meio arredio. Bem dizer ignorou as brincadeiras do pai. Mas estava bem vestido. Ainda magro, mas alinhado. E por incrível que parece, são!

— E ela? A Daniela, estava com ele?

— Não, nem sinal! O pai perguntou dela, e ele ranhou. Respondeu que aquela desgraçada tinha morrido. — E acrescentou, Nando: — Eu não acreditei nisso, não; foi força de expressão só, mas que tem caroço nesse angu, tem!

Alex não sabia o que pensar ou o que fazer. O tal João Cirilo desaparecera no mesmo dia da filha. De repente, parecia que todos os problemas se convergiam para sua vida novamente. Se sentiu um para-raio.

— Fala pra mim: quem é esse tal de João Cirilo? — inquiriu Mário.

— Aff... Esse homem é o pai da Daniela, aquela Daniela! Entendeu? Tenho que dar um jeito de achar esse cara e falar com ele. Vamos pra perto do mercado central — E chegando em Alto dos Montes, foram. Pararam o carro próximo ao local onde o primo contou ter encontrado o homem, mas havia um pormenor, ele não o conhecia. Ligou novamente para Nando e o convocou ali. Este rapidamente saiu pela porta lateral do vasto prédio do mercado. Havia ali uma grande multidão, todos falando ao mesmo tempo.

— Lex, ele foi embora, eu vi. Estava com um homem bem vestido e uma mulher toda produzida.

— Será que esse cara enricou? Ganhou na loteria? — intuiu em voz alta, Alex, sem entender nada.

E Mário com seu habitual senso lógico disse:

— Alex, de tudo que você me contou sobre essa Daniela, e sobre a forma que seu pai agiu com ela, será que uma coisa não tem a ver com a outra, não?

— Repete, não entendi! Que coisa tem a ver com o quê?!

— Alex, não é estranho que esse homem que bebia feito gambá; que sumiu sem deixar rastro há mais de 20 anos, apareça aqui, hoje, todo montado na etiqueta, na companhia de gente graúda, bem quando alguém tenta te prejudicar nesse processo?

— Mas Mário, são histórias sem nenhuma ligação. Isso aconteceu, como você bem disse, há mais de 20 anos e eu resolvi adotar há 6 anos. Sinceramente?

— Se você me permite, posso dar um palpite? — pediu Nando, agitado, como se juntasse as peças. — Eu não contei o fim do encontro.

— O quê? Conta! — Irou-se Alex.

— Eu entendi que o João Cirilo não topa meu pai, mas o pai é abusado; sendo assim, o pai mandou num grito um até breve pra ele. Ele foi caminhando rápido pra perto do estacionamento e de repente se virou e gritou: Até breve mesmo, porque vão ouvir falar de mim! Eu acho que o Mário tá certo.

Deu-se uma pausa e Alex refletiu:

— Vocês estão querendo me dizer que é a Daniela que está se passando por tia do meu menino, e está de conluio com o próprio pai, e...

— E estão sendo bancados por gente grande — completou o primo.

— É, isso você falou bem, Nando! Mas por quê? Vingança? Não me deram o golpe lá atrás e voltaram pra tentar de novo? Isso é realmente possível?

— Alex, se é possível eu não sei, mas que é estranho, é! Você deveria passar isso pros advogados — aconselhou Mário.

— E contar toda essa história louca de novo, de 20 anos atrás. Pra que, gente? — rebateu o homem, agoniando-se com as possibilidades de estar sendo vítima de uma armação. — Eu vou enlouquecer! É muita pilha, não é impossível!

— Calma, mas pensa friamente. Se eu fosse você, eu contava. O que tem de mais?

— É, Mário, você tem esse dom de analisar bem as situações! Eu, até hoje, não abri o jogo com a Giovana sobre essa história. Será que é a vida me cobrando que eu faça isso pra ter paz e viver sossegado?

E nenhum dos dois ali junto com ele ousaram responder. Foi para a casa e atualizou a esposa sobre tudo que os advogados falaram. Estava tão extenuado que lhe faltava vontade para compartilhar detalhes. Giovana entendia.

— Lê, depois de tudo que passamos, a gente ainda ser

processado, é o fim... Eu liguei pro Giuliano, ele disse que erros de interpretação de palavras escritas nos processos podem gerar maus entendidos. Está rezando por nós e mandou um abraço e força pra você.

— Força, é o que tô precisando agora. Me sinto exaurido, como se um imenso buraco negro tivesse sugado minhas energias. Amanhã saberemos de tudo às claras. — E foram enfrentar o resto do dia e a noite. Alex mal conseguiu trabalhar.

Pelas duas da tarde do dia seguinte, Dr. Gustavo ligou.

— Sr. Alex, tenho novidades. Geralmente conversamos aqui no escritório, mas julgo ser melhor que eu vá até o senhor por volta das 13h00. Tem algum problema?

— Não, de forma alguma! Mas pro senhor vir até aqui em casa é porque a coisa não é boa?

— Não entenda assim! — pediu o advogado. — Eu penso que se fosse num local mais privado, melhor. Sem ser na sua casa.

Alex se assustou e estranhou:

— Dr. Gustavo, por que tanto sigilo assim? Eu não tenho nada a esconder da Giovana, não!

O advogado esperou um pouco e respirou para dizer:

— É algo que toca em fatos da sua vida antes do casamento. Se não tiver problemas...

Alex estremeceu por inteiro, sentou-se e pediu que o advogado se adiantasse, mas ele disse:

— Certas coisas não se falam por telefone. Quem foi capaz de mexer nisso, pode muito bem ter grampeado seu telefone... Onde nos encontramos?

— No escritório da minha loja, te aguardo lá! Muito obrigado! — E desligou. Agora o fardo ameaçava esmagar. Sentiu o estômago revirar e correu para o banheiro para vomitar. Giovana se assustou e foi atrás.

— O que aconteceu, amor? Está passando mal!?

Mas ele, sem saída, disse:

— Tá tudo bem, Gio! Vai melhorar!

— Ouvi você conversando no celular, notícia ruim?

— Não, não por enquanto, mas estou muito ansioso. Bateu no estômago agora. — E pensou em Deus, pediu auxílio ao Anjo da Guarda e logo foi melhorando. — Estou sem fome, não vou conseguir almoçar...

Giovana, então disse:

— Fica com o Arturzinho que eu preparo algo mais leve pra você comer!

Mas ele recusou. O pequeno se achegou pedindo sua atenção. E ele com o coração apertado atendeu ao filho, pegou-o no colo e levou-o para os fundos. Pensou que devia se distrair daquela história, envolvendo-se com as brincadeiras do garoto. E entre um carinho e uma resposta às perguntas do menino, pensava nas conclusões de Mário. O filho da mãe acertou na mosca! Tenho que me preparar para uma possível armadilha ou vingança. E transpirava frio.

Foi para a loja e permaneceu fechado no escritório. No tempo que aguardava o advogado chegar, leu os salmos e rezou três dezenas do terço. Depois, chamando Marco, pediu que encaminhasse o advogado até o escritório logo que ele chegasse e recomendou que não deixasse ninguém entrar. Alguns minutos depois, Dr. Gustavo se aconchegava na cadeira em frente à mesa de Alex, que veio da cozinha trazendo dois copos para lhe servir um café. Trancou a porta e abaixou as cortinas.

— Pelo amor de Deus, Dr. Gustavo! Estou com os nervos à flor da pele. Que história é essa do meu passado envolvido nesse caso? — bem dizer sussurrava, suplicante e suando frio.

— Me desculpe o tom ao telefone, Sr. Alex, mas intuí que o assunto pudesse causar problemas com sua esposa. Mas acalme-se, vou explicar e vamos encontrar uma saída juntos. Preciso que o senhor se mantenha tranquilo, porque as acusações são frias mesmo. Uma das alegações postuladas no processo, que eu percebi ser o ponto que incomodou o Ministério Público, foi uma acusação sobre violência contra uma moça chamada Daniela Mancini Alves.

— O quê? — vociferou Alex, levantando-se bruscamente com os olhos arregalados de susto e perturbado.

— Sr. Alex, por favor, se acalme! Vou explicar...

— Só pode ser um pesadelo, isso! Agora sim, um castigo divino! Rapaz, desculpe, Dr. Gustavo, eu jamais, jamais faria algo assim.

— Claro, Sr. Alex, eu não estou crendo ou acusando o senhor. Por favor, tome uma água, tente entender, esse é um argumento usado na tentativa de desmoralizar sua ficha, sua boa conduta, e assim, tentar drenar suas condições para ser pai adotivo. Algo muito sujo, na verdade, mas isso vem ao encontro da situação quase intocada de vocês quanto à guarda do menino Artur, entende? Vocês já têm a guarda. O processo blinda vocês. É uma tentativa desesperada da parte processante.

— Mas isso é uma calúnia, uma história infundada! Como a justiça se prestou a aceitar isso? Nunca recebi intimação nenhuma quanto a qualquer tipo de atitude violenta. Sou um homem íntegro, religioso, bem casado, trabalhador...

— Claro, claro... Sabemos disso. Mas aconteceu alguma coisa entre o senhor e essa moça, que possa ter dado base a uma história dessa?

Alex agora não tinha para onde correr. Já compreendera no seu íntimo e de forma racional, embora estivesse catatônico, que cometera um erro em omitir a história de Giovana e também da psicóloga durante o processo. Isso agora poderia configurá-lo, no mínimo, como suspeito, pois qual outro motivo o levaria a esconder isso por tanto tempo?

— Olha, Dr. Gustavo eu acho que tô no arroz!

— Como assim? Não entendi?

— Tô fudido, desculpe o termo! Com minha mulher e talvez até com o processo!

O advogado o observava atento. Via seu cliente sofrer. Seria ele mesmo culpado? Mas antes de lhe projetar a fatal pergunta, Alex iniciou:

— Eu tive a minha primeira transa com essa moça, mas foi apenas uma vez e foi tudo consensual. Meu primo, e amiga dela, tem como testemunhar sobre isso. Era pra ser um programa, entendeu? Na verdade, foi meu primo Nando, a mando do meu tio Ernesto, que planejou e a contratou. O fato é que ela não quis receber o dinheiro, conforme meu primo me contou há pouco tempo.

— Então houve relação sexual com ela, mas ela estava

fazendo um programa?

— Sim, mas isso eu descobri depois. Na hora, por mim, estava sendo uma saída, um encontro que resultou em sexo. O agravante da história é que passado um tempo ela veio me procurar alegando que estava com atraso de menstruação, e eu na hora não tive maturidade pra conversar, pra entender, eu tinha apenas 15 anos. Fui estúpido com ela e ela saiu correndo, e nunca mais a vi. Eu me arrependi, procurei por ela no outro dia mesmo e simplesmente não a encontrei, nem o pai dela, tinham desaparecido. Soube há pouco tempo, numa revelação bombástica, que ela tinha procurado meu pai também. Isso antes de me procurar. E meu pai achou que era mentira, que ela queria tirar dinheiro, lucrar com uma possível gravidez; afinal, meu pai sabia que ela estava se prostituindo.

O advogado se levantou, abaixou a cabeça com o rosto côncavo, parecia meditar na história e tentar chaveá-la com a alegação no processo. Fez-se silêncio por alguns segundos, rompido por Alex.

— Dr. Gustavo, agora eu lhe pergunto: está tudo bem?

Ele o olhou com elucidação e lhe respondeu:

— Perdoe-me, estou tentando descobrir quem dentro dessa história poderia estar sendo usado ou aliciado. A meu ver, a ser a testemunha de comprovação dessa história; a carta na manga, entende? Dessa mulher e de seu advogado. Aliás, esse advogado é uma preocupação à parte. Sr. Alex, o senhor tem várias testemunhas dessa história, seu primo, seu tio, seu pai. Seria melhor que não fossem seus parentes. Tem alguém fora da sua família que poderia testemunhar a seu favor?

— Então, apenas o Padre e meu confessor, o Frei Carlos. Graças a Deus eu tenho confiança de me aconselhar com ele. Sempre que as lembranças começavam a me alfinetar o coração, eu corria pra desabafar com ele; e não era em confissão. Portanto, ele pode testemunhar — respondeu com alívio, Alex.

— O senhor se atormentou por muito tempo com isso, não? Quando fala, parece reviver... Dá para se perceber — disse o advogado.

— É uma história dolorosa, que sempre me pegou na veia do remorso, por não ter escutado o que ela tinha a me dizer, de saber se ela realmente estava grávida, e se estava, o que aconteceu com o meu filho ou filha. Ainda hoje eu penso, e oro em segredo, para que Deus me perdoe e que se meu filho estiver por aí, que ele esteja bem!

— E o senhor acredita que Deus ouviu? — interpelou o advogado, olhando direto nos olhos de Alex, como que extraindo sua verdade mais pura.

— Sim, eu acredito! — respondeu firmemente Alex.

— É o seguinte — retomou Dr. Gustavo —, o senhor não foi denunciado na época, não tem antecedentes criminais, não tem registros que comprovem essa alegação. Eu alerto que por aí há muita gente agindo de má fé, se aproveitando de pequenos desvios alheios para ganhar dinheiro. Me atenho aqui para não ultrapassar as linhas da ética; no entanto conheço casos de gente capaz de contratar detetives para vasculhar histórias sobre qualquer pessoa, principalmente se no final tiver um grande ganho financeiro. Vamos tentar descobrir quem é a testemunha desta acusação. Em seu favor, temos tudo isso que citei anteriormente, e se precisar temos as testemunhas. Por favor, informe a eles que vamos marcar uma entrevista com todos. E eu sinto muito, o senhor terá que contar de uma vez por toda essa história para sua esposa.

Alex já esperava por isso. Estava se julgando descuidado por não tê-lo feito há muito tempo. E disse:

— Não vai passar de hoje! — E acrescentou: — O senhor seguiria comigo até a casa dos meus pais? Estando o senhor comigo, poderá me ajudar a tranquilizar meus pais sobre tudo o que está havendo. Eu aproveito e chamo o Fernando, meu primo, para ouvir também.

O jovem advogado se mostrou desconfortável a princípio, mas vendo que ganharia em tempo quanto à entrevista com as possíveis testemunhas, aceitou.

— Mais um fato que eu ia me esquecendo — disse Alex —, meu primo e meu tio viram o pai dessa Daniela aqui em Alto dos Montes ontem, enquanto eu estava com os senhores em Caconde.

O advogado franziu as sobrancelhas e se alterou:

— Isso não é possível! Quero dizer, tem certeza?

— Bom, foi meu primo e meu tio que viram e ele falou algo que eu senti como uma ameaça.

— O que foi que ele disse?

— "Até breve, vocês vão ouvir falar de mim" — repetindo o dito pelo primo. Ele está metido nisso com certeza.

— Isso é muito interessante, e seria melhor ainda se soubéssemos como encontrá-lo — ponderou o advogado, agora se mostrando incomodado. Alex notou a mudança de humor do jovem, parecia que ele se alertara sobre algo grave, mas confiou nele.

— Meu primo viu ele entrando num carro, junto de um homem de terno e uma mulher que, por mim, é a Daniela, ou essa tia do meu menino. Nós estamos achando que estão juntos. Como e o porquê, não sei!

O advogado ficou num silêncio, meditativo, até a casa dos pais de Alex.

Entraram na casa de Euzébio e foram recebidos com o carinho habitual de Mariana, que se impressionou muito com a beleza e o porte do jovem advogado, e assim como todos anteriormente, reparou que era muito jovem para a responsabilidade. Euzébio, torceu a boca como se duvidasse da experiência e capacidade do moço, logo de cara, mas ouvindo a explicação do jovem defensor, foi se deixando cativar pelo timbre da voz e pelo jeito claro e envolvente de palestrar. Ficaram estarrecidos de saber de tudo o que estava acontecendo. Era inaceitável para o orgulho de Euzébio que o filho fosse alvo de tamanha maledicência e pôs a querer ir procurar a tal tia do seu pequeno neto e acertar da maneira antiga. Mariana, com seu ar conciliatório, firmou-se contra e se comoveu abraçando o filho. Somente intentava de Dr. Gustavo, uma tratativa rápida. Nando estava também lá, viera correndo do trabalho e se colocou à disposição para testemunhar se preciso, assim como Euzébio e até mesmo Mariana.

— Gente, eu peço calma a todos. Confio em Deus e no Dr. Gustavo aqui, que tudo será esclarecido e resolvido até essa audiência — falou Alex abraçado à sua mãe.

— Não tenham dúvida que temos muita argumentação para desconstruir esta farsa, e o menino ficará com vocês. — Tranquilizou também Dr. Gustavo, reparando todo o ambiente daquela casa: sobre uma linda cômoda, vários porta-retratos com familiares, em momentos felizes. Reconheceu Alex numa foto tirada quando tinha 12 anos, junto com seu irmão Alessandro, ainda criança. Mariana captou o semblante hipnótico do rapaz, que sem perceber esboçava um leve ar de sorriso. Achou aquela atitude excêntrica e foi até ele:

— Gosta de fotos de família, doutor? — O rapaz se assustou, saindo de sua letargia incidental, e disse:

— Oh, gosto sim! Muito! Na casa de meus avós era assim também. Me chamou atenção também este lindo aparador. É de madeira, bem trabalhado. Adoro isso!

Mas Alex o chamou e disse:

— Falta eu conversar com o Frei Carlos, mas faço isso sozinho. Com ele não haverá problemas.

— Então, Sr. Alex, ficamos por aqui. Eu telefono, mas qualquer pormenor me avise. Seja a hora que for. — E saiu, despedindo-se de todos.

— Onde você foi achar esse rapazote tão mocinho, Lex? — perguntou sua mãe, ainda impressionada com o seu jeito de olhar para as fotos.

— Ele trabalha com o Dr. Henrique Amorim. Confesso que ontem não pensei que ele desse conta, mas tem se mostrado muito profissional e ágil. Por quê?

— Por nada, não! Impressão minha!

— Eu gostei do jeitinho dele de falar, e olha que custo

ir com a cara de um candango logo de primeira. É, acho que tô ficando velho! — declarou Euzébio, dando uma bicada na cachaça.

Alex se despediu e, juntando forças, lustrando o psicológico para contar tudo para Giovana, foi rezando ao Anjo da Guarda. Certamente será mais um bloco pesado de insegurança sobre seus ombros. Por que tardei em fazer isso? Não adianta lamentar agora, terei que contar.

Em poucos minutos lá estava ele, frente à Giovana. O que mais detestava fazer era mentir para ela, enganá-la. Mas era chegada a hora. Tentou ir direto ao assunto, mas se sentia incapaz, sórdido, desmerecedor daquele olhar tão confiante que Giovana o guardava.

Os que amam de fato e de forma sublime mantém espelhos na testa e nos olhos, Giovana já lia seu marido nesses dois pontos.

— Amor, fale o que está te incomodando, eu já entendi que vou sofrer.

Ele apenas chorou. Ela aguardou respeitosamente. Estava com as mãos postas sobre as pernas, sentada de frente com ele.

— Gio, lembra quando antes de namorarmos em casa, você me dizia que me sentia às vezes longe, incerto?

Ela disse:

— Sim!

— Então, hoje eu preciso contar o motivo.

Ela rapidamente o avisou:

— Só me diga que é vital que eu saiba; se for do contrário, acho que o tempo de contar já passou e isso não importa mais. Seja lá o que for!

— Gio, é vital, e desde já quero que entenda que omitir não é mentir. Era algo que eu julgava não ser importante para nossas vidas, nem para o nosso amor. Só que hoje, tenho que contar, para que você entenda e compreenda o que realmente está acontecendo.

— Fale, Alex! Aproveite enquanto o Arturzinho dorme.

— Quando eu tinha de 15 para 16 anos eu tive minha primeira vez. Foi com uma moça mais velha chamada Daniela, e… — Novamente ele se pôs a contar a história de sua tumultuada e infortuna iniciação sexual e tudo o que decorreu dela naqueles dias. Giovana apenas ouvia. Não o interrompeu nenhuma vez, nem formulou perguntas. Mantinha os olhos fixos nele. Alex contava que tudo fora armação do tio e do primo e esclareceu que naquela noite em que fora para casa de Mário foi para não contar da briga de seu pai com tio, onde enfim soubera a parte final da história.

— Ai, Alex! Você carrega esse fardo que mistura ódio, mágoas, medos, vergonha, todos esses anos, e nunca confiou em mim um instante sequer pra me contar?

— Gio, entende! Você é o dom mais precioso. A coisa mais pura que eu tenho. Não queria te fazer sofrer junto comigo. E apesar de ser vítima, não me perdoava em não ter encontrado essa moça para corrigir o meu erro. Pensava se ela teria abortado meu filho, ou entregue ele, não sei… — E chorou compulsivamente.

— Por isso toda aquela aversão ao seu primo Nando e

ao seu tio Ernesto? — Eu sinceramente não vejo que você tenha motivos para vergonha ou se cobrar sobre o destino desse possível filho. Mas se atormentar anos em segredo, me colocando de fora disso, como se nada tivesse a ver comigo? Poxa, me entenda... é incompreensível pra mim!

— Eu tive chances de ter uma pista, naqueles anos que você não estava no Brasil. Queria resolver tudo e te contar quando chegasse, mas essa pista se esvaiu. Eu então quis enterrar tudo isso de vez. O fato é que agora isso veio à tona...

Agora, Giovana não segurava mais o pranto.

— Ainda bem que temos o Arturzinho! Imaginar eu não conseguindo te dar filhos e saber que você poderia ter um de uma outra mulher seria no mínimo humilhante pra mim.

— Não, não! — Desesperou-se Alex. — Nunca, nunca pense assim! Eu te amo, eu sempre te amei! Teu valor e meu sentimento por você é eterno, jamais vai diminuir; ainda mais por esse fato, Giovana. Por favor, não faça isso comigo! Eu não posso imaginar minha vida sem você. Você e o Artur são a minha verdade, o resto pode ser tornar mentira que não tem problema.

— Não diga assim! Alex, você sempre foi minha rocha, minha verdade, nunca duvidei de você... Agora estou confusa no meio disso tudo.

— Olhe pra mim! Olhe pra mim! — E segurou o rosto da mulher, dando-lhe um beijo. — Nunca duvide do meu amor por você. Eu sempre quis um filho, mas sempre disse que o queria com você. Se mesmo assim eu soubesse que esse filho realmente existiu, e nós não tivéssemos, nada mudaria, porque eu te escolhi; aliás, Deus te escolheu e me deu. Não importa o sangue, importa o coração, lembra? Isso vale pra nós também.

E se abraçaram, forte e em trêmula consumição.

— Me perdoa, Gio? Diz que me perdoa...

Ela se manteve abraçada com ele, depois o fitou e, acariciando seu rosto, respondeu:

— Eu perdoo, Lê! Você não me traiu, você só me julgou incapaz de ser generosa, de ser forte, de ser compreensiva. Mas eu sou! E importante é o agora... E o que aconteceu pra você me contar tudo isso neste momento de tanta aflição?

Alex, refazendo-se do momento, passou a explicar sobre a alegação inclusa no processo. Um novo choque emocional para Giovana que se moldou em incredulidade. Conhecia o marido, jamais lhe caberia praticar um ato violento ou criminoso contra quem quer que fosse. Omissões em nada se assemelham a tendências psiquiátricas.

Atenta e irada, a esposa terminou de ouvir Alex explicar os rumos da defesa e contestação e concordou com tudo o que foi proposto pelo advogado. Ainda não o conhecia, mas já lhe despertava também o interesse. E num estalo de memória, lembrou-se do recado de Kátia, a assistente social, para comparecerem, por volta das 17h00 do dia de amanhã para uma conversa informal sobre o processo. Queriam rever alguns pontos, porque assim como anteviu Dr. Gustavo, o processo resvalou também na Vara de Infância da comarca.

No outro dia, estavam se aprontando para ir ao Fórum quando Giovana teve uma forte tontura ao se aprontar no banheiro. Alex estava arrumando Arturzinho no quarto, quando a ouviu se queixar. Num relance, tomou Arturzinho no colo e foi até ela. Estava pálida como no dia que recebera a carta. Pensou em chamar um médico, mas Giovana teimou com ele que estava melhorando. O marido correu até o guarda-roupa e pegou o estetoscópio. Aprendera a aferir a pressão por conta da saúde de seu pai e quando casou mantinha um ali para emergências. Aferiu e estava baixa. Preparou algo mais salgado na cozinha para a esposa comer e aguardou. Ainda dava tempo de desmarcar com a assistente social, mas Giovana pediu que ele fosse. E logo se mostrava com o rosto mais rubro.

— Vai Alex, vou ficar, se preocupa não que já passou! Vou ligar pra mamãe, qualquer coisa ela vem pra ficar comigo ou eu vou ficar lá com ela.

— Olha lá, Gio! Você é teimosa, e sei que está nervosa! Tem certeza? — Relutava com ela o marido.

— Eu estou bem! Vou ficar brincando com o Arturzinho. É até bom que não precisamos deixar ele com ninguém.

E mesmo desarvorado, Alex pegou o carro e rumou para o Fórum. Já imaginava que agora seria perguntado sobre a mesma questão; e passaria vergonha por tê-la omitido durante o processo.

Foi recebido com toda a solidariedade por Kátia e pela Dra. Neide. Elas estavam de certa forma constrangidas pela ocorrência, no entanto, Alex demonstrou compreensão e maturidade com a situação. Ambas procuraram enfatizar que estranhavam a atitude da procuradora por ter aceito uma petição tão absurda, mas estavam com as mãos atadas. Alex, antes mesmo que o questionassem sobre a vítima de violência, foi logo abrindo o jogo e lhes contou a verdade.

— Alex, você poderia ter me contado sobre esse fato passado. Isto não seria empecilho, nem considerado desvio de caráter. Você era um adolescente na época. Isso blindaria ainda mais o processo de adoção e até mesmo sua defesa — ponderou Dra. Neide.

— É, Dra. Neide, na hora que o meu advogado me contou o conteúdo da alegação, eu pensei nisso! É que eu sempre tive vergonha da atitude que tomei com aquela moça. E como eu poderia saber que alguém ia remexer nisso e propor uma calúnia dessa?

As duas profissionais se olharam e Kátia falou:

— Mas eu tenho confiança que isso será esclarecido em juízo. Seu advogado nos solicitou cópia do processo e estamos enviando para ele. Temos confiança no trabalho que fizemos e também em vocês. A boa notícia é que o juiz vai aguardar essa audiência antes de decidir o futuro do Arturzinho. Isso conseguimos pelos relatórios de acompanhamento que são muito positivos e contam a favor de vocês.

— Oh, louvado seja Deus! Pelo menos isso de bom! Tivemos medo de tirarem o Artur de nós assim de repente.

— Não, isso não vai acontecer! Coragem, Alex, vai dar tudo certo!

— Vocês têm ideia de quem estaria dando suporte para essa denúncia por parte da tia do Arturzinho?

— Certo, certo, ainda não. Mas o pai daquela moça estava aqui esses dias. Ele também sumiu junto com a filha. Já informei o Dr. Gustavo sobre isso. Acho que temos uma pista para resolver tudo.

Conversavam ainda, quando ouviram vozes alteradas vindo do piso inferior. Foi quando o telefone da sala tocou. Avisavam às duas que uma mulher se identificando por Carolina Ortega e seu advogado estavam requisitando entrar para falar com elas, e a sentinela os estava barrando, iniciando uma discussão.

— Calma, vou descer e atendê-los aí no hall. Eles não agendaram hora — disse Kátia, completamente apavorada. — Alex, nos desculpe, mas é melhor você descer conosco e sair à francesa. É a suposta tia do seu menino. Não sei o que querem, mas certamente arranjar confusão.

— Isso vai ser pior pra ela. Vai sair daqui presa — bradou a psicóloga.

— Então agora eu vou conhecer essa fulana! — Se ouriçando Alex, buscando acareação.

— Nada disso, Alex! De jeito nenhum! É melhor que ela nem saiba quem é você por enquanto. Isso é venal, me escute, sem confusão. Fique na sua! — E desceram.

Quando vieram descendo as escadas, antes mesmo de chegarem ao hall, a mulher se projetou na direção delas, sendo contida pelo próprio advogado, que portava um sorriso canalha.

— Vocês foram as responsáveis por entregar meu sobrinho pra outros? Eu estou aqui! Quero meus direitos!

Doutora Neide se muniu em autoridade e falou em voz normal:

— Senhora, esse é um lugar de respeito e somos agentes da justiça. Se controle, se acalme, ou não poderemos atendê-la.

A mulher estava descontrolada, vestida num conjunto pantalona azul marinho, calça e blusa, com os braços à mostra, completando-se em elegância pelos sapatos de salto cor pérola e bolsa da mesma cor, brincos e anéis combinando na cor turquesa. O que tinha em elegância, perdia em modos, com olhar hostil, que pareciam portar o ódio do inferno.

Alex continuou, passou pelo advogado, a quem estudou a feição de cafajeste, e se posicionou próximo à porta, assistindo à cena.

— Eu tenho muitas razões para estar enfurecida. Vocês me tiraram o direito de criar meu sobrinho. Se eu estivesse aqui, isso não ia acontecer... E deram o menino para um agressor de mulher...

Aquilo doeu no âmago de Alex, que se encheu de ira e mirou ir para frente daquela mulher que o caluniava, mas foi contido por Dr. Gustavo, que providencialmente acabara de chegar.

— De jeito nenhum, que não te deixo fazer essa besteira. Venha, vamos pra fora! — E puxou Alex pelo braço. E continuou: — Desculpa, vou te chamar de você. Você está louco? Quer botar tudo a perder?

— Dr. Gustavo, aquela filha de uma puta acabou de me chamar de agressor.

— Mas você não é! É? Tudo que você me contou ontem nos fez descobrir coisas importantes. Isso vai acabar, confia em mim! Outra coisa, tire o doutor, me chame somente de Gustavo.

Alex se concentrou nas palavras do advogado e quando se apercebeu, a mulher havia se acalmado e subido para o segundo andar com a assistente social e a psicóloga, em companhia do advogado e de um segurança do fórum.

— Como dói ser caluniado assim! E pior, estou com medo, com muito medo dessa mentira se virar contra mim e contra minha mulher e nós perdermos o Arturzinho.

O advogado se compadeceu daquela aflição e disse:

— Eu sei, é algo doloroso para qualquer pessoa. Não descobrimos ainda o porquê do Ministério Público acatar essa petição, mas temos tudo a nosso favor. Agora tem que confiar. E outra coisa. Essa mulher, se for a tia do seu menino, pelo que estamos descobrindo, pode estar sendo vítima também...

— O quê? Gustavo, o que você tá me dizendo? Como vítima? As vítimas somos nós, eu, a Giovana e o Arturzinho.

E trovejava. Uma ventania de chuva forte se aninhava sob nuvens escuras.

— Me deixa explicar, você me interrompeu...

Mas Alex se esquivou do advogado, completamente abalado. Ouvir aquela mulher o fez estremecer na fé e na paciência com tudo. Seu advogado entrou novamente para entender o que se resolvera daquela situação.

Alex remoía tudo, a tempestade que avançava era a sua própria alma e os sonhos carregam mesmo o peso da luta.

O calendário marcava 14 de março de 2019, 16h43.

PRANTO PODE DURAR UMA NOITE, MAS A ALEGRIA VEM PELA MANHÃ

(Salmo 29-30)

O silêncio do templo parecia lhe afetar de forma cruel Perdera a noção de quanto tempo estivera ali em súplica obstinada. Cessaram as lágrimas, não havia mais o que prantear, somente o consolo em ver Frei Carlos vir de encontro com ele pelo corredor central da Igreja.

— Alex, me conta o que aconteceu. O Mário foi até a casa paroquial pedir ajuda por você. Da sacristia se consegue ouvir seu choro, homem!

Alex se levantou cambaleante e abraçou o Frei confiando estar nos braços de Cristo.

— Frei, me ajude por favor!

— Vamos pra casa paroquial, lá poderemos conversar calmamente — pediu o Frei, percebendo que aquele homem precisava de cuidados; estava em frangalhos, trêmulo e gelado pela chuva que tomara.

Na casa paroquial, Frei Carlos trouxe uma toalha e uma camisa sua.

— Vá ao banheiro, se seque e vista ao menos essa camisa seca! Vou lhe fazer um chá. Alex, você pode pegar uma pneumonia. A Giovana sabe onde você está?

— Eu avisei pra ela que estaria na Igreja... Ela me aguarda na casa de minha sogra com o Artur.

— Conta pra mim, o que aconteceu?

— É tudo Frei Carlos! Estive no fórum pra conversar com a assistente social e a psicóloga, e no final, a tia do meu filho, que está solicitando a revisão da guarda, chegou fazendo escândalo. Ainda me acusou de agressor de mulher.

Ouvindo atentamente o relato de seu amigo, Frei Carlos também ficou indócil.

— Meu filho, que crueldade! Você não merece escutar algo assim! E quanto à sua defesa? O que seu advogado vai fazer?

— Vai contestar tudo na audiência e, conforme conversamos, Frei, incluíram seu nome também, como testemunha, mas ainda falta mais de 1 mês pra isso acontecer. Eu penso na Gio. No dia que recebemos a citação da justiça ela passou mal e hoje quase desmaiou. Estamos sendo macerados, moídos, como se estivéssemos num engenho de cana. E isso não é justo, Frei! Me desculpe, mas hoje, depois que ouvi aquela mulher vulgar me xingar e dizer que tiraram o meu filho dela, minha fé esmoreceu. Frei, onde está Deus que não nos socorre?

— Alex, Alex! — Não foi exatamente isso que Jesus bradou na cruz? Se esqueceu? "Eli, Eli, Lamá sactani!" Mt 27,46 (Meu Deus, meu Deus, por que me abandonastes?). Filho, essa é a hora da cruz! Ela chega sempre, mas o Pai, Deus Pai, estava lá na cruz também. Ele respeitou a escolha do Filho, que escolheu fazer a sua vontade.

— Frei Carlos, eu não entendo, sempre fomos tementes

a Deus, sempre procuramos fazer tudo conforme as suas leis. E mesmo assim ele permite que chacais venham atrás de nós. Sinto minha família ameaçada por mãos invisíveis e me sinto incapaz de protegê-la.

— Eu te compreendo, Alex! Você mesmo disse, você fez sempre tudo dentro da fé; agora cabe a você dar o passo no escuro. A nossa fé, não é para outra coisa senão para isso, para ser vivenciada nos momentos onde não vemos saídas, nem luzes... Tenha certeza que essa aflição mortal se converterá em alegria e em ganho. Deus sempre nos dá um pouco mais quando nos entregamos à sua Providência Santíssima.

Aquelas cálidas e santas palavras do Frei foram penetrando na inteligência e no coração de Alex. Logo, sentia-se confortado.

Era quase nove e meia da noite quando ele parou o carro na casa de seus sogros. Todos ali o esperavam com inquietação.

— Lê, pelo amor de Deus, onde você estava? Teu celular só dava na caixa postal, estamos todos aqui atribulados.

— Oh, bem, me desculpa! Eu fui no Santíssimo, fiquei quase duas horas lá; e depois o Frei Carlos veio e quis conversar comigo na casa paroquial. Foi bom! Foram as palavras dele que me reanimaram.

E adentrando à casa, contou-lhes tudo o que tinha acontecido do fórum até a conversa com o Frei Carlos.

— Preciso ligar para o Mário, ele estava lá na Igreja angustiado, preocupado comigo. Ele que foi chamar o Frei. — E na mesma hora ligou.

— Alex, que bom que você está bem! Cara, eu quase

chamei a ambulância, veio! Cê tava mal! Faz isso comigo não! — falou Mário, contente por perceber que o amigo recuperou a força emocional.

— Obrigado, Mário! Desculpe não querer falar contigo naquela hora, mas eu estava desacorçoado por demais!

— Sabe, enquanto eu te observava de longe, chegou um senhor bem de idade, cabeça e barba brancas e não me deixou ir até você. Cara, ele falou de um jeito que parecia te conhecer.

— Ah, meu Pai! Será que era o tal João Cirilo?

— Não, não era não! Ele me transmitiu uma paz e me fez entender que Deus estava te ouvindo. Olha, fico até arrepiado de lembrar...

E permaneceram ainda conversando por um tempo ao telefone e a pessoa daquele senhor permaneceu no imaginário de Alex. Quem poderia ser?

Pela manhã do outro dia, Dr. Gustavo tocou o interfone na casa de Alex. Mostrava-se ansioso. Alex, identificando-o, abriu o portão no automático e o convidou a entrar. Sem pestanejar, foi participando Alex de tudo o que ocorrera no fórum após sua saída. Realmente, a mulher era a tia de Arturzinho e esteve no fórum para saber pessoalmente por que não foi informada ou avisada do falecimento de sua irmã e da existência de seu sobrinho.

— Pelo que a Dra. Neide me posicionou, ela se acalmou com muito custo. Depois, durante a conversa, emocionou-se muito ao lembrar da irmã e da briga que tiveram, disse que era uma questão de honra que fosse ela a cuidar do sobrinho, porque a irmã pagou com a vida as dívidas que ela contraiu. Contou que ela não se droga há mais de 6 anos, que faz tratamento, que é casada, vive na Itália e tem muito dinheiro. Fez questão de salientar que morar na Europa será melhor para o futuro do menino.

— Senhora, Mãe Aparecida! Eu custo a acreditar que a justiça não tenha levado em conta tudo isso contra ela própria. Uma dependente química em tratamento, ex-prostituta de luxo. É difícil não ser preconceituosa vendo uma pessoa assim ameaçar tirar seu filho — declarou Giovana, com nítida aversão à tal mulher.

— Vou ser bem sincero com vocês, nós temos novidades importantes. Ontem, Alex, você não me deixou explicar... Descobrimos que o advogado que defende essa mulher, o tal Dr. Humberto Vitri, tem processos em outras comarcas por participar de esquemas de lavagem de dinheiro e formação de quadrilha. Tanto para o Dr. Amorim quanto pra mim, está bem claro que há um golpe em andamento para tirar dinheiro seu e também daquela mulher. Por isso te disse ontem que ela poderia ser uma vítima também. Isso muda tudo.

— Dr. Gustavo; quer dizer, Gustavo! Eu estou perplexo com essa história — desabafou Alex se sentando devagar no sofá, olhando seriamente para sua mulher que também se punha sob inércia emocional. — Fale mais, por favor!

— Estamos investigando com outros contatos do meio jurídico e conjuntamente com a Polícia; entretanto, esse advogado teria vários comparsas e já extorquiram dinheiro de muita gente no Paraná e no Triângulo Mineiro. Esse é o modus operandi: uma equipe de detetives procura gente de posses e preparam um dossiê sobre a vida dessas pessoas ou de membros de suas famílias. Quando encontram alguma rixa, alguma ponta que resvale na intimidade ou na moral dessas pessoas: algum deslize do passado, pendências esquecidas; eles então acediam. Iludem as vítimas e oferecem seu serviço jurídico, com garantia de sucesso. E corre muito dinheiro nisso!

— Misericórdia, Senhor! — rogou Alex, continuando: Você tá me dizendo que é possível que esse advogado procurou essa mulher e a aliciou oferecendo ter condições de tirar o nosso filho da gente? É isso?

— Rápido e lógico, hein, Alex? — disse sorrindo o jovem advogado. — Exato, você chegou lá sem muito esforço de argumentação de minha parte. E se faltar instrução a essas pessoas, e uma boa dose de pressa em resolver, elas caem como patos. A parte que falta encaixar é quem forneceu o seu segredo, desculpe por colocar assim, para o golpe ter fundamento.

— O tal João Cirilo! O pai daquela moça! — jogou sem qualquer dúvida, Alex.

— Que história confusa! — ponderou Giovana, ainda buscando base motivacional. — Esse senhor teria que ter muito ódio seu, amor, pra entrar numa sujeira dessa. Dr. Gustavo, isso é mesmo possível?

— Possível é. Vamos trabalhar mais um pouco, temos tempo... Mas por outro lado, começo a entender também que essa procuradora do Ministério Público pode estar mirando não no processo em si, mas nesse advogado. Porque não existe mérito provável nessa alegação de agressão no seu passado, Alex. E o único fato desabonador relevante para se abrir e rever um processo de guarda mediante adoção seria isso.

— E fazer a gente sofrer dessa maneira? Me parece uma atitude não muito nobre e justa — rebateu, nervoso, Alex, recusando essa possibilidade.

— Olha, essa promotora é nova aqui, veio de Uberlândia direto pra cá. Até nisso estamos avaliando. Porque houve muitos golpes desse advogado, como já disse, na região do triângulo mineiro. Muita gente extorquida e até morte entre parentes, por casos retomados na justiça.

— Meu Deus, protegei-nos! — clamou Giovana.

— Falta apenas uma coisa pra acontecer para então podermos configurar tentativa de golpe...

— O que, Gustavo? — interpelou Alex.

— Alguém te procurar e tentar te extorquir dinheiro, em troca de abandonar a causa. Entendeu?

— Oxi, se entendi! Agora começou a ficar mais claro a jogada.

— E como eles fazem?

— Dona Giovana, o próprio advogado poderá ligar e marcar um encontro. Vai pedir pra não nos avisar, e vai jogar que estão dispostos a negociar. E pelo que descobrimos, muita gente foi e pagou verdadeiras fortunas.

— É, agora entendi mesmo tudo. E quem contratou o serviço deles fica a ver navios, né?

— Muito bem, Alex! Muitos caem tão facilmente que nem procuram saber se a petição inicial da causa foi aberta ou o andamento do processo. E geralmente não vai, porque eles simplesmente somem do mapa. O que tenho para dizer a vocês é isso. Fiquem atentos e se receberem qualquer contato ou proposta, não aceitem, me avisem, confie em nós.

— Por que não vamos à polícia? Não seria melhor? — indagou brilhantemente Giovana.

— Concordo com a Gio, Gustavo!

— Se acontecer de haver tentativa de extorsão, nosso escritório fará isso por vocês. Confiem!

Logo após o advogado ir embora, ficaram eles conversando sobre tudo.

— Não podemos mesmo duvidar do poder do tempo, nem das consequências do passado sobre o presente — dizia Alex, perscrutando a opinião da mulher, que parecia tomada de uma ira indizível. Parecia sentir raiva dele.

— Você me culpa, não é, Gio?

— Lê, você é uma vítima disso, eu não te culpo. Mas fico pensando que se você tivesse confiado em mim, talvez eu tivesse te ajudado a descobrir o que aconteceu com essa moça; e se ela realmente esteve grávida, o que foi feito do seu filho e onde esse pai dela se enfiou esse tempo todo, sei lá... Olha como isso está sendo impiedoso com a gente.

— E você seria mesmo capaz de ir ao encontro desse meu passado, mesmo te fazendo sofrer como você disse naquela noite?

— Amor, se eu não tivesse aceitado o seu passado, encarado com falta de compreensão e de perdão, não estaríamos nesta situação do mesmo jeito? Porque se isso for golpe, mesmo se não houvesse o Artur, eles armariam pra cima de você usando o mesmo fato de uma outra maneira, sem dúvidas. Por isso que eu penso que esse João Cirilo quer vingança, porque ele foi naquilo que é mais importante pra você, a conquista do nosso filho. Vai se saber quanto tempo esse homem te sonda!

— Pare! Você tem razão, como sempre tem! Eu só tenho que te pedir perdão mais uma vez por te causar essa dor.

Nada mais cabia ser dito. Como havia posto Frei Carlos, essa era a hora da cruz, mas pensando bem, não foi essa hora a hora do mais sublime amor?

Os dias foram passando embalados na vontade de que todo aquele pesadelo acabasse. Em um dos finais de semana seguinte, Euzébio conversava com Alex e seus amigos Mário e Tavinho no quintal da casa, que era espaçoso, com algumas árvores frutíferas e as flores de dona Mariana. Era começo da noite de sábado. Giovana estava com Arturzinho e mais a sogra na área da cozinha. Arturzinho queria o pai e chamava por ele.

— Oi, filho, papai tá aqui fora conversando... Vem aqui! — E o pequeno foi. Quando surgiu descendo devagar os pequenos degraus da área, todos desviaram a atenção para ele. Estava vibrante e risonho, comendo uma bolacha e usando boné a exemplo do pai. Alex foi ao encontro do filho quando ouviu um barulho no muro, do lado direito, como se alguém escorregasse e pranchasse no chão. Seu pai e os outros também ouviram e foram em direção ao portão que dava acesso aos fundos. Por surpresa, havia um homem no chão, esfolado e amparando o braço esquerdo junto ao peito. Alex levou às pressas Artur para a guarda de Giovana e correu para ter com os outros.

— É o João! — gritou Euzébio. Ouvindo o grito, o homem se levantou engatinhando e trombando novamente no muro, ganhando um enorme arranhão na orelha e cabeça; mesmo assim, fugiu contornando a primeira esquina à direita. Mário e Tavinho correram para cercá-lo, mas foram atrasados por um casal de idosos que vinham de frente e pararam assustados com a perseguição.

Alex, pensou: Ele virou pra direita... Lá não tem saída! Sendo assim, correu na velocidade que podia e se posicionou no meio do cruzamento. Mário e Tavinho o seguiram para agarrá-lo, mas o homem, vendo-se acuado, mesmo machucado, armou-se de uma grossa ripa, ainda com pregos à mostra e investiu contra os dois, que se desviaram do golpe. Por grande azar, ele tropeçou precipitando-se com o nariz no paralelepípedo, perdendo o domínio da ripa. Foi quando Alex chegou nele, grudando-o pelo peito da camisa. Numa explosão de força, levantou-o e jogou-o de costas na parede. Era um homem mediano, de aproximadamente 50 anos, magro, olhos negros numa cavidade ocular profunda, o que lhe fazia sombra no rosto. O nariz, grande e fino, sangrava pela queda. Alex o pressionava com o braço direito em seu comprido pescoço e a perna direita dobrada jogando seu peso sobre o homem.

— Ordinário! O que fazia espionando minha família? — perguntou Alex em fúria.

— Nada, nada! Nem te conheço, cara! Me solta, tá me machucando! — balbuciava o homem, em desespero. — Eu só tropecei e caí!

— É? Verdade? Então você não é o João Cirilo, pai da Daniela? — questionou Alex, ironizando a explicação do homem.

— Sei quem é esse não! Me solta, eu vou gritar, vou chamar a polícia!

— Chama! Chama vagabundo!

E tomou o homem em suas mãos num constante chacoalhão e indagou:

— O que você quer de mim e da minha família?

Nessa hora Euzébio chegou e se juntou a Mário e Tavinho, que montavam cerco para que o homem não fugisse.

— Lex, solta ele! Vai acabar machucando ele ainda mais e isso vai acabar te prejudicando.

Alex, ouvindo o pai, cessou a agressão, mas continuou segurando o homem pela camisa.

O homem então disse para Euzébio, em tom sarcástico:

— Isso mesmo, Zébio! Sempre protegendo e lambendo as crias! Mas a minha menina você enxotou como uma vagabunda, não é?

Alex armou um soco, porém Mário o deteve.

— Não precisa bater, não, não precisa disso! Eu só quero dinheiro! Só isso, dinheiro!

— Filho de uma cadela! — xingou Euzébio. — Eu sabia, só podia ser isso!

— Dinheiro é pouco perto do estrago que vou fazer naquele tribunal... — ameaçou o homem, tentando se soltar das garras de Alex.

— Você não tem prova nenhuma contra mim! Inventou essa mentira, diz! Todos aqui sabem que eu nunca levantei a mão pra sua filha, e o que aconteceu entre nós foi do consentimento dela.

— Hum, galudinho e convencido! Mas eu posso trazer ela aqui... Só eu sei onde ela está...

Alex agora perdera a força, sentiu-se zonzo.

— Você está mentindo! Eu a conheci pouco, mas ela não se prestaria a me prejudicar assim.

— Será que não? Paga pra ver!

— Alex, não dê ouvidos, essa gente é capaz de tudo! — disse Mário, quase a ponto de surrar, ele mesmo, o homem.

— Eu quero duzentos mil pra acabar com essa história! — lançou João, com a boca melando de sangue do nariz.

— Filho, eu tenho como pagar! — disse Euzébio, vendo que a situação do filho era péssima. — Como quer o dinheiro, seu rato? — E acrescentou: — Como é que você se curou do mal da cachaça, seu maldito, pra vir aqui chantagear o meu filho? Como se atreve?

— Eu quero em dinheiro vivo, seu fuinha, desgraçado!

— Tá certo, me dá um dia e eu arranjo o valor — concordou Euzébio, olhando a feição agora desolada do filho que ainda agarrava o mau-caráter.

— Seu Zébio, é muito dinheiro! — elencou Tavinho, não acreditando no que presenciava.

— Pai! Pai! De jeito nenhum o senhor vai tirar dinheiro da sua casa ou do seu patrimônio para dar a esse verme!

E soltando o homem, disse calmamente Alex:

— Vai embora! Suma da minha frente!

— Pensa direito, senão você vai se dar mal! — rebateu João Cirilo, não mais se sentindo dono da situação.

— SUMA! — berrou Alex, surpreendendo a todos e

fazendo João Cirilo correr em disparada feito um cachorro.

Todos contemplavam sua coragem, porém com temor pelo futuro dele. Entretanto, Alex disse:

— Pai! Meus amigos! É a hora de confiar! Seja feita a vontade de Deus!

Daquele mesmo lugar, Alex se tranquilizou e ligou para Gustavo. Contou-lhe tudo. Agora era aguardar.

A Páscoa daquele ano coincidiu com o feriado de 21 de abril, dia de Tiradentes, mártir da pátria. Faltavam 3 dias para a audiência, portanto as famílias de Alex e Giovana vivenciaram com eles cada momento forte de oração da Semana Santa em total sintonia de súplicas, para que tudo fosse esclarecido e o casal pudesse tocar sua vida em paz com o filho. Dr. Gustavo, foi convidado para o almoço de Páscoa no sítio com eles. A princípio julgou não misturar o profissional com o pessoal, mas Alex e Giovana insistira em demasiado e até mesmo Dr. Amorim o aconselhou a comparecer.

Era a primeira Páscoa de Artur com os pais, e tudo lhe era novidade. Colocaram pequenas pegadas adesivas e marcas na terra, como se fossem do coelho da páscoa, e o menino foi feliz procurando os ovos de chocolate após o delicioso almoço. Para Mariana e Leila, avós corujas, não tinha nada mais fofo e bonito do que admirar a esperteza do neto, ávido por encontrar os ovinhos. Alex e Giovana iam com ele. Dr. Gustavo, sentado na área da cozinha, sorria ao ver a farra que Alex fazia com o filho em cada ovo encontrado.

— Como que é lá na sua casa, vocês comemoram assim? — perguntou Euzébio ao contido advogado.

— Ah, seu Euzébio, minha família não é religiosa como a de vocês. A exceção à regra é meu avô materno. Ele, sim, sempre foi de muita fé.

— E o doutor mora sozinho? Desculpe a intromissão... É que o doutor é tão moço, ainda parece um menino.

— Eu morava sozinho, mas agora, fazendo um mês e meio, mais ou menos, esse meu avô veio morar comigo. Ele é muito coruja também; não me deixa fazer nada, eu tenho até que ficar bravo com ele. Ele tem já seus 80 anos, mas é ativo e prestativo.

— Mas que beleza! Por que não trouxe ele?

— Então, ele disse que era um momento meu mesmo. Afinal, ele entendeu esse convite como um agradecimento pela causa ganha.

— Poxa, agora eu ripiei, ó? — disse Euzébio, mostrando os cabelos do braço todos em pé para o moço.

— É, meu avô tem disso! E não costuma errar não, viu?

Euzébio, ficou com os olhos cheios d'água e sentiu fé em tudo que o moço lhe disse. Mariana estava de longe, já na limpeza das panelas, e viu o marido conversando com o jovem; de repente sentiu uma grande paz, como se tudo fosse se resolver e se sentiu atraída ao contemplar Dr. Gustavo. Aff, esse moço parece um menino pedindo colo. Se não fosse a maneira letrada de falar e a postura rígida eu diria que ele sofre.

Giovana e Alex estavam felizes naquela tarde. Na Segunda-feira Santa haviam estado no escritório repassando os detalhes da audiência. Estavam confiantes, porque o Dr. Gustavo e Dr. Amorim lhes confiaram que havia um trunfo nas mãos, mas que só seria revelado se necessário e que manteriam em sigilo, entendido também a eles, para que tudo corresse dentro do programado.

Quarta-feira, 24 de abril de 2019. Era o dia da audiência, todos pularam cedo da cama, não somente Alex e Giovana, mas os familiares e amigos. Nunca haviam estado em uma audiência assim, e desde as vésperas sentiam um misto de apreensão e ansiedade, todavia procuravam sustentar o ânimo em Deus e no trabalho dos advogados. O casal e seu filho se puseram em uma oração longa, por volta das 08h00. A audiência será às 09h30. Alex conduziu a oração em voz alta, unindo-se a eles seus pais e seu irmão, que pressurosos acabavam de chegar.

— Senhor Deus, Pai onipotente, nós te louvamos e te agradecemos por todas as bênçãos dadas em nossas vidas, todos os dias! Obrigado pela vida do nosso pequeno Artur, presente que veio do Vosso amável coração. Ele tem sido a nossa alegria e por ele, hoje, sabemos o que é ser mãe e pai. Então por ele te pedimos que nos abençoe e nos guarde nesta audiência. Livrai-nos das calúnias e das difamações e que a verdade e o amor prosperem e prevaleçam. Guie pelo teu Santo Espírito a inteligente dos nossos advogados; toque o coração e os pensamentos do juiz e da promotoria para que julguem com a Tua santa sabedoria. Nos colocamos em Vossas mãos, Misericordioso Pai! Amém!

E rezaram juntos um Pai Nosso, seguido de três Ave Marias e o Glória ao Pai…

Saíram em dois carros e foram diretamente para o fórum. Sabiam que encontrariam em algum momento a tia do menino e seu advogado e se prepararam para isso. Era uma incógnita a reação daquela estranha mulher. Entraram no fórum e a assistente social, Kátia, estava à espera. Chamou e conduziu os avós com o menino para a sala da Vara de Infância, porém o casal foi conduzido por um funcionário a uma sala pequena, também no segundo piso. Havia nela algumas cadeiras e uma mesa central, bandeja com café, chá e algumas bolachas. Cinco minutos depois entrava na sala o jovem Dr. Gustavo. Imponente, vestido num social azul claro.

— Bom dia! Então, preparados? — E sorriu tranquilamente. O casal sentiu nele uma paz radiante e isso foi providencial para relaxarem por alguns instantes. Escutaram quando a mulher e o advogado passaram pela sala onde estavam e, como naquele outro dia, Alex ouvia aquela voz forte, porém meio abafada no peito. Giovana se estremeceu, mas se manteve altiva.

Deu para ouvir ela perguntar se conheceria seu sobrinho. E o funcionário respondeu:

— Se for consentido pelo juiz, sim; mas depois da audiência.

Faltando cinco minutos para as 09h30, foram chamados pelo escrevente de justiça, que informou ao Dr. Gustavo:

— A audiência não poderá ser no auditório por problemas elétricos, foi transferida para a sala do Júri.

Era aquilo, a concretização dos vários pressentimentos de Alex sempre que passara próximo daquela sala sombria. Desde a primeira vez aquela sala lhe transmitia uma energia ruim e pesada.

Senhor, não pode ser! Fica comigo!, pensou consigo e

não disse nada a ninguém. Encaminharam-se para a sala do Júri. Haviam transferido uma mesa longa para o espaço e posta na posição oblíqua à mesa do juiz e mais 8 cadeiras, 4 de cada lado. Sentaram-se à esquerda da mesa do juiz, os três: Dr. Gustavo, na ponta, Alex no meio e Giovana próxima à mesa do juiz. Mal se acomodaram e Carolina Ortega, a tia de Arturzinho, entrou acompanhada do advogado, o qual mantinha o mesmo sorriso gozador nos lábios, encarando principalmente Dr. Gustavo, que se mantinha impassível e sereno. A mulher era negra, olhos grandes, lábios grandes delineados num batom na cor púrpura. O figurino revelava as boas condições financeiras. Fulminou o casal com olhar de ódio e lábios de nojo, sem disfarçar. Nem mesmo o bom-dia dado pelo casal se dignou a responder.

Os advogados se cumprimentaram com um aperto de mãos cumprindo mero decoro.

Aquela sala sufocante começou a afetar Alex. Senhor, meu Deus! Como é a mente da gente? Sabe de tudo, não importa o tempo e o espaço. Por favor, Pai, dá-me tua força!

Giovana apertava a mão do marido e tentava não encarar a mulher à sua frente, que fazia o mesmo.

Os pais de Alex e seu irmão Alessandro com o pequeno Artur permaneciam na sala conjuntamente com Kátia e a Dra. Neide. Logo se somaram a eles Frei Carlos e Nando, também arrolados como testemunhas. Alguns minutos depois, outro homem, um senhor de bastante idade, com feições amistosas e olhar bonançoso passou por eles, porém, foi conduzido próximo à sala do Júri, em aguardo.

Entrou pela porta esquerda no fundo da sala, o escrevente, um moço calvo de feições gélidas. Logo atrás a promotora de justiça; uma mulher jovem, de uns 26 anos, branca como leite, rosto pequeno e angular, lábios retos e quase inexistentes e um cabelo loiro liso, formalmente moldado num coque; também o oficial de justiça, porte airoso e postura vigilante, que por sua vez logo solicitou:

— Bom dia a todos! Por favor, levantem-se para recebermos o meritíssimo juiz, Dr. Anísio Belvedere Costa.

E todos se levantaram. Dr. Anísio, impunha respeito e perspicácia num rosto comprido, com olhar intenso, demonstrando interesse. Era um magistrado das antigas.

— Podem se sentar, por favor! Informo que estando a pessoa do conciliador impossibilitado nesta data, eu, juiz de direito desta comarca conduzirei essa audiência. Audiência de Instrução concernente ao processo 9143 movido pela requerente Sra. Carolina dos Santos Ortega, aqui representada pelo advogado, Sr. Humberto Vitri; o qual se configura na Ação de Suspensão do Poder Familiar concedido em Processo de Adoção, configurado trânsito em julgado, do menor registrado como Artur Rafael Di Fiori França, aqui presente e substância desta ação...

Continuava o juiz:

—... Se fazem requeridos os pais adotivos do menor e detentores do Poder Familiar, o Sr. Alex Ribeiro França e sua esposa, Sra. Giovana Helena Di Fiori França, presentes e aqui representados pelo Sr. Gustavo José Alves Arantes, advogado de defesa, havendo esses apresentado contestação às alegações ao qual foram citados em tempo hábil, conforme o prazo estabelecido pelo inciso I, do art. 335, do CPC/2015. Peço gentilmente que o ilustríssimo auxiliar desta audiência faça a leitura dos autos.

Alex pressentia intenções ocultas, sôfregas, no rosto impoluto da procuradora que parecia se compor para logo ministrar a palavra. Giovana contemplava apenas o crucifixo enorme acima das têmporas do juiz e orava.

O auxiliar iniciou lendo as alegações e o mérito da acusação de modo sistemático e sem nenhum tropeço, procurando olhar para cada uma das partes com segurança e preito. Logo após, leu toda a contestação apresentada por Dr. Gustavo em favor de Alex e Giovana. Nela constava descrita com brilhantismo que não existia nenhum processo por Lesão Corporal Grave nem qualquer outro contra Alex França; sendo ele um homem justo, honrado, chefe de família, conhecido, bem-quisto por toda a cidade e membro, inclusive, de Ministério Católico. Desqualificando essa alegação por completa ausência de prova. Pois mesmo que houvesse testemunha de um delito, constaria a favor do Sr. Alex França, não somente sua conhecida moral ilibada, porém, várias outras testemunhas arroladas neste processo que podem confirmar que isso se trata de uma calúnia e difamação. E quanto ao processo de adoção, todo o processo foi conduzido dentro de austera legalidade pela Vara da Infância e Adolescência, caracterizado trânsito em julgado.

Dr. Anísio, o juiz, por sua vez, interpelou os advogados:

— Há possibilidade de acordo entre as partes?

Ambos os defensores se olharam e responderam que não.

— Sendo assim, conduzo a palavra à excelentíssima promotora representante do Ministério Público para que faça suas considerações.

A jovem promotora se levantou observando minuciosamente as partes e iniciou:

— Meritíssimo, um fator concomitante e agravante que despertou a preocupação desta promotoria ao ouvir a leitura das alegações pela parte requerente, e num primeiro momento, até por ignorarmos os trâmites do processo de adoção que concedeu ao casal adotante a guarda e o Poder Familiar sobre o menor Artur, foi o mérito se tratar de uma suposta violência, uma agressão corporal grave, supostamente cometida pelo pai adotivo, Sr. Alex França, contra uma jovem mulher que residia nas vizinhanças do sítio de sua família, há mais de 20 anos...

Ao ouvir o relato, Carolina fitou Alex com desdém, acompanhada da expressão caçoadora de Dr. Vitri. Alex se mantinha irrevogável apenas na promotora, mesmo ouvindo dela uma acusação.

— Meritíssimo, deixo claro à vossa excelência e às partes que esse foi o único e preocupante motivo; esclarecer esse episódio, pois se trata da segurança de uma criança, que é o objeto desta alegação. Um homem que cede ao torpor e descontrole, capaz de agredir uma mulher indefesa, mesmo que num passado distante, poderia receber do Estado, que tem por obrigação defender e proteger os mais indefesos, o respaldo da guarda, do cuidado, da responsabilidade de se transmitir valores, de uma criança? Uma criança que em sua breve caminhada de vida está órfã e viveu em um orfanato? É isso, Meritíssimo, apenas queremos esclarecer os fatos. São mais de 20 anos. No entanto, isso poderia, sim, desabonar o perfil do réu como tutor de um menor, embasado na gravidade do próprio uso de violência; e violência contra uma mulher.

Dr. Anísio ouvia e acatava o argumento da promotora, consentindo com a cabeça. Alex começava a suar frio. Sabia que omitira a verdade durante a avaliação psicológica. Giovana se afligia também e consolava o marido, acariciando suas mãos suadas e nervosas.

O juiz inquiriu então, Dr. Humberto Vitri:

— O advogado da parte requerente tem algo acrescentar em favor das alegações?

O homem, meio embaraçado e se mostrando um pouco reticente, pigarreou com veemência e respondeu:

— Não, meritíssimo; tudo foi posto na alegação já apresentada e pela promotoria, mas... — E olhou para a cliente, salientando cautela. — minha cliente gostaria de falar.

— Pois bem, a senhora tem a palavra! Prossiga — determinou o juiz.

A mulher olhou com desconforto para o advogado, que lhe apressou:

— Fale!

Então começou mexendo nos cabelos, demonstrando nervosismo.

— Bom, obrigada, seu juiz! Eu... eu só queria dizer aqui que estou muito emocionada de ver o meu sobrinho hoje, pela primeira vez. Ainda não pude conhecer ele, mas já sei que é um menino lindo! — E franziu testa e boca, num arremedo de choro.

Alex e Giovana seguravam um a mão do outro e mentalizavam o rosto do filho, seria para eles melhor ignorar aquela cena que prometia ser de muito mau gosto.

Giovana tinha vontade de vomitar rios de desaforos, bem argumentados, para aquela figura excêntrica à sua frente; afinal, o que ela entendia do amor que sentiam pelo menino? Se realmente o amasse, entenderia que ele estava bem e feliz.

Dr. Gustavo, inclinou-se em direção a Alex e sussurrou:

— Fiquem calmos, logo vai acabar!

A mulher continuava, gaguejante e tentando impressionar.

— Minha irmã foi escrava sexual bem dizer, e tudo porque eu não estava mais aqui pra defender ela. Nunca imaginei que eles pegariam ela e fariam ela pagar no meu lugar... Mas eu sei que ela gostaria que seu filho fosse criado comigo. Ela e eu éramos unha e carne, sô juiz! Quando eu fiquei sabendo da morte dela e que ela tinha deixado aquele principezinho ali, eu chorei, fiquei desesperada. Eu não acredito que a justiça falhou e não me procurou direito. Eu tinha deixado endereço e telefone...

Interrompeu o juiz:

— Dona Carolina, temos aqui nos autos provas que a senhora foi procurada até mesmo pelo consulado brasileiro em Lisboa, Portugal, neste endereço que a senhora deixou. E ninguém lá sabia de seu paradeiro. Onde esteve esse tempo todo?

— Então, seu juiz, eu trabalhava num restaurante em Portugal e morava numa casa com outras meninas...

— Me desculpe, essa casa era de prostituição, por acaso? — inquiriu o juiz

— Não, não! Era tudo menina brasileira, mas direita! Gente que trabalhava mesmo, dava duro! Foi o endereço que mandei pra minha irmã. Depois eu conheci meu atual marido. Namoramos um pouco, mas ele estava de mudança pra Nápoles e me chamou pra ir com ele. E eu fui!

— E por que não avisou sua irmã? Vocês não se falavam mais?

— Olha, acabou que eu perdi o celular e com ele perdi os contatos. Sabia que não tinha mais jeito de falar com ela. Só se eu voltasse, e mesmo assim, ela poderia ter se mudado lá de Tapiratiba.

— Nos autos consta que a senhora se trata ainda do vício em drogas.

— É isso! Eu parei faz muitos anos, quando fui para lá... Isso só me trouxe desgraça, sô juiz! Meu marido é rico e pagou uma clínica particular pra mim e eu tô limpa até hoje? E antes que qualquer um aqui diga que não posso amar e cuidar de filho, eu digo que tenho uma filha de 6 anos. — Foi contando e tirando a foto de uma linda menina da carteira, depois mostrou para todos os lados. Seu advogado sinalizou que abaixasse o tom da voz.

— Desculpe, é que eu fico ansiosa! — justificou ela, agora tremendo e tentando enfiar a foto de volta na carteira.

— Dona Carolina — tornou o juiz —, se a Justiça e até mesmo os agentes do nosso consulado não lhe encontraram, como a senhora conseguiu saber da morte de sua irmã e que ela havia deixado um filho?

A mulher se engasgou e tossindo olhou pedindo ajuda para advogado, que interveio.

— Com toda a licença, excelentíssima promotora, minha cliente se emocionou...

Deu-lhe a ela um copo d'água e a fez beber. Dr. Gustavo agora esboçava um sorriso falseado, observando a cena.

— Está tudo bem com a senhora? — perguntou o juiz.

— Sim, sim... — respondeu ela puxando o ar devagar

— Então prossiga!

— Então, eu, eu voltei pro Brasil, faz quase um ano, e me pus a procurar pela minha irmã. Vim pra Tapiratiba, porque era lá que ela morava quando fui pro exterior. É que tem uma conhecida minha que ainda estava vivendo no antigo bordel; e foi ela que me contou que minha irmã, Ana, tinha morrido e deixado um filho... Daí eu contratei um detetive pra investigar o paradeiro do menino. Mas quando fui lá no tal abrigo, ele já não estava mais. Me disseram que tinha sido adotado. E estou aqui, buscando o direito de cuidar dele.

— E como a senhora ou seu advogado souberam do passado do Sr. Alex França? Peço que me respondam com bastante detalhes. A senhora já conhecia o Sr. Alex ou a família dele?

A mulher fez silêncio, olhou de relance em Alex, que a encarava agora, e respondeu:

— Essa conhecida minha, prostituta, contou que saía com um homem que morou em Alto do Montes e que conhecia um podre do cara que adotou meu sobrinho. Ele tinha agredido uma filha dele, este bandido aqui na minha frente.

— Pela ordem, Meritíssimo! A requerente está acusando meu cliente novamente, sendo que essa alegação já foi contestada e desmentida durante a leitura dos autos. Ou ela apresenta evidência do que o acusa ou entraremos com processo de calúnia e difamação.

Alex se agitou na cadeira, mas Dr. Gustavo o pressionou nos ombros a não se manifestar.

— Aceito. — E voltou-se com autoridade para a mulher e o advogado. — A senhora ouviu bem a leitura da contestação da outra parte? Foi bem evidenciado que nunca houve denúncia ou qualquer registro de agressão contra o réu, nem desta moça, nem de qualquer outra pessoa. A senhora tem certeza que pode comprovar essa história? Quero lembrá-los que estão sob juízo, em uma audiência judicial, e os senhores podem ser processados por falso testemunho por mentir à justiça.

Antes que a mulher respondesse, seu advogado falou:

— Sim, meritíssimo, minha cliente sabe disso e nós temos uma testemunha. Com sua licença, ela foi incluída nos autos e eu peço que ela seja chamada em juízo.

— Pois bem, passemos às testemunhas! — determinou o juiz. — O escrevente pode chamar a testemunha!

E este assim o fez. A porta atrás da promotoria se abriu. Era ele mesmo, João Cirilo. Veio caminhando devagar, mancando pelo tombo, com um curativo próximo da orelha escondendo os esfolados; no entanto, estava alinhado e bem vestido. Trazia no rosto a satisfação de poder acabar com Alex e se vingar, ao menos, da prensa que levara na noite de sábado passado.

Alex logo sussurrou, atribulado, com o Dr. Gustavo:

— Ele me chantageou... Eu ainda acreditava que ele seria preso...

— Paciência! Confia! — respondeu o advogado.

João se assentou no banco ao lado de Carolina.

— Sr. João Cirilo Alves, o senhor conhece o Sr. Alex França? — Foi a primeira pergunta do juiz.

— Sim, meritíssimo; conheço ele desde pequeno. Eu era vizinho do sítio da família dele. Conheço melhor o pai dele e o tio, que eram mais chegados.

— O senhor não é parente dele então?

— Não, graças a Deus, não sou nada deles... Os deles, eles tratam que nem cachorro.

— Pelos autos, meritíssimo!

— Aceito! Senhor João Alves, limite-se a responder o que foi perguntado. Ofensas não serão toleradas nesta audiência, entendeu?

— Entendi, sim, senhor! Me desculpe!

— Que ligação, então, o senhor tem com essa queixa?

— Toda a ligação possível, infelizmente! A moça que foi surrada era minha filha!

E houve tensão em todos. Dr. Gustavo olhava dolorosamente para João Cirilo, e ao mesmo tempo vigiava o casal ali, definhando-se em angústia.

— Eu sinto muito por isso! — Lamentou o magistrado. — O senhor viu o Sr. Alex agredir gravemente a sua filha?

— Sim! Eles se encontraram numa clareira perto do Ribeirão, não muito longe da minha casa. Ela tinha ido contar pra ele que estava grávida.

Alex olhava para João sem acreditar ou sequer mensurar aquela capacidade ardilosa de mentir. Giovana deixava as lágrimas descer.

— Sua filha estava grávida do réu? — questionou o juiz em completa surpresa.

— Foi o que ela tinha me contado no dia anterior. Disse que ia procurar esse cara aí pra contar pra ele. Eu fiquei bravo com ela, nos desentendemos. Filha minha não podia dar um mau passo desse; mas eu sei que os boyzinhos riquinhos gostam de brincar com as filhas dos pés-rapados. Fiquei amargurado. Eu inté pensei em ir falar com o pai dele; e fui. No outro dia, peguei minha carroça e fui, quando passando perto de um mato e ouvi os gritos da minha filha, e esse aí em cima dela de soco e de chute;

— E o senhor não interferiu?

— Quando ele viu que eu vinha vindo, saiu correndo pro mato afora. Ele era um muleque, nem barba num tinha na cara!

— E o que aconteceu depois?

— Aconteceu que eu socorri minha filha. Ajudei ela a levantar e a subir na carroça. Levei ela pra casa e curei um pouco os machucados.

— Por que não levou ela para o pronto-socorro ou hospital? — perguntou o juiz, abismado com aquele depoimento.

— Eu levei, mas em Tapiratiba, é a cidade mais perto. Ela teve medo dele e do pai dele também. E se eles quisessem ir atrás dela? E não fui à polícia também, não, porque aí mesmo que nós num ia ter paz, eu pensei. Voltei pra casa, joguei umas roupa minha e um tanto dela numa mala veia, tranquei a casa e fui pro hospital. Eu tinha um primo em Tapiratiba. Ficamos por lá até que arranjei emprego numa fazenda em Minas.

Mariana e Euzébio, tal qual os demais naquela sala, angustiavam-se, sem saber do que se passava lá dentro.

— O que houve com sua filha, onde ela está?

— Eu não sei, nunca mais tive notícias dela. Ela foi embora e me deixou apenas um recado, num pedaço de papel, que ia procurar pela mãe. É, minha mulher também me abandonou por causa da cachaça. Foi embora fugida também, enquanto eu estava na roça, e levou minha outra filha mais nova com ela. Nossa história foi só desencontro, dotora!

— E o seu neto? O filho que ela carregava?

— Foi com ela, na barriga ainda. Esse se vingou, é um herói, sobreviveu a tudo.

Alex, ouvindo isso, olhou para sua mulher com desamparo e chorou. E se ao menos, sobre o seu filho ele não estivesse mentindo?

Dr. Humberto e Carolina já expressavam vitória.

Por fim, o juiz perguntou à promotora:

— A senhora promotora tem mais perguntas?

— Não — respondeu ela com voz embargada. — Sem mais perguntas, meritíssimo!

— O advogado de acusação quer perguntar?

— Na verdade, meritíssimo, gostaria apenas que o Sr. João Cirilo esclarecesse como foi que o encontramos.

— A testemunha pode responder! — determinou Dr.

Anísio.

— É, eu estou morando há 2 anos lá em Tapiratiba de novo. E vocês sabem, sou um homem de meia idade, sozinho, largado, então eu passei a frequentar a Casa da Madame Clô, um bordel, sabe? E eu tenho, como se diz, amizade com a amiga da dona Ana aí. Ela sabia da história. Daí ela comentou com a dona Ana sobre mim.

Que filhos da mãe! Foram perfeitos, não deixaram pontas. Nenhuma contradição, refletia consigo Dr. Gustavo, sofrendo unicamente pelo desgaste emocional de Alex e Giovana tendo que ouvir a farsa.

— Estou satisfeito, meritíssimo! — concluiu Dr. Humberto, erguendo o queixo junto com a boca em orgulho e vaidade.

— Muito bem, o advogado de defesa quer incorrer à testemunha?

— Sim, meritíssimo! E como quero! Porém, para que possamos elucidar tudo isso rapidamente, peço consentimento ao senhor para chamar em juízo minha testemunha.

Dr. Anísio de forma inabitual consentiu. E voltando-se para o porta de entrada das testemunhas, estendeu o braço esquerdo apontando para um homem que calmamente se revelava, e ligeiramente inquiriu:

— Senhor João Cirilo, o senhor, por acaso, conhece aquele senhor?

Todos de uma só vez olharam naquela direção. Era aquele idoso senhor que se mantivera quase que imperceptível, mantido no corredor da sala do júri desde que chegara. Ele então se acelerou, fazendo-se enxergar.

— Vendo aquele velho negro, barba e cabelos brancos, óculos com bastante grau que lhe avantajava os olhos, João Cirilo gelou, como se uma espada afiada lhe rasgasse a espinha de cima a baixo. Todos estavam atônitos, sem entender.

— Responda ao advogado, Sr. João! — mandou o juiz, um tanto desgostoso com a paralisia do homem.

— É, é... — E foi gaguejando: — Não sei, me parece familiar, mas...

— Meritíssimo! — chamou Dr. Gustavo. — Eu lhe dou minha palavra que tudo fará sentido e que não se trata de nenhuma quebra de decoro. Permita-me pedir que aquele senhor se aproxime da mesa, mais próximo da visão da testemunha para que ela o reconheça e responda à minha única pergunta.

O magistrado, tomado de curiosidade e espanto com a sagacidade do jovem advogado, permitiu que ele continuasse, para desespero de Dr. Vitri e de sua cliente, que nada estava entendendo.

— Por favor, senhor, se aproxime aqui! — solicitou Dr. Gustavo. — E o homem contornou a mesa e se aproximou de Dr. Gustavo, que instigava João: — Olhe bem, senhor João, agora o senhor não terá mais dúvida.

João Cirilo ficou pálido e foi se levantando devagar da cadeira, passando por detrás do encosto da mesma.

— Por favor, meu senhor — disse Dr. Gustavo ao velho homem —, diga para todos e para o senhor João, que parece estar um tanto aparvalhado: quem é o senhor?

Alex agora sentia o coração e a garganta esquentar. Giovana segurava em sem seu braço, plena de satisfação.

E o homem se revelou:

— Meu nome é Sebastião Ferreti Mancini, muito conhecido aqui nesta cidade como Tião Mancino. Eu sou o avô materno de Daniela Mancini Alves.

Neste momento, Alex se levantou, não acreditava que aquele senhor estava ali. Tanto que o procurou no passado, agora ele estava ali, como por providência.

João Cirilo olhou para Dr. Humberto, e foi baixando a cabeça devagar, sacudindo lentamente em sinal de negativo. O advogado retomara a vermelhidão nas bochechas e Carolina não entendendo nada, ranhou:

— Escuta aqui, o que está acontecendo? Alguém me explica? Fala alguma coisa, Dr. Humberto!

— Calma, senhora, calma — ponderou Dr. Gustavo. — Com a permissão de vossa excelência, gostaria que todos ouvissem agora a versão do senhor Sebastião. É possível?

— Mas claro! Permissão concedida. Conte para nós sua versão, por gentileza, senhor Sebastião Mancini. Por favor, uma cadeira para ele.

— Obrigado, meritíssimo, mas quero falar de pé!

E ele começou:

— Eu agradeço primeiramente a Deus, por permitir que eu pudesse estar aqui hoje e colocar um fim num tempo imenso de dor. Poder curar o meu coração e o coração de outras pessoas aqui presentes é pra mim motivo de extrema alegria. Eu sou o sogro deste senhor, que teve a coragem, a ousadia, ou melhor dizendo, a infantilidade de vir em juízo tentar incriminar pessoas de bem e achar que conseguiria se sair ileso. Deus é bom, mas acima de tudo é justo! E a hora da verdade é agora. Há 24 anos eu tive a infelicidade e a dor de vir buscar na cidade vizinha; toda machucada, esfolada, traumatizada e moralmente humilhada, a minha neta, Daniela. Recebi a notícia por minha outra neta, Gabriela, que hoje mora em Ribeirão Preto.

Alex começou a entender tudo; aquela moça em Ribeirão Preto não era prima, era a irmã mais nova de Daniela. Tião continuava:

— Estava no hospital em estado deplorável, com hematomas, dentes quebrados, fraturas no rosto, mãos e costela que perfurou seu pulmão direito. Por sorte ela havia conseguido pedir ajuda na beira da estrada e foi resgatada ainda lúcida. Ao chegar ao hospital, pediu que avisassem à irmã por telefone. Quando cheguei e pude entrar para vê-la, ela só conseguia pensar no filho que esperava. Entendi que estava grávida de poucos meses e que aceitara ser surrada sem reação, para proteger a barriga. Me percebendo ao seu lado, minha neta me disse com dificuldade devido às lesões na boca, inchada e ferida: "Vô, pede pra não deixar meu filho morrer".

O silêncio perturbante possuía todos. Tião descrevia com pausa, em contato direto de olhar com João Cirilo. Estava forte, não oscilante, tão pouco mexia os braços. Somente relatava como numa manchete de jornal.

— Eu a tranquilizei: "Estou aqui, querida! Nada de mal vai te acontecer, nem ao bebê, mas conta pra mim, filha. Quem te fez isso?". Mas ela relutava em dizer e chorava. Apenas depois de algumas horas de eu ali com ela que, enfim, pegou na minha mão e chamou: "Vô Tião! Foi ele!". "Ele quem?", eu insisti e ela respondeu: "Meu pai! Foi meu pai, vô Tião. Ele me queria morta!". E novamente se desesperou...

As lágrimas penderam dos olhos fúnebres de João. Não havia condições ou dignidade para levantar a cabeça. Quanto a Dr. Humberto, mantinha-se com os braços e as mãos juntas sobre a mesa, olhando para o vazio, enquanto sem entender nada, Carolina se emocionava com as palavras de Tião. Alex e Giovana se abraçavam em comoção, sentiam-se parte daquela história e de certa forma eram.

O velho homem tinha mais a dizer perante tantos ouvintes silenciados pela verdade, e continuou:

— O médico que a socorreu chamou a polícia e procuraram esse amaldiçoado por dias, mas ele deu um jeito de sumir pro Mato Grosso, soube disso só agora.

— Com licença, Sr. Sebastião, Por que não há registros de ocorrência em nome de sua neta? — perguntou o juiz?

Tião Mancino olhou para Dr. Gustavo, que se posicionou:

— Porque o Sr. João Cirilo, há pelo menos 3 anos, faz parte de uma quadrilha muito bem assessorada e extremamente organizada, com informantes e torres de apoio, como eles mesmos se definem. Tem comparsas dentro de delegacias e outros órgãos públicos, infelizmente. Certamente um desses apagou o registro da ocorrência. São pessoas corruptas que se vendem por um bom preço. Isso tudo consta aqui, neste dossiê investigativo levantado pela polícia civil atuando em Tapiratiba e região, onde cita o Sr. João Cirilo Alves como pertencente ao círculo mais fechado e confiável da quadrilha. Depois de surrar gravemente a filha, após descobrir que ela teria feito programas e estava grávida de uma dessas relações, e talvez muito mais colérico, porque foi impedido e ameaçado de morte pelo tio do meu cliente, o Sr. Ernesto França, ao tentar exigir dinheiro do pai do meu cliente, Sr. Euzébio França... Fato que não conseguiu... Retornou para sua casa e, ao ver a filha, agrediu-a sem piedade.

Alex levou as mãos à cabeça, pouco conseguindo entender a atuação do tio, aquele que sempre o prejudicou.

— Ernesto? O Ernesto fez isso, Mariana? — falou Euzébio, aturdido, para Mariana que estava em prantos. Alessandro visivelmente atordoado e emotivo, pegou o sobrinho que dormia no colo de Kátia e saiu com ele.

— Ele a deixou pra morrer no chão daquela casa infeliz. Ela contou tudo ao delegado na minha presença. Disse que ele a tomou de socos, chutes em fúria e mantinha o foco em sua barriga, só parou quando ela fingiu apagar. Ele simplesmente fugiu pensando que ela estava morta — finalizou Tião Mancino.

João então gritou:

— Eu não queria! Eu não queria ter machucado ela, eu fui fraco! — E de repente soltou a confissão:

— Senti vergonha de saber que ela tinha saído com um colega de roça por dinheiro. O cara me esfregou nas fuças perto de todos no bar que a marmita que eu comia era com dinheiro que ele pagou no cabaço da minha filha. Isso foi demais pra mim!! Qual pai não ficaria desnorteado? Ela não dormiu em casa naquela noite. Chegou pela manhã e eu estava esperando por ela. Queria que ela me falasse que era mentira e ela me disse que era verdade, que não aguentava aquela vida miserável e que eu era um ingrato. E depois ainda me contou que achava que estava grávida do filho do Zébio França. Eu a expulsei, e ela correu de mim. Eu fui no rastro dela e me deparei com eles naquela clareira. Ela desesperada tentava falar com ele, mas ele a destratava, não quis ouvir, tratou ela como uma puta mesmo e a mandou embora. — E chorou compulsivamente.

Alex agora revivia a cena, o seu erro, a sua falta de coragem.

— Senti ódio desse rapaz, da família dele, da minha miséria. Fui até o sítio deles pra falar com o Zébio, porque o filho era um muleque ainda. Queria dinheiro, sim, estava passando fome e irado. Mas o tio dele me escorraçou apontando uma arma pra mim. Eu voltei então pra casa e peguei a Daniela quase fugindo. Estava cego de ódio, humilhado. Tudo ficou vermelho em minha frente e se deu então toda a desgraça. Não há um só dia em que eu não me arrependa, porém já aconteceu, não posso mudar!

— O senhor confessa que faz parte de uma quadrilha? — indagou o juiz

— Eu confesso. Apliquei muitos golpes por aí, mas esse aqui era especial, era para me vingar. Fiquei na espreita esses dois anos quando soube que o filho do Zébio França tinha adotado um muleque. A cidade é pequena, todo mundo fala de todo mundo, então me informei da história do menino. Pensei em fazer algo diferente, pra dar um susto, mas quando aquela puta no bordel me contou que essa madame aí, uma ex-colega de ofício — E riu com gozação. — estava procurando o sobrinho, chamei nosso especialista que descobriu tudo. Foi fácil, foi só molhar a mão de uma funcionária do abrigo pra descobrir que aquele pirralho era exatamente o menino adotado pelo rapazinho aí. Daí fechou! O destino me deu de prato cheio a chance de armar pra cima dos França.

Neste momento, Carolina, num lapso de fúria se lançou sobre João Cirilo em tapas, necessitando a intervenção dos seguranças.

— Ordem! Ordem! — pedia o juiz. — Senhora, se controle ou será retirada desta audiência.

— Eu fui enganada! Esse cara me usou dizendo que queria me ajudar! E o senhor, Dr. Humberto, não sabia que esse homem era um vigarista?

— Ordem! Repito, se a senhora não se acalmar, vou suspender essa audiência.

— Meritíssimo! — solicitou Dr. Gustavo. — Eu posso retomar?

— Continue, e seja breve devido à exaltação dos ânimos — determinou o juiz.

— Dona Carolina, esclareço que seu advogado aqui presente sabia de tudo isso e conhece muito bem a testemunha; ele é comparsa!

Tomado de ira e desmascarado, o paladino se levantou aos berros:

— Eu não admito ser rechaçado desta forma... Você não tem provas! Prove!

— As provas estão aqui... — declarou Dr. Gustavo,

levantando as evidências na mão direita e entregando ao juiz. Várias cópias de processos por estelionato e falsidade ideológica em Uberlândia, Passos, Campanha, Alfenas, todas em Minas Gerais e outras em Ponta Grossa e Maringá, cidades do Paraná.

Dr. Anísio analisava a documentação quando num salto até a mesa o oficial de justiça o informou sobre algo.

— Por favor, faça entrar os delegados de polícia!

E os mesmos entraram com contingente policial. Era o delegado responsável pela investigação da quadrilha, que se fixara em Tapiratiba, e o delegado da cidade de Alto dos Montes que o acompanhava.

— Meritíssimo, quero agradecer a permissão para entrarmos e interrompermos os trabalhos. Fomos informados pelo Dr. Gustavo de que seu cliente estava prestes a sofrer um golpe e aguardávamos apenas esse testemunho que configurou a prova que faltava para comprovar a ligação deste advogado com a suposta testemunha aqui reunidos. Agradeço também à excelentíssima promotora de justiça, que tem nos auxiliado desde Uberlândia, sob sigilo de investigação, a conseguirmos flagrá-los em plena execução, nesta audiência, dando seguimento ao processo.

Dr. Anísio, o juiz, apenas se voltou para a colega promotora, mostrando-se irresoluto. Na verdade, em sua larga experiência, entendia que aquela ação não tinha mérito para ser levada em frente.

— Sr. Humberto Vitri e Sr. João Cirilo Alves, os senhores estão presos por flagrante delito na condução de estelionato, prática de formação de quadrilha e por falso testemunho aqui em juízo.

Alex e Giovana vibraram de maneira automática, pois presenciaram um desenrolar inimaginável.

O delegado responsável, posicionou Carolina sobre a situação:

— A senhora estava sendo vítima de um crime, e pode nos acompanhar se quiser para prestar queixa. Não se preocupe, nós lhe daremos todo o suporte necessário.

Carolina, completamente confusa e embaraçada, deixou o plenário.

Enquanto era algemado, o orgulhoso advogado esbravejava, em plena inconformidade:

— Me soltem! Existe um engano aqui, Meritíssimo! Eu sou um homem da lei... — Mas os policiais o retiraram à força, diferentemente de João, que cabisbaixo e ainda fungando pelo acesso de choro, saía em silêncio, derrotado. Contudo, parou na porta e, virando-se, dirigiu-se ao velho Tião:

— E Daniela, o que aconteceu com ela?

Tião com emoção na voz respondeu:

— Daniela morreu, numa tarde triste de outono. Sofreu muito após a cirurgia, e as complicações que vieram depois, mas de certa forma, ela se foi feliz. Descansou enquanto embalava seu pequeno nos braços depois de onze meses de luta desde aquele fatídico dia.

E os policiais levaram João, saindo reflexivo.

Alex agora não se ateve às circunstâncias, tampouco à ordem do juiz para que se sentasse.

— Então ele está vivo?

Giovana abraçou o marido por trás percebendo-o extasiado.

E o tempo pareceu parar, somente o coração corria por ele, tomando conta de todas as dimensões possíveis daquele homem. Foi quando Tião respondeu:

— Sim! Sim, seu Alex! E ele é um homem maravilhoso, forte, honrado, inteligentíssimo, bonito por fora e mais ainda por dentro, a ponto de lutar pelo pai...

Então, havia expectativa nos semblantes de todos. Até mesmo do juiz e da promotora.

Confuso, Alex suplicou:

— Onde ele está? Por favor, seu Tião! Sei que não mereço sua compaixão pelo modo covarde que tratei sua filha, mas eu procurei por ela, procurei por esse menino. Eu me arrependi!

Tião se aproximou de Alex, envolveu-o num abraço e trazendo Giovana também, posicionando-se no meio dos dois. E num pequeno empurrão, conduziu Alex com o braço mais à frente. Depois, apenas baixou a cabeça sorrindo.

— Eu estou aqui... pai! — E se virou para Alex, carregado de emoção e choro embargado, Dr. Gustavo. — Sou eu! — E não conteve mais o choro.

Alex entrou em êxtase, como por um arrebatamento de incredulidade, surpresa e suprema felicidade. Queria sorrir, mas a emoção tomou forma de lágrimas. Segurou tremendo e com força a mão da esposa, que o olhava com compreensão e ternura. Foi erguendo devagar os braços em direção àquele jovem, literalmente comovido:

— Meu filho! Meu filho... é você, Gustavo? — E num

impulso, Gustavo entrou no abraço de Alex, que sentia naquele momento o filho por inteiro e o experimentava na força de seus braços. Alex tremia com tal veemência que mal conseguia manter-se sobre as pernas e deu-se de assentar. Não conseguia evitar o rosto do jovem defensor. Dr. Gustavo se inclinou, mantendo-se abraçado ao pai. E tudo se encaixava, perdoava-se e se compreendia naquele gesto longo e forte. Choravam. Alex, segurou o rosto de Gustavo entre as mãos e o tateou, acariciou, dando-lhe um beijo por fim na testa. O rapaz sorria e mantinha as mãos sobre os ombros de Alex.

Os presentes ali só puderam aplaudir novamente, pareciam todos transfigurados vendo o reencontro inesperado de pai e filho. Sentindo-se parte de uma justiça acima daquela que jurara servir, Dr. Anísio, o juiz, viu-se de certa forma premiado, disse:

— Declaro encerrada esta Audiência! — E desferiu o martelo.

Logo que foram informados do desenrolar da audiência, Euzébio e Mariana comemoraram abraçados, chamando para junto deles Alessandro e Arturzinho, que estava todo serelepe e com olhinhos arregalados pelo barulho das palmas e felicitações. E veio perguntando pela mamãe e o papai. Kátia e Dra. Neide o tomaram em euforia e se apressaram para levá-lo até os pais, totalmente descompostas pela emoção.

Alex, ainda abraçado com o filho Gustavo, viu Arturzinho e não se conteve novamente, pegou o arteirinho no colo, beijou-o e, recuperando as forças, o levantou no alto para a alegria do menino:

— Papai, nós vamos pra casa, agora? Vamos? Temos que pegar os ladrões de doce! — disse meigamente o pequeno, imitando os policiais de seu desenho preferido.

— Sim, filho, vamos sim! Vamos todos pra casa!

Alex deu então um forte empuxo em Giovana, que se abraçava com Gustavo e lhe beijou em sorrisos; enquanto Arturzinho aplaudia fazendo caretinha para os demais.

Tomando ciência de que Dr. Gustavo era seu neto, Mariana consumida de emoção e também tiritante como o filho, agarrava-se aos braços de Euzébio, repetindo sem pausa:

— Eu sabia! Eu sabia! Eu vi que ele se emocionou com as fotos do Lex em casa!

Euzébio completava:

— Eita, a vida é mesmo cheia de surpresas! Fiquei impressionado com o jeito desse moço lá em casa. Gostei dele logo que abriu a boca; e na verdade, ele é o Lex escrito no jeito de parar, de andar e falar. Nós temos mais um neto, Mariana!

Passados alguns instantes, após todos se recomporem da emoção, o agora filho revelado, Gustavo, disse a Alex:

— Sr. Ale... quer dizer — E suspirou num sorriso. — Pai! Me dê licença, eu preciso resolver ainda um pequeno pormenor.

— Me deixa ir com você, filho!

— Não, pai! Me espera com os outros. — E numa viradela, saiu lépido pela porta das testemunhas. Caminhou rápido. Talvez ainda haveria tempo para encontrá-lo, maquinava ele. E logo, numa acareação dolorida, deparou-se com o avô, João Cirilo, sentado e algemado em uma sala próxima às escadas do fórum. Havia muito alarido próximo à sala. E se aproximando, viu o avô lhe cravar olhar um repulsivo, desgostoso com a sua presença. E João lhe disse:

— Veio acabar o serviço? Não tenho nada pra te dizer, rapaz, a não ser que estou admirado com seu jeito. Você sobreviveu pra me colocar atrás das grades!

Gustavo apenas ouvia, sem mover um músculo sequer do rosto, impassível como sempre. Para ele, não havia laço familiar algum com aquele homem de nariz aguçado e olhos sombrios. Não se reconhecia em nada nele, nem mesmo no fenótipo de sua mãe.

Neste momento, Alex se aproximou de maneira furtiva, contemplava a cena a poucos metros, onde se podia ouvir a conversa. Temia agora pela segurança de seu filho mais velho.

Gustavo falou ao avô:

— Pois é! Como são as coisas nessa vida! Eu cresci ouvindo meus bisavós, minha avó Veridiana, sua ex-mulher, e minha tia me descrevendo como você era mal, repugnante e perigoso. Que você era o assassino de minha mãe. E eu pensava, quando moleque, como pode existir pais assim? Quem seria o meu exemplo paterno se eu desconhecia meu pai, e meu avô matou minha mãe e tentou me matar? E isso me enchia de ódio, sabe? De desespero.

E as lágrimas tangiam o rosto de Gustavo, que as enxugava no braço do paletó. João Cirilo permanecia fitando o neto, mas agora com olhos de arrependimento. Alex, sentia o coração ferido pelo desabafo daquele nobre moço. E ele, depois de uma pausa, continuou:

— Sr. João, eu sobrevivi não pra te destruir, mas para fazer justiça à minha mãe, à sua filha, que só lhe fez amar e recusou te abandonar quando todos te abandonaram. E ela, apesar de tudo, sei que te perdoaria. Eu ainda não sou capaz!

Respondeu João, com amargura:

— Pra fazer justiça à Daniela e pra ajudar a salvar aquele moço que é seu pai, e que abandonou sua mãe. Que nunca quis saber de você!

Alex, pensou em intrometer-se, mas Gustavo, percebendo sua presença, olhou para trás, olhou para ele, e disse:

— Durante este processo, eu tive a oportunidade de conhecer esse moço, que é o meu pai. Sua maneira de amar a família, a esposa, e a garra de lutar pra ter um filho que ele não gerou. Pude ver que ele sofreu a vida toda por não saber de minha mãe e do meu paradeiro.

Alex se emocionava, franzindo a testa, segurando o choro.

— E tem mais — continuou Gustavo —, eu recebi todo amor de pai do meu bisavô, Sr. Sebastião Mancini, que não me faltou em nenhum momento. Ele me ensinou a ser homem, a ter dignidade, a honrar a família, a ter compaixão pelos que têm menos, a valorizar e respeitar as mulheres, a ter disciplina, estudar, pesquisar, ser corajoso perante às adversidades e, acima de tudo, ter fé.

— Filho — interrompeu Alex —, e agora você tem a mim. Nunca precisou desse homem, então, alivia teu coração e deixe-o nas mãos de Deus! É meu primeiro conselho como pai, e o dou com toda a minha fé e amor. — Achegando-se ao filho, abraçou-o novamente dizendo: — Tudo acabou! Vamos embora!

E juntos se viraram e saíram, deixando João no silêncio, com olhar baixo, que se lançou em grande pranto.

Reuniram-se com os outros e saíram do fórum em festa, depois de agradecerem à assistente social e à psicóloga, que torceram por eles e os apoiaram o tempo todo. Consideravam as duas como grandes beneméritas para a adoção de Arturzinho.

Dr. Henrique Amorim os aguardava na saída do fórum. Sabia de tudo, e estava feliz por ter sabido da grande surpresa, seu estimado pupilo encontrara o pai trabalhando em sua própria causa.

— Muito obrigado, Dr. Amorim! Tudo se encaminhou pra melhor quando pisei no seu escritório. Ganhamos dois filhos na verdade — disse Alex, profundamente agradecido.

— Alex, seria uma temeridade enorme uma quadrilha de vagabundos destruir uma família tão bonita quanto a de vocês. Que bom que pudemos ajudar! E quero te dizer que o Gustavo descobriu tudo investigando com uma motivação, eu diria, incomum. Quando ele firmou cooperação com a polícia e teve toda a ideia desse flagrante, eu fiquei meio temeroso, mas o delegado nos garantiu que seria certeiro. E foi! E te digo sem medo de ser indiscreto, foi a maior alegria da vida dele quando juntou as peças e descobriu que era seu filho. Não sabia como ia te encarar, mas mesmo assim foi profissional até o fim... Ele é uma bênção! Você saberá o quanto ele é especial!

Alex se sentia honrado por ouvir adjetivos fortes sobre seu filho. E fora ele, seu filho, o soldado e defensor mais fiel.

— Obrigado por cuidar dele, Dr. Amorim! Obrigado por tudo!

Chegara a hora do casal agradecer a Tião Mancino. Alex nem conseguiu falar, simplesmente abraçou forte o sábio idoso. Giovana se juntou ao abraço e disse:

— Foi Deus quem trouxe o senhor aqui para nós. Obrigado por nos ajudar com tanto carinho e senso de justiça, mesmo tendo que reviver um passado tão doloroso! Eu realmente sinto por sua neta!

Tião Mancino apenas disse:

— Sejam felizes!

— Vô, eu ainda não posso ir pra casa, preciso conversar com meu pai. O senhor me espera? Tem coisas que ainda quero contar, se ele quiser é claro.

Alex conversou em olhar com Giovana e respondeu:

— Claro, Gustavo! É tudo que eu mais quero.

Giovana tomou Gustavo pelas mãos e disse:

— Gustavo, o que você fez por mim, por seu pai, e por seu irmão, o Arturzinho, não tem preço. Isso mostrou a força do seu caráter e a grandeza do seu coração, e nisso você é igual ao seu pai. E eu quero que saiba que se você permitir, quero que sejamos grandes amigos e quem sabe você, mesmo já sendo um homem feito, e um advogado dos bons, queira precisar de um conselho ou de um colo de mãe do coração?

— Dona Giovana, meu pai tem a melhor companheira do mundo! — E a abraçou novamente, dizendo: — Eu gostaria, sim, e muito, que estreitássemos nossas relações! Quero só deixar claro que tive sim insights e acredito muito em minha intuição, mas Dr. Amorim me auxiliou em tudo, e depois que cheguei até o delegado e expus minhas descobertas e minhas desconfianças, até mesmo quanto a atitude da promotora, ele me confiou tudo e pudemos planejar esse flagrante e tudo ficou mais fácil.

— Parabéns, você foi brilhante!

E mais que na hora, Giovana ligou para a mãe, contando tudo:

— Mãe, você não vão acreditar no que aconteceu!

Aguardavam por eles em casa e na oração fervorosa: Leila, Honório e seu irmão, Padre Giuliano, que na hora informou Frei Carlos das boas novas.

— Deus seja louvado! Esses dois merecem todo o nosso júbilo, porque foi uma batalha vencida! — Louvou o amigo Frei, benzendo-se à imagem de Santo Antônio e se levantando às pressas para ir até eles.

Disse Alex então para Gustavo:

— Filho, sei que talvez você estranhe. Eu mesmo tô com medo de acordar dessa realidade porque está sendo um sonho maravilhoso, mas por favor, vá com meus pais para a casa deles, leve seu avô Tião. Vamos comemorar tudo isso juntos. A Gio e eu vamos passar na casa de meus sogros e logo seguiremos pra lá também. Aí então teremos muito tempo e lugar para conversarmos.

E assim fizeram. Era a hora do almoço e a festa estava armada na casa dos França. Conforme foram contando a boa notícia, foram convidando os amigos. A notícia de que Alex era o pai do seu próprio advogado, até o meio-dia, já rodava meia cidade. E a prisão da quadrilha em pleno tribunal virou meme nas redes sociais. Adiantando o churrasco, estava Nando, assim que avisado por celular por Alessandro, que enviara um recado especial de seu Euzébio: traga seu pai aqui sem falta. É uma ordem! Mário e Cristina logo chegaram.

Nem parecia que foram quase duas horas de tensão e emoções, como uma montanha-russa, tal era a alegria e o regozijo da família.

Na cozinha, as mães, Mariana e Leila, disputavam na quantidade de Ave Marias rezadas a cada meia-hora e gargalhavam, agora um sarrinho para descontrair não seria pecado.

— Leila, eu estava impressionada com esse moço desde a primeira vez que o Lex trouxe ele aqui. E ele fez uma carinha de ternura quando olhou pra foto do Lex com o Sandrinho, que na hora eu não entendi, mas fiquei mexida. E ele é meu neto! — confessou Mariana, ainda sem poder acreditar que tinha um neto homem feito e advogado.

— Que história mais linda, Mariana! Eu chorei feito criança agora pouco, em casa, com a Giovana nos contando. Graças a Deus que o pesadelo acabou!

O assunto de Giovana e Cristina era a linda barriguinha de grávida de Viviane, que completava 4 meses. Tagarelavam sem parar enquanto ajudavam a terminar o almoço. Os homens festejavam na cantoria. Alessandro revezava com Marco no violão, entoando as modas antigas que Euzébio e Honório apreciavam mais. E quando chegou Tião Macino, foi então que a harmonia em 3 vozes se aplumou para o deleite dos religiosos Frei Carlos e Padre Giuliano.

Gustavo foi direto ajudar Nando na churrasqueira, oferecendo pra revezar. E Nando não perdeu tempo em inquirir tudo sobre o novo primo, até que Alex se achegou e chamou o filho, levou com eles Arturzinho, que de modo algum atrapalharia a conversa.

— Posso brincar na terrina aqui, papai Lex?

— Vai, filho, brinca aí enquanto o papai conversa com seu irmão.

O pequeno analisava o jovem advogado, que fez-lhe um carinho, apertando seu pequeno nariz, causando-lhe curtos risinhos. Alex e Gustavo foram mais à frente para os fundos do terreno, no meio das árvores havia um recanto predileto de Euzébio e de lá podiam ver o menino brincar.

— Pai! — E sorriu meio sem jeito. — É, agora tenho que acostumar.

— Tem filho! Mas começamos muito bem, eu acho. Com você salvando seu pai de uma enrascada. Como podia imaginar? — respondeu Alex, sem se cansar de contemplar as feições do filho.

— O senhor pensava em mim? — E o cenho do moço escureceu, como por nuvens de tristeza.

Alex deu um tempo; estudou bem o que ia responder, pois as significâncias eram muitas, e os sentimentos eram contraditórios pela circunstância com que tudo aconteceu e depois, foi-se revelando.

— Filho, eu vivia como num barco, singrando numa noite escura e nebulosa. Sem saber se ia virar, bater ou cair numa imensa cachoeira. O meu grande amigo Mário me diz sempre que eu me expresso melhor filosofando, mas não sei se consigo agora te explicar, neste momento.

— Meu bisavô, o seu Tião, é porque eu chamo de vô pra ficar mais fácil, e minha bisavó, que Deus a tenha, me contavam que minha mãe era uma moça sensível, livre, alegre, que sentia amor pela vida e tinha muitos planos, e também que era romântica, daquelas que sonha com príncipes e salvadores guerreiros. Sua única infelicidade foi ter tido pena do meu avô e se negado a ir embora e deixá-lo para trás. Quando eu ouvia eles falarem de como eu nasci, sempre destacavam esse lado romântico dela. Então, o senhor foi, de certa forma, o príncipe encantado de minha mãe. Aquele que num ato incondicional de coragem a salvaria e a levaria para o seu castelo e seriam felizes para sempre. Salvar da miséria, da bebedeira e violência do meu avô e daquela vida de humilhações.

Alex escutava seu filho, como se quisesse ser um livro, um diário de seus pensamentos e sentimentos. Um lugar que só ele poderia acessar o tempo que quisesse e quando quisesse. E naquele pequeno desabafo pôde, enfim, compreender pelos olhos de seu filho o que significara na vida de Daniela.

— Filho, estou realmente lisonjeado de ter sido tudo isso na vida de sua mãe, porque embora eu e ela tenhamos conversado muito pouco, apenas duas vezes, eu jamais pude imaginar nesses anos que a primeira pessoa a me contar algo sobre ela desse uma significância tão simples e tão profunda sobre o que ela pensava ou sentia por mim. E quanto a isso eu te agradeço! Você me perguntou se eu pensava em você? Minha resposta é sim, pensava e me afligia sobre o que teria sido de você; porque eu me fechei para a verdade de sua gestação. Ela quis me contar, mas tinha sido a minha primeira transa e eu tinha 15 anos, tive medo, não conhecia ela e não sabia o que pensar...

O rapaz agora firmava a atenção toda nos olhos do pai, com seus olhos expressivos e negros como o dele.

— Não espero que você entenda essa confusão e essa atitude, sei que é difícil para quem ouve, mas eu não dormi naquela noite. Logo de manhã fui com meu primo procurá-la, queria conversar de novo, entender tudo, saber se era verdade sobre você. Mas hoje, naquela sala do Júri, eu entendi que seu avô tirou essa chance de nós... Ele disse, e você ouviu, que não há um dia em que ele não se arrependa; pois eu também, embora hoje eu entenda que a gente não controla tudo, muito menos o destino, não há um só dia que eu não me arrependa do que fiz. Todos temos opções de escolha, o que nos falta muitas vezes é a cabeça no lugar e confiança em Deus. Agora maturidade, Gustavo, só o tempo e os erros podem nos trazer.

— Pai, eu sempre procurei te entender; porque minha mãe não deixou mágoa pelo senhor, te deixou amor. E meu bisavô diz que eu sou esse amor. Eu sou o legado dela para o senhor.

Alex agora se emocionava mais uma vez.

— Não, não chore, deixa eu continuar! — disse Gustavo. — Lembra quando o senhor esteve em Ribeirão, na casa de minha tia?

— Sim! Me lembro! Mas...

— Então, era eu que estava lá te olhando da sacada. Foi estranho pra mim, e quando o senhor desceu do carro e jogou o documento pra dentro da área, eu quis descer e ir lá, e conforme fui ouvindo o senhor se explicar, intuí que podia ser o meu pai porque já conhecia a história. O fato é que a tia Gabriela me registrou como filho dela e do meu tio Osmar Arantes. Foi mais fácil deles me esconderem do meu avô João, que eles achavam que poderia aparecer; e ela tinha muito medo disso, sabe?

— Quero você com meu nome, não precisa tirar o Arantes, mas teu nome é França! — disse contente e orgulhoso, Alex. — E você deve ser superdotado meu filho? Como se formou tão jovem assim?

— Ah, isso foi uma promessa minha, ainda criança. Prometi pra mim mesmo que seria o mais aplicado, e faria todo o esforço para me tornar advogado e colocar o meu avô na cadeia. Era a maneira de honrar o sacrifício da minha mãe. O segundo motivo, era te encontrar antes que eu completasse 30 anos. Como advogado, eu teria mais contatos e seria mais fácil. Passei no vestibular já no ano que terminei o ensino médio. Fui para São Paulo e sempre procurei me aplicar, pesquisar, agarrei todas as oportunidades. E tudo aconteceu! Com 20 anos, eu estava terminando a faculdade. Eu já estagiava graças ao Dr. Amorim, que é um pai profissional para mim.

— E a prova da OAB, pelo jeito, foi fichinha, filho?

O rapaz sorriu encabulado, gesticulando que sim e na maior facilidade. E Alex continuou:

— Você é um homem de palavra mesmo, hein? Parabéns, pela sua garra e determinação. Agora teremos tempo pra sermos mais próximos e aprender um com o outro, né? Tem muita coisa que quero saber! — E foram sorrindo brincar com o pequeno Artur quando ouviram Giovana chamar.

— Meninos, venham rápido!

Passando pela cozinha, viram que na sala estavam frente a frente, num acerto entre irmãos, Euzébio e Ernesto. Havia emoção no ar.

— Proteger o Alex e eu daquele homem, tempos atrás, mesmo de uma maneira não aconselhável, no caso com a arma, foi um ato de amor e coragem, meu irmão. Eu jamais imaginei! Quero que me perdoe por tudo que te fiz passar e por eu não ter sido um irmão melhor. Obrigado!

Ernesto, mesmo cambaleante pela frágil condição de saúde, abraçou o irmão, trazendo-o fortemente junto ao peito e disse:

— Apesar de tudo, Zébio! Vocês sempre foram a minha família e portanto, o meu maior bem! Obrigado, irmão!

Nando se apressou para caber no abraço.

Era a hora do perdão, e sendo ele tão necessário, no dia seguinte, Giovana e Alex, juntamente com Gustavo, foram até Tapiratiba e lá encontraram com Carolina, em encontro agendado.

Levaram Artur para conhecê-la. E ela ao ter o menino nos braços disse:

— Me perdoem! Eu fui imprecisa, injusta e precipitada. — E chorando, continuou: — Sentindo ele assim, tão feliz e saudável, compreendo que ele é o filho de vocês, e que ele está bem!

— Carolina — disse Giovana —, o Artur sabe que é seu sobrinho, e saberá quem foi a mãe dele. Você é também a família dele e é bem-vinda em nossa casa. Pode ir vê-lo sempre que quiser ou puder.

— Muito obrigada! Por que não fui procurar e conversar com vocês antes de me meter com aqueles crápulas? Mas, passou! Deus abençoe vocês! E você, meu pequeno! Sempre que vier eu venho te ver!

A vida do homem é uma Páscoa, intermitente e revigorante como as estações do ano, como as flores que se refazem em brotos mais fortes a cada poda, como o fenecer natural que gera nova vida pela semente que traz em seu cerne toda a vivência e a experiência da planta anterior.

Uma missa de ação de graças pelas bênçãos alcançadas naquele estúpido processo foi celebrada na Matriz de Santo Antônio pelo Frei Carlos e cocelebrada pelo Padre Giuliano. Estando em completo júbilo: Alex, Giovana e o pequeno Artur, agora definitivamente, filho, e a novidade, o filho encontrado, Gustavo, que veio acompanhado de seu bisavô e tios.

— Abençoada sabedoria do Frei Carlos. Deus nos dá sempre algo a mais daquilo que necessitamos, quando nos abandonamos Nele. — Compreendia em meditação Alex com seu filho Arturzinho em frente ao Cruzeiro. — É grande essa cruz, né, filho? — disse ao menino.

— Papai Lex, tem passainho lá na ponta? — E mostrou, apontando o façanheiro dedinho; admirando dois bem-te-vis descansando no alto do torto cruzeiro e continuou: — Essa é a cruz do Jesus? Ele gosta muito de passainho, papai?

E Alex sorrindo com toda paciência e ternura, levantou o pequerrucho e o colocou sobre os ombros.

— Sim, Arturzinho, essa é a cruz de Jesus, igual àquela que vemos na Igreja, lembra? E Jesus ama os passarinhos, assim como ama todos aqueles que procuram descanso e abrigo na sua cruz.

— Sabia que ia te achar aqui em cima — disse Giovana, terminando de subir a elevação do morro.

— Fofura da mãe, seu pai te roubou de mim e fugiu pra cá? — brincou Giovana com o filho, que alegre por vê-la, batia as mãozinhas na cabeça do pai.

— Mamãe, olha a cruz do Jesus! Que gandona! — E ergueu os dois bracinhos dimensionando o tamanho da cruz.

— Nossa, meu amor, ela é muito grande mesmo! — disse ela de maneira elogiosa para o filho e abraçando o marido pela cintura.

Permaneciam os três olhando para a cruz. O sol baixava, deixando o horizonte amarelo alaranjado se espargindo em vermelho e verde na amplitude do céu.

— Eu amo vocês! — declarou Giovana, sentindo-se serenamente feliz e completa.

— Ouviu a mamãe, Artur? Ela disse que nos ama! — disse Alex.

— Eu te amo também, mamãe; e amo o papai! — retornou o garoto, numa explosão de meiguice.

— Oh, meu Jesus, como é bom ouvir isso! — desabafou Alex, sorrindo e abraçando também sua mulher. — Eu amo vocês dois! Agora sou o homem mais feliz do mundo! Falta só o Gustavo aqui; e contando com ele, não posso imaginar mais ninguém com quem gostaria de estar aqui, neste lugar tão meu, do que vocês dois!

— É, na verdade, aqui agora, somos quatro! — disse Giovana com rosto afortunado e entonação misteriosa.

— Hã? O quê? Cê tá querendo dizer? — interpelou ele, agitado, tentando decifrar a charada.

— Que somos quatro neste lugar! Tem mais alguém aqui, papai, que logo vai chegar. — E pegando a mão do marido, colocou-a sobre o ventre.

— Bem, cê jura? É verdade?

E ela respondeu com toda satisfação e vontade:

— É totalmente verdade, Lê? Tô grávida!

Alex, gritou a plenos pulmões e começou a pular de felicidade. Descendo Arturzinho para o colo, beijou-o longamente, e tomado de reconhecimento, agarrou Giovana lhe desprendendo um beijo carregado de amor e gratidão na boca. Então ela, comovida em lágrimas, jogou-se na folia do marido e do filho. Alex, ajoelhou frente a ela e, descendo o olhar, beijou sua barriga calmamente, trouxe o pequeno Artur para junto de si, que imitou os gestos do pai. Ficaram ali sorrindo, recostados na barriga de Giovana, que tomada de feminina graça, acariciava-os, marido e filho, sentindo-se a mulher mais abençoada do mundo.

Completados os dias de Giovana, nasceu uma linda menininha. Outro pedaço dos corações de Giovana e Alex, que não cabiam em si de alegria. Veio forte, com 3,600kg. Uma meninona, cabeludinha, madeixa loira como Giovana quando criança; olhos negros como os de Alex, boquinha e nariz bem contornados e lindas bochechas. Era a mescla dos dois. Deram-lhe o nome de Ana Daniela, conforme a vontade da própria

Giovana, em homenagem às mães biológicas dos seus outros dois filhos; era justo que fosse assim.

Durante o batizado de Ana Daniela, estavam envaidecidos e felizes com a neta ao colo, os padrinhos e avós, Leila e Honório. Foi uma linda cerimônia, onde Frei Carlos também consagrou a pequena à Nossa Senhora, sendo o tio, Padre Giuliano, o padrinho. Estavam todos os amigos e familiares, cada qual com suas famílias, incluindo Mário e Cristina, que batizaram a também filhinha, Iolanda. E como não poderia ser diferente, Alex e Giovana foram os padrinhos. Agora então, além de amigos-irmãos, eram compadres.

Mas o curso da vida nunca para, é como um rio que corre livre e revela surpresas em cada curva, em cada passagem, e sobretudo, nos desafios que a trajetória oferece.

Num certo dia, Alex acompanhou Gustavo a um fórum regional, em São João da Boa Vista, sobre os rumos da adoção no Brasil, ministrado pelo próprio filho, que se especializara no assunto e fora convidado pelas autoridades locais. Quando retornavam, Alex sentiu algo diferente que não conseguia identificar. Pediu ao filho então, que passasse próximo ao abrigo onde Arturzinho vivera. Gustavo entendeu que o pai estava nostálgico e foi em direção ao lugar.

Foi passando bem devagar na frente do prédio, quando Alex pediu que parasse. Desceu do carro, sem entender muito o que buscava, e foi caminhando sorrateiro rumo ao lugar. Logo que se aproximou, viu um jovenzinho, aparentando uns 14 anos de idade, agarrado ao alambrado. Rosto soturno e olhar no vazio, como se pedisse ajuda. Na mesma hora Alex lembrou-se da história de vida do seu amigo Reinaldo. Animou-se, e foi se achegando perto do muro, de onde se levantava o alambrado, e o rapazinho logo se apercebeu dele, olhando-o com desconfiança.

Alex não se deteve e falou:

— Opa! Boa tarde!

O jovem se recolheu um pouco, mas vendo o sorriso acolhedor de Alex, respondeu:

— Boa tarde!

— Estava passando por aqui, e vi você aí em cima; me desculpe, mas parece triste, tá tudo bem? — disse Alex, observando a reação do rapazinho.

— Eu tô bem, senhor! Só tô desanimado, hoje!

— Desanimado? Mas você é tão jovem, saudável, fortão, tô vendo aqui! — brincou Alex.

— É nada, eu quero mesmo é sair daqui! Tô cansado deste lugar! Hoje, por exemplo, isso aqui tá um saco, não tem ninguém nem pra conversar!

Alex sentiu novamente o coração queimar e num relance disse:

— Você gosta de futebol ou de vídeo game?

O rosto do rapaz se encheu de luz e ele disse:

— Ué, eu curto mais futebol, senhor! Jogo até bem de zagueiro; e game, eu até não faço feio, não! — respondeu com garbo.

— Quer ir assistir ao torneio de futebol lá na minha cidade, é aqui perto e será no mês que vem. Depois a gente bate uma bolinha. Meu filho ali no carro também joga. E aí?

O rapazote se acendeu, porém disse:

— Pra eu sair tem que ter permissão de juiz.

— Eu sei, conheço as regras. Eu tenho um filhinho que viveu aqui.

O rapaz então se hauriu de ânimo. Alex continuou:

— Então me espera, prometo que começo hoje mesmo a tratar disso!

— Moço, posso confiar?

— Claro, que sim, palavra de homem! E palavra de homem, você sabe, não pode voltar atrás! — declarou Alex, esticando-se para conseguir um aperto de mão, sendo na mesma hora correspondido pelo rapaz que lhe dirigiu um doce olhar de esperança.

Alex, virando-se para o carro, na mesma hora assoviou, dando com as mãos, chamando Gustavo; e então o rapaz gritou para ele:

— Moço, qual é o seu nome mesmo?

— Meu nome é Alex! — Voltando-se sorrindo, lembrando que, de fato, eles não haviam se apresentado.

— E qual é seu, filho?

O rapaz, relaxando numa gostosa risada, respondeu:

— Meu nome é Samuel!

— Que belo nome esse seu, é hebraico! Sabe o que significa? — O rapaz gesticulou que não; e ele respondeu com circunstância: — Significa Deus ouviu!

— É sério? Não, seu Alex, eu acho que Ele nunca me ouve!!

— Ele ouve sempre, Samuel! Se de longe eu te ouvi, é porque Ele primeiro te ouviu!

Filho meu que estais na terra!

Santificado és desde que te gerei e fiz morada em ti pelo meu Espírito Santo:

Entrego-te meu Reino, por herança dada a todos os que têm fé e praticam o bem:

Seja feita em ti a minha vontade, que é te dar felicidade, sempre que me deixas trabalhar em ti.

O pão de cada dia te dou em abundância, na confiança de que o repartas com teus irmãos, e só assim não mais haverá fome sobre a terra:

Perdoo-te as tuas ofensas e dívidas na medida que perdoas também aos teus irmãos, em especial, os que têm menos que ti, pois essa é a essência da Minha Justiça e propósito do Meu Amor

E jamais te deixarei em abandono, porque és precioso e único, porém saibas que só de ti dependes vencer a tentação:

Mas lembra-te ainda que és livre, do mal e de todo o pecado, pelo sacrifício eterno e permanente de Meu Filho e teu Irmão, Jesus. Nele, abençoo-te para sempre!

ASSIM É E ASSIM SERÁ!

Sobre o autor

Wagner Luíz Nëtto nasceu na maternidade de São José do R. Pardo-SP, em 23/06/1978, porém residiu a vida toda em Tapiratiba-SP, sua cidade. É Bacharel em Ciências Contábeis pela UNIFEG – Guaxupé-MG e Técnico na área Química pela ETEC Francisco Garcia- Mococa-SP.

É casado, de uma família de tradição musical, de mãe professora e pai motorista, ambos funcionários públicos. Desde a infância se inclinou para a arte musical e a escrita. É poeta, escritor, músico, compositor e regente do Coral Shalom de Tapiratiba, tendo publicado seu primeiro livro de poesias denominado Poesia no Tempo, em 2021, também pela Ases da Literatura.